그곳에 **馬山**이 있었다

장소와 풍물, 인물과 사건 등을 통해
읽어보는 1950-70년대 馬山의 작은 역사
그곳에 馬山이 있었다

초판 1쇄 발행 2016년 11월 15일
초판 2쇄 발행 2020년 9월 15일

지은이 | 남재우·김영철
펴낸이 | 김예옥
펴낸곳 | 글을읽다

16007 경기도 의왕시 양지편로 37(2층)
등록 2005.11.10 제138-90-47183호
전화 031)422-2215, 팩스 031)426-2225
이메일 geuleul@hanmail.net

본문 디자인 | 조진일
표지 디자인 | 김희진
ⓒ 남재우·김영철, 2016

ISBN 978-89-93587-20-3 03090

* 책값은 뒤표지에 표시되어 있습니다. 파본은 바꾸어 드립니다.

그곳에 馬山이 있었었다

南在祐·金永哲 공저

| 序 文 |

　이 책의 글을 쓰게 된 동기는 감상적으로 보자면 여러 가지일 것입니다. 감상적이라 함은 추억과 향수의 관점에서 이겠지요. 마산을 고향이나 어릴 적에 살았던 곳으로 둔 마산 사람이라면 누구이든 마산에 대한 이런 생각과 느낌을 갖고 있을 것입니다. 그것을 어떤 형태로든 표현하고자 하는 욕구는 사람에 따라 제각기 다르겠지만, 그 바탕은 대동소이한 그 언저리쯤일 것입니다. 이 책도 그 범주를 크게 벗어나지 않고 있습니다. 고향은 어차피 추억과 그리움의 대상이라는 말이겠지요.
　말하자면 이 책은 부제에 있듯, 그리 멀지 않은 옛 마산을 거슬러 올라가 그 시절의 인물과 장소, 사건, 에피소드 등을 통해 마산을 다시 한번 추억하고, 더듬고 반추하면서 그 속에 담겨진 마산과 마산 사람의 정신을 느껴보기 위한 것입니다. 그리고 이것을 다음 세대에게 하나의 자료로 들려주고 전해주자는 것입니다. 추억과 향수, 그리움, 그리고 이를 통칭한 옛 고향 마산에 대한 감상의 갈래는 가지가지일 것입니다. 이 책을 펴낸 동기에는 이런 여러 가지 갈래가 함께합니다.

이 가운데는 1970년대의 마산이 특히 자리합니다. 그 시기의 마산은 뭐랄까, 정치·사회·문화적으로 변화의 조짐을 드러내면서 옛 마산의 정취가 흡사 오늘의 마산을 예고하듯 그 끄트머리에서 가물거리던 때가 아니었던가 하는 생각입니다. 그때의 마산, 그리고 그 마산을 어려운 가운데서도 문화·예술적으로 풍요롭게 만들어가던 선배들은 항상 마산을 생각 속에서 살아있게 하는 하나의 고리였습니다. 연부年富와 그리움의 강도는 비례하는 것 같습니다. 그 시절을 전후한 마산을 단지 추억 속에만 머물게 하지 말고 뭔가로 남겨야 한다는 생각이 있었습니다.

그리고 또 하나 분명히 강조하고 싶은 게 있습니다. 이런 감상의 갈래 가운데는, 마산 사람이라면 공감하시겠지만 분통도 함께한다는 것입니다. 어쩌면 이 감정은 감상적인 것과 따로 움직이는 독립적인 요소일 수도 있겠습니다. 그것은 마산이라는 아름답고 오래된 도시의 지명이 어느 날 느닷없이 대한민국 지도상에서 사라져버린 것에 대한 아쉬운 비분이기도 합니다. 그 마산을 다시 살려내기 위한 염원을 이 책 속에 담고자 했습니다. 옛 마산의 남겨진 이야기들 속에서 마산은 마산 사람들 저마다의 가슴 속에서 다시 살아날 것이라는 생각을 해보는 것입니다.

이런 감상적인 것에 더해 어떤 '부담'이 책을 기획하고 펴낸 동기에 자리하고 있었다는 점도 말씀드리고 싶습니다. 다름 아닌 목발目拔 김형윤金亨潤 선생에 대한 부담입니다. 1899년 마산 개항을 전후한 시기부터 일제강점기를 지나 민족 해방 전후까지의 마산을 다룬 『마산야화馬山野話』가 목발 선생의 유고집으로 발간된 게 1973년입니다. 이 책은 향토 마산의 지조 있는 언론인으로 40여 년을 살면서 마산에 정신·문화적 유산을 남긴 선생의, 마산에 대한 사랑과 정신이 담긴 역작입니다. 이 책을 통해 목발 선생은 그 특유의 예리한 감각과 풍자적인 필치로 그 시기의 마산을 묘사함으로써 오늘날까지도 마산지역 역사 연구의 길잡이와 지침서가 되고 있지요.

목발 선생께서 별세하고 『마산야화』가 나온 게 어언 벌써 반세기가 가까워지고 있습니다. 하지만 『마산야화』에 이어 그 후 시기의 마산을 다루고 얘기하고자 한 후속작은 없었습니다. 더 구체적으로 얘기하자면 해방 후부터 1950년대, 그리고 격동의 1960년대와 70년대의 마산이 『마산야화』의 측면에서 보자면 공백으로 남아 있었다는 얘기입니다. 그것을 안타까워하는 사람들이 주변에 있었습니다. 이는 오늘의 마산을 살아가는 뜻있는 분들의 처지에서는 마산의 선지자였던 목발 선생에 대한 큰 부담일 수밖에 없었습니다. 뜻이 모여졌지요. 도리라고 생각했습니다. 이 책은 그 부담과 도리를 바탕으로 기획되어졌음도 보태고자 합니다.

그렇다고 이 책이 감히 목발 선생의 『마산야화』에 견줄 만한 내용과 가치를 지닌 책이라는 것은 결코 아닙니다. 이 책은 다만 목발 선생과 『마산야화』에 담긴, 마산을 아끼고 사랑하는 정신을 따르고자 하는 노력의 일환으로 미력하나마 나름으로 정성을 들여 만들었다는 것을 말씀드리고자 하는 것입니다.

책은 『마산야화』를 잇는다는 정신과 개념으로 기획되었지만, 그 내용과 형식은 좀 다릅니다. 『마산야화』에서의 '야화'라는 것은 말 그대로 어떤 역사나 팩트를 근거로 하지만, 내용상 사실보다는 다소 흥미 위주의 이야기로 전개되는 것을 의미합니다. 물론 그렇다고 『마산야화』 내용이 전부 그렇다는 것은 아닙니다. 『마산야화』와 좀 다르다는 것은 글 아이템 별로 내용상 개괄적인 설명이 추가되었다는 점입니다. 책은 우선 읽어가는 재미가 있어야 하는데, 이 점을 무시할 수가 없습니다. 그렇다고 너무 흥미 위주로 경도되는 것도 경계해야 한다는 점에서 '야화'적인 요소를 줄였습니다. 책의 타이틀에 '야화'를 넣지 않은 것도 이 때문이지요.

책은 자유 형식의 글로 엮어져 있습니다. 어떤 특정한 문장 형식에 얽매이지 않았다는 것입니다. 리포트나 다큐멘터리 형식의 글도 있고 에세이, 혹은 주장이 있는 에디토리얼, 그리고 탐방성의 르포르타주 형식의 글도 있습니다. 따라서 어떤 글 속에는 글쓴이가 들어가는, 말하자면 글쓴이의 체험이나 경험, 혹은 주관적 관점이 표현되기도 합니다. 이것이 읽는 독자에 따라 다소 생경함과 거부감을 줄 수도 있을 것이지만, 글의 맥락에 따라 현장감과 사실감, 그리고 재미를 더하려는 의도였다는 점을 이해해 줬으면 하는 바람입니다.

글은 최대한의 자료 확보에 중점을 두고 썼습니다. 물론 자료가 충분치 않았습니다. 자료를 찾기 위한 최대한의 노력을 경주했으나 못 구한 게 많았습니다. 집필 과정에서 많은 사람들을 만났고 많은 얘기를 증언 삼아 들었습니다. 그러나 여러 사정상 역부족이었다는 걸 절감합니다. 충분치 못한 자료와 증언을 토대로 쓴 글은 다소 미진하게 느낄 수 있을 것인데, 후일 다시 보완해서 마무리할 기회가 있었으면 하는 바람입니다.

이 책의 집필과 출간 과정에서 반드시 짚고 넘어가야 할 분이 계십니다. 바로 공저자의 한 분인 남재우 선배님입니다. 고향 마산의 대선배로서, 이 분은 이 책의 구상과 기획, 집필, 그리고 감수에 이르기까지 결정적인 역할과 함께 노고를 아끼지 않으신 분입니다. 선배님을 빼고 이 책은 결코 운위할 수 없을 것입니다. 저는 진수성찬의 밥상에 젓가락 하나 보탠 것뿐인 격입니다. 이 난을 빌어 선배님께 다시 한 번 존경과 감사의 인사를 드립니다.

책을 펴내는 과정에서 많은 분들의 도움이 있었습니다. 사실 확인과 취재 과정에서 자료를 제공하고 증언을 해주신 분들은 참고자료 부분에서 고마운 마음을 전하고 있습니다. 소정의 경제적 후원도 있었습니다. 감사를 드립니다. 특히 시작과 출간 단계에서 도움을 준 재경마산고 경제인 모임인 '마경회馬經會'에 심심한 사의를 표하고자 합니다.

아직도 많은 얘기들이 있을 것입니다. 더 세세히 파고들어 마산과 마산사람을 다루고 그 정신과 문화에 엮인 재미있고 가치 있는 얘기들을 담아내는, 누군가 반드시 써야 할 후속작을 기대해 봅니다. 덧붙여 1970년대 말 이후부터의 것도 누군가 준비해야 할 것이라는 생각입니다.

이 책으로나마 그 시절 옛 마산으로 함께 떠나보았으면 합니다. 남성동 선창가 뱃머리에서 천신호를 타던, 웅남호를 타던, 동일호를 타던 그 시절의 연락선을 타고 떠납니다. 추억의 옛 마산을 향하여 떠나는 오디세이아입니다.

2016년 9월

김 영철

| 激勵辭 |

더 좋고 풍부한 마산 이야기를 기대하면서

이수휴 (마경회 회장, 전 재무·국방차관)

대개의 사람들은 나이가 더해 갈수록 고향이 더 그리워지고 아쉬워집니다. 인지상정人之常情입니다. 고향을 떠나 살아가고 있는 출향민의 처지에서는 더 그럴 것입니다. 수구초심首丘初心이라는 말이 그래서 나옵니다.

남재우 회장과 김영철 동문이 고향 마산에 관한 여러 가지 좋은 이야기들을 이번에 책으로 엮어내 읽는 사람들로 하여금 향수와 그리움을 더하게 합니다. 이런 뜻 깊고 좋은 일에 미력하나마 마산 출신 경제인 모임인 우리 마경회馬經會가 함께하고 있음을 회원들과 더불어 기쁘게 생각합니다.

이 책을 통해 더 중요하게 생각하고 있는 것은, 독자들과 고향분들의 추가적인 정보와 사실 확인 등을 보태 이번에 담아내지 못한 이야기를 비롯, 마산의 풍수지리와 마산인의 기질과 기개 등에 대한 소개를 다음 기회로 약속하고 있다는 점입니다. 벌써부터 기대가 됩니다.
 더 좋고 풍부한 마산 이야기는 오늘을 살아가는 우리 마산 사람들의 자양분이 될 것입니다. 추가적인 저술을 기대하면서 이 좋은 책을 낸 저자 두 분께 사의를 표합니다.

| 차례 |

序　文 · 5
激勵辭 · 10

1부
마산 땅 풍물

서원골[書院谷] 미스터리 이제二題 · 19

마산항 뱃머리의 옛 여객선들 · 28

마산 어시장魚市場과 '성신대제星神大祭' · 35

'마산 통술' 고考 · 42

마산 '아구찜' · 49

오동동午東洞, '복쟁이 골목' · 56

'송미신사松尾神社'와 마산 '리주회唎酒會' · 64

남성동南城洞 '홍콩빠' · 71

마산의 '중국집' 발자취 · 78

마산의 옛 다방茶房들 · 85

사라호 태풍의 '추억' · 93

2부
고장은 인물이 자랑

'목발目拔' 김형윤 선생과 『마산야화馬山野話』 • 103

위암 장지연韋菴 張志淵의 마산 이야기 • 111

노산鷺山 이은상과 노비산의 '청라언덕' • 119

임화林和와 지하련의 '마산결핵요양소' • 125

이원수와 최순애 • 132

김춘수 시인과 마산 • 140

천생시인天生詩人 천상병千祥炳의 가난과 돈 • 147

'무학舞鶴소주'와 최위승崔渭昇 • 155

개교 100년을 넘긴 마산어고와 홍순기, 홍은혜 사매 • 163

마산 씨름과 김성률 장사壯士 • 171

'외교구락부'와 샹하이 박朴, 혹은 박치덕 • 180

노동운동과 민간인학살 피해자의 아버지, 노현섭 선생 • 188

싸움과 무도舞蹈의 '달인', 안무중 • 196

안윤봉安允奉을 아시나요? • 203

영원한 마산 '춤꾼' 김해랑 • 211

'피 대신 간장이 몸에 흐른다'는 몽고간장 김만식金萬植 • 219

3부
마산 정신은 살아있다

3·15의거는 마산에 무엇인가? • 229

마산중 반일反日 '독서회' 사건과 '인공기人共旗 게양' 사건 • 238

이제하의 「태평양」과 이상철 교장 • 244

마산지역 '보도연맹' 사건의 피해자와 가해자들 • 251

재경마산학우회의 추억 • 260

옥기환·명도석 가家의 며느님들 • 268

'추구회追九會'의 60여 년 우정 이야기 • 275

영화로 만들어진 어떤 무기수無期囚의 '옥중결혼' • 282

재경마산향우회在京馬山鄕友會 • 288

4부
예향 마산

1950년대 마산문학의 산실 '백치白痴동인' • 299

제갈삼諸葛森 선생이 들려주는 1950년대 마산음악 • 306

1950년대 마산의 '문화협의회'와 '문화연감' • 313

민족교육 사학私學의 요람 '창신학교' • 320

1950년대 마산미술과 송인식 • 327

5부
마산 사람의 신명

마산의 '가수歌手'들 • 337

창동 '음악의 집'과 조남룡 • 345

마산의 그리움을 담은 주옥 같은 노래들 • 354

마산영화映畵 100년과 이승기 • 362

마산 야구野球 100년의 발자취 • 369

사라져버린 추억의 마산 옛 극장劇場들 • 376

後 記 • 385
미리 읽은 독후감 • 390
참고자료 • 398

꿈엔들 잊힐리야 그 시절 그 馬山.
그 품에 다시 안기고픈, 馬山을 향한 오디세이아.

1970년대 마산(『마창진공업 110년』 사진)

1부

마산 땅 풍물

서원골[書院谷]
미스터리 이제二題

지금은 차원이 좀 다르겠지만 서원골[書院谷]은 예전 마산 사람들에겐 허파와 같은 곳이었다. 물론 아직도 그런 생각으로 서원골과 무학산을 즐겨 찾는 사람들도 많겠지만, 1980년대 무분별한 개발의 여파로 자연적인 요소가 많이 사라져 이제는 한낱 유원지 쯤으로 여기는 그런 인식과의 괴리는 분명히 있다는 생각이다.

두척산(무학산) 남서쪽 사면에서 발원한 교방천의 물은 예로부터 맑고 풍부했다. 그 교방천을 낀 계곡이 서원골이다. 서원골은 두척산의 산기와 교방천의 수기를 합친 산수의 기운을 마산 사람들에게 고루 뿜어주던 마산의 명소였다. 이런 산수의 기운이 있기에 서원골은 풍광이 수려했다.

서원골이라는 이름은 두척산에서 흘러내리는 교방천 계곡의 관해정觀

海亭에 회원서원檜原書院이 있은 데서 유래한다. 조선 선조·광해군 때 유학자인 한강寒岡 정구鄭逑 선생이 정자를 지어 관해정이라 이름하고 시詩와 서書를 강하니, 그의 사후 문하생과 지방유림이 그를 기리고 추모하는 뜻에서 창건한 게 회원서원이다.

울창한 수림과 깊은 골짜기, 매끈한 화강암석의 바위들을 휘감아 흐르는 맑은 물은 유상곡수流觴曲水의 형상으로, 서원골은 많은 문인과 묵객들이 풍류 속에서 그 풍광을 즐기고 노래하던 곳이기도 했다. 무엇보다 고운孤雲 최치원崔致遠 선생의 흔적이 많이 남아 있다는 것이 이를 대변한다.

유교. 불교. 도교에 두루 그 이해의 폭이 깊었고 뛰어나 문장가이기도 한 최치원이 서원골을 도량으로 삼아 고운대孤雲臺와 고운봉孤雲峰 등에 그 흔적을 깊이 남겼다는 것은 서원골이 풍광도 그렇지만 종교나 풍수적으로도 그만큼 유의미하고 신령스런 곳이었기 때문이지 않았나 싶다.

이런 서원골이 지금은 많이 변했다. 어린 시절 마산에서 살다가 외지로 나간 출향인들에게 서원골은 아득한 추억과 향수를 느끼게 하는 곳이다. 하지만 마음먹고 다시 서원골에 왔다가는 반갑기도 하지만 한편으로 너무 많이 변했기 때문에 실망하기 일쑤다. 변했다는 것은 공간의 축소도 포함된다. 어릴 적 마산에 살았으면 누구든 서원골 오가기가 그리 수월치 않았을 것이다. 교통편도 그랬지만, 마산 도심과는 동떨어진, 한참 먼 곳이었다. 초등학교 다닐 적에 각 학교에서 소풍을 대부분 서원골로 갔던 것은 이곳이 마산에서는 벗어난, 말 그대로 원족遠足의 공간이었기 때문일 것이다.

하지만 지금은 마산 도심과의 경계선이 없다. 의신여중을 지나 교방동

산복도로 하나 건너면 바로 서원골 초입이니 예전에 비하면 좀 싱겁기도 하면서 격세지감을 안겨준다. 많이 바뀌고 망가지기도 했다. 1980년대 말 비리 등으로 얼

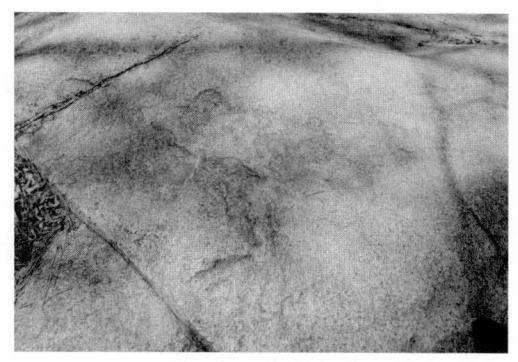

'세이탄(洗耳灘)' 글귀가 새겨진 것으로 추정되는 서원골 계곡의 암반.

룩지면서 이도 저도 아닌 상태로 꼴불견이 된 대규모 관광레저타운 조성 사업 탓이다.

　이렇게 변한 서원골이지만, 그래도 마산 사람들에게는 저마다 추억과 향수가 있고 이를 바탕으로 뭔가 아리송한 신비감을 불러일으키게 한다. 혹시 서원골 계곡에 '세이탄洗耳灘'이란 웅덩이를 기억하는지 모르겠다. 이 웅덩이에는 이곳을 나타내는 '세이탄'이란 글귀가 바위에 새겨져 있었다. 이 '세이탄'도 그중의 하나가 아닐까 싶다.

　말 그대로 '귀를 씻는 여울'이라는 뜻의 이 글귀가 새겨진 웅덩이와 바위가 있었다는 것을 기억하는 마산 사람들이 있을 것이다. '세이탄'이란 글씨가 독립된 바위인지 아니면 바닥 바위인지는 몰라도 분명히 매끈한 바위에 새겨져 있었으며 어릴 적에 소풍가서 물놀이를 하면서 보았다는 사람들도 많다. 더러는 더 구체적으로 맑고 깨끗한 물이 휘감아 흐르는 매끈한 바위에 음각으로 새겨진 이 글귀가 물 속에서 선명하게 보였던 기억을 말하기도 한다.

이 글씨를 누가 쓰고 새겼을까. 그 당시 우리들은 그 글씨를 최치원이 써서 새겼다고들 들었다. 지금 와서 생각해보니 그저 전해지는 말로 그렇게 들었던 것인데, 그게 아니다. 이 전언은 우리 땅의 지명과 그에 얽힌 얘기들을 오래 연구해 온 '한국땅우리이름학회' 배우리 명예회장이 뒷받침하고 있다. 배 회장은 마산 서원골에 '세이탄'이 있었고 최치원이 이곳에서 자주 몸을 씻었다고 증언하고 있다. 그러나 이와 관련한 출처나 고증이 없다는 게 아쉽다.

최치원이 왜 서원골 바위에 이 글귀를 새겼을까. 최치원은 주지하다시피 높은 신분제의 벽에 가로막혀, 자신의 뜻을 현실정치에 펼쳐보이지 못하고 깊은 좌절을 안은 채 자연으로 귀의해 사라져간 인물이다. 그 과정에서 한 처소로 택한 곳이 두척산(무학산)이었고 서원골이었다. 이곳에서 그가 이 글귀를 남겼다는 것은 세상사를 귀담아 듣지 않고 신선의 경지에서 자연과 동화되고자 하는 그의 의지의 표현일 것이다. '세이탄'은 옛 중국의 성군 요堯 임금이 후계자가 되어 달라고 하자 이를 거절한 허유許由와 소부巢夫의 '영수세이潁水洗耳'에서 연유한 말이다. 최치원은 서원골말고도 지리산 의신계곡 초입의 큰 바위에 '세이암'이라는 글씨도 남겼다.

그런데 예전에 분명히 있었던 이 '세이탄'이 언제부터인가 사라졌다. 지금은 그 글씨도, 그 글씨가 새겨진 바위도 없다. 그 글씨가 새겨진 바위가 있던 곳은 예전 관해정 위 백운사 부근 계곡의 너럭바위에서 약간 더 올라간 곳이었다. 물론 지금은 그 지점의 지형도 변해 그 당시의 모습을 떠올리기가 어렵다. 하지만 대강의 위치는 가늠할 수 있다.

마산의 선배 한 분이 이 '세이탄'에 상당한 관심을 갖고서 많은 노력을 기울였다. 서원골 그 지점을 여러 차례 답사를 했었지만, 그 바위를 찾을 수는 없었다. 왜 그럴까? 이런 추측이 가능할 것이다. 1980년대 말 무분별한 개발의 광풍이 서원골을 덮쳤을 때 계곡을 허물고 개천을 정비하는 과정에서 훼손됐을 것이라는 추측이다. 또 하나, 태풍과 홍수 등 자연재해로 바위가 유실됐을 수도 있다. 이 둘 중의 어떤 것이든 '세이탄' 글씨가 훼손됐든가 바위가 유실됐을 가능성은 분명해 보였다.

그러나 그 선배는 그 글귀 찾기를 멈추지 않고 있다. 그 글씨가 최치원의 것이라면 그것은 최치원의 사상과 체취 그 자체일 것이고 또한 마산과 최치원의 관계를 더 가깝게 하는 징표가 될 것이기에 그 일을 멈출 수 없다는 게 그 선배의 말이다. 그 선배는 '세이탄'을 탐문하는 과정에서 서원골을 잘 아는 그 동네 한 어르신으로부터 오래 전에 누군가가 그 글씨를 탁본하는 것을 보았다는 얘기도 들었다고 한다.

그 선배의 노력과 정성 덕분인지 일말의 희망이 보이는 진전도 있었다. 그 지점의 어떤 바닥 바위에서 글씨 형상의 어떤 흔적을 발견한 것이다. 보고 생각하기에 따라 다르겠지만, 그것은 어떻게 보면 글씨 같기도 하고 어떻게 보면 글씨가 아닌 것 같기도 하다.

하지만 그 선배는 그 바위에 기대를 걸고 있다. 좀 더 구체적으로 그 선배는 그 흔적을 몇 차례 가서 보고 또 보면서 글씨의 형상을 나름 유추해 낸 것인데, '세이탄'의 가운데 글자인 '이耳'로 추정할 수 있는 단서를 나름 찾았다고 한다. 그게 최치원이 쓰고 새긴 '세이탄'이었으면 좋겠다. 그게 '세이탄' 바위가 아니라면 서원골 어디엔가 있을 것인데, 어디로 갔을까. 신선이 돼 버렸다는 최치원이 좀 도와줬으면 하는 생각마저 들 정도로 안타까운 노릇이다.

　서원골에서 또 하나 미스터리로 여겨지는 게 있다. 백운사 앞 바위에 있는 비석이다. 이 비석에 대해 아는 사람들도 많이 있겠지만 개인적으로는 이 비석에 대한 기억은 없다. 그 비석이 세워져 있는 지점은 현재 차가 올라갈 수 없는 경계선인 등산로 입구다. 지금은 걸어 올라도 얼마 안 되는 거리지만, 어릴 적에는 상당히 멀게 느껴졌을 거리에다

서원골 백운사 앞 바위에 있는 비석.
경기도 광주 사람 김무영이 정묘년 7월에
세웠다는 비문이 새겨져 있다.

그 비석은 어린 마음에도 자리 잡을 대상이 아니어서 몰랐을 수도 있다.

　하지만 지금에 와서 그 비석을 보니 궁금한 게 한두 가지가 아니다. 이 비석은 이름이 없다. 그저 '백운사 앞에 있는 비석' 아니면 '최치원을 흠모하는 비석' 정도로 막연하게 불려지고 있다.

　또 그 비석을 세운 사람은 비명에 나와 있지만, 구체적으로 그 사람이 누구인가에 대해서는 '경기도 광주' 사람이라는 걸 제외하고는 알 수가 없다. 비가 세워진 시기는 비문에 정묘丁卯년 7월로 나와 있는데, 비의 상태로 보아 그렇게 오래돼 보이지는 않는 것 같고 또한 비문에 두척산(무학산)을 일컬어 '무학봉'이라고 쓰고 있는 것으로 미뤄 세워진 연도가 일제강점기인 1927년인 것으로 추정된다.

　비에 새겨진 글도 그 내용이 아리송하다. 전반적인 의미에서 최치원

을 흠모하는 내용인데 '심취산'이란 인명도 그렇지만, 이 사람이 최치원과 어떤 관계인지도 궁금하기 짝이 없다. 이 비석에 새겨진 글은 다음과 같다.

昔聞崔孤雲之入伽倻山而自隱
今見沈翠山之樵舞鶴峰而忘返
倘或訪先生而聞道否嗟乎
消息蒼茫一畔

丁卯年 七月　日
廣州后人 金武榮 感題

석문최고운지입가야산이자은
금견심취산지초무학봉이망반
상혹방선생이문도부차호
소식창망일반

정묘년 7월 일
광주후인 김무영 느껴 쓰다

대략 풀이하면 "옛날 듣기를 최고운이 가야산에 들어가 스스로 은거했다 했는데, 이제 보니 심취산이 무학봉에 나무하러 가 돌아옴을 잊어 버렸거나, 혹시 최고운 선생을 찾아가 도를 듣고 있는 것은 아닌지, 소식이 푸른 망망대해에 밭 한 두둑이니 슬프지 않으리오…."

이 비석에 대해 궁금해오던 차에 이런 얘기를 어디선가 들었다. 비석이 세워져 있는 그 바위는 옛날 최치원이 서원골을 소요할 적에 산 아래에서 말을 타고 오다 거기서 내려 말을 묶어둔 곳이며, 그 지점에서 최치원은 혼자 걸어 고운대로 올라 다니곤 했다는 것이다.

그러하다면 그 지점과 바위도 최치원과 어떤 관계가 있다는 것이고, 평소 최치원을 흠모하던 경기도 광주 사람 김무영이 이런 얘기를 전해듣고 이곳까지 와 최치원을 그리워하는 글을 새긴 비석을 세웠다는 얘기다. 이런 뜻과 내용을 알고 그 비석을 대하면 새삼 정감이 더 느껴지기도 한다. 하지만 비의 글 내용과 김무영이란 사람에 대한 의문은 여전히 남는다.

이렇듯 서원골에는 최치원과의 불가분의 관계에서 비롯되는 미스테리한 흔적과 유적이 여럿 있어 정감과 호기심을 안겨주지만, 한편으로 더 파고들어 탐구해야 할 과제도 던져주고 있다. 서원골에는 이와 별개로 또 하나 관심을 끄는 바위가 있다. 바로 교방동에서 서원골로 올라서는 초입의 왼편 길 언덕 큰바위에 새겨진 글이다.

지금은 세월이 흘러 이끼가 끼고 바위 색깔도 변하면서 글이 잘 안 보이지만, 관심을 갖고 자세히 들여다보면 읽을 수 있다. 그 글은 간결하지만 호소력이 강한 내용이다. 글인즉슨 "光이야 永遠한 幸福을 누리자"인데, 표현과 내용으로 보아 사랑하는 여인에게 서원골을 무대로 삼아 공개적으로 구애한 것이 아닌가 싶다.

어느 호사가가 돌에 새겨진 이 글을 추적해 봤더니, 서원골 아래 교방리에 살던 서徐 씨 성을 가진 한 남성이 '광光'이라는 여인을 사랑하면서 그 애정의 표시로 오랜 시간에 걸쳐 그 바위에 그 글을 새겼다는 것이다. 둘은 물론 서로 사랑을 했는데 결혼은 하지 않았다고 전해진다. 옛날 그 동네에 살던 사람들의 말로는 그 글이 새겨진 게 대략 1950년대 초반이었다고 하는데, 바위 글에는 '사월 오일'이라는 월과 날짜는 있는데, 연도는 없어 확인은 어렵다.

서원골 바위에 새긴 구애의 글로 둘의 사랑이 더 깊어졌을 것이니, 둘은 서원골이 그들의 영원한 보금자리였기를 바랐을 것이다. 둘은 지금도 혼백으로나마 서원골에 머물고 있을지 모르겠다

마산항 뱃머리의
옛 여객선들

　　　　　　　마산은 바다를 낀 항구다. 지금은 고속도로 등 육로의 발달과 자동차가 늘어 바다를 통해 외지로 나가는 일이 드물지만 예전에는 마산 앞바다에서 배를 타고 인근의 통영이나 거제, 부산, 진해 그리고 좀 멀리는 여수, 목포 등을 오갔다. 그 배들이 오가며 머무는 선착장이 뱃머리인데, 옛 마산의 뱃머리는 남성동 선창가에 있었다. 지금은 그곳이 매립돼 정확한 위치를 가늠하기가 쉽지 않은데, 마산에 오래 산 분들은 대략적으로 현재의 남성동 농협지점 부근이 그곳이라고 짚는다.

　많은 배들이 남성동 뱃머리를 기점으로 오가던 1960년대가 마산으로서는 아름다운 바다를 가진 정감 나는 항구도시가 아니었나 싶다. 그 무렵 천신호라든가 동일호, 명성호 등 큰 여객선들이 들어올 때는 노래 소리가 선창가 일대에 낭랑하게 울려 퍼졌다.

이를테면 배가 들어온다는 신호였는데, 그게 참 구성지고 한갓졌을 뿐더러 마산시내 어디서든 그 노래 소리로 선창에 배가 들어온다는 사실을 알 수 있었다. 노래는 바다와 항구를 주제로 한 유행가들, 그 가운데 고운봉의「선창」이 제일 많이 들렸던 것으로 기억된다. "울려고 내가 왔던가/웃으려고 왔던가/비린내 나는 부둣가에/이슬 맺은 백일홍…"

마산 사람들로서는 당시 마산 연안을 오가던 배들 가운데 제일 먼저 떠오르는 게 천신호天神號일 것이다. 여러 여객선들 가운데 가장 컸고 뱃고동소리도 우람했지만, 마산과 갖는 연조가 오래돼 마산에서 좀 오래 산 사람이라면 누구나 남성동 뱃머리 그리고 배하면 천신호를 연상할 정도로 뭔가 친숙감 같은 게 있었다.

한여름이면 뱃머리 부근의 바다에도 많이들 뛰어들어 헤엄을 즐겼다. 배들이 오가며 일으키는 물살에 몸을 맡기는 것도 헤엄의 한 즐거움이었는데, 천신호가 오갈 때는 긴장감 속에서 물살에 몸을 맡겼다. 배가 커 물살도 컸기 때문이다. 이런 경험을 어린 시절에 가졌다면 누구든 천신호는 그만큼 크고 우람한 배로 느꼈을 것이라는 얘기다.

'천신天神'이라는 배가 마산에 처음 등장한 것은 1912년이니 100년이 훨씬 더 됐다. 목발 김형윤 선생의 『마산야화』에 따르면 1912년 일본인들은 마산과 진해 현동을 오가는 여객선으로 목조범선 대신 '빨락선'이라는 발동선을 취항시키는데, 그 배들 속에 제1, 제2, 제3 천신환天神丸이 들어있어 이게 마산에 취항한 천신호의 효시로 보인다.

이 무렵 일본인들이 판치는 마산 연안 해운업에 김석문金錫汶이라는 조선 사람이 등장한다. 남해 출신으로 마산공립보통소학교(현 성호초등학교) 7회 졸업생인 김석문은 마산-통영 간 여객선 노선허가를 얻어 배를 띄우는데, 일본인 업자들의 횡포와 오만한 태도에 분이 끓고 있던 마산 사람들로부터 환영을 받으며 사업이 승승장구한다.

그렇게 돈을 번 김석문은 일본 조선소에 의뢰해 제작한, 당시로서는 최신의 호화 여객선 '태운환太運丸'을 취항시켜 일본인들의 코를 납작하게 만들었다는 얘기가 전해진다. 하지만 '태운환'은 비운의 여객선이었다. 마산 근해에서 발생한 지금까지의 해난 사고 가운데 가장 큰 사고로 많은 사람을 죽게 한 배가 '태운환'이었기 때문이다. 400여 명의 승선객 가운데 절반인 200여 명이 익사한 것이다.

이와 관련해 일제강점기 시절 천신호의 대형 해상사고 얘기도 전해진다. 1928년 4월 12일 창원-진해 간 철도 개통을 축하해 경남지역 주민들을 대상으로 일본당국에서 벚꽃놀이가 열리는 진해까지 무료시승을 베푸는데, 이에 따라 진해로 가려는 사람들이 마산에서 제3 천신호를 탔다가 큰 변을 당한다. 사고원인은 정원을 세 배나 초과해 중량을 이기지 못하고 배가 진해 통제부부두에 정박하려다 기울어지면서 승객들이 익사한 사건이다. 익사자는 모두 부녀자들이었다고 한다.

1945년 해방이 되면서 마산에서 건조된 천신호가 운항한다. 제2 천신호로 명명돼 일제 때 만들어진 제1 천신호와 함께 그해 12월 마산과 거제 장승포 간을 운행했는데, 제1 천신호는 얼마 되지 않아 배가 낡아 해체된다. 당시 마산항무청에 등록된 배의 소유주는 거제도 사람인 김용운, 신판천과 마산 사람인 김봉수 3인의 공동경영 체제로 1962년까지 운영되다 1963년부터는 각자 독립해 운영했다고 한다. 마산-거제를 오가는 천신호와 함께 마산-부산 간 여객선도 해방 후 취항하는데 배의 이름은 천세호로, 소유주는 최재덕인 것으로 나와 있다. 뒤이어 마산-통영 간을 오가는 제5 신천호와 대창호가 나온다.

1950, 60년대 마산과 거제를 오가던 배 '천신호'.

이들 천신호를 포함한 마산 연안의 여객선들은 한국전쟁과 함께 위축기에 접어든다. 전쟁으로 인해 모든 선박이 징집되고 운항이 통제됐기 때문이다. 다시 활기를 되찾은 것은 1953년 휴전 후다. 마산에서는 위에서 언급한 3인의 천신호가 마산-거제에 이어 마산-여수 간을 운항하기 시작한다.

1960년대 마산 뱃머리의 또 하나의 명물 여객선이었던 동일호가 등장한 것도 이 무렵이다. 부산과 거제 옥지 간을 오가던 제3 동일호가 마산항에 정기적으로 기항하면서부터다. 이와 함께 마산 인근 해안부락 주민들을 위해 마산-시락(의창군) 간 명성호 그리고 마산-귀곡(구실) 간 웅남호가 운항을 시작한 것도 이때쯤이다.

이 당시가 마산을 중심으로 한 여객선의 전성기였던 것으로 전해진다. 육로교통이 불편하던 시절, 마산과 거제, 통영, 부산, 여수를 잇는 해상교통은 그야말로 황금기였다는 얘기다. 공산품과 수산물, 호남 곡창지대의 쌀 등이 모두 배를 통해 운송됐고, 이 지역의 사람들은 대부분 배를 타고 다녔다. 한산도를 포함한 한려수도 등으로 수학여행을 가는 중·고등학생들도 모두 배를 탔다. 당시 이들 연안 여객선 당 수송했던 여객 수는 연평균 3, 4만 명이었다는 통계가 있다.

'충무김밥'이 나온 것도 이 무렵이다. 오래 배를 타고 가면서 바닷길과 허기에 지친 상태에서 입맛을 살려 배고픔을 해결해주는 음식으로 김밥만한 게 없었을 뿐더러 내용물이 맛있고 단순했기 때문이다. 기항하는 배를 상대로 김밥을 파는 장사꾼들은 30여 분 남짓한 시간 내에 팔아야 했기에 김밥광주리를 머리에 이고 객선 안을 이리저리 다니느라 분주했다. 그 김밥이 언제부터 '충무김밥'이라 이름 붙여졌는지는 모르겠으나, 당시엔 어디든 기항하는 곳에서는 김밥장수들이 김밥을 팔았다.

천신이라는 이름을 가진 여객화물선이 마산만을 중심으로 있었던 배는 아니었던 것 같다. 1950년대 말쯤 마산-노량-삼천포-여수를 거쳐 통영을 오가던 제7 천신호는 통영의 복운상선공사가 운영하던 여객선이었다. 1954년 6월 전남 완도군 금얼면 앞바다에서 정부 소유 소금 1600가마니를 싣고 가다 암초에 충돌한 배도 천신호였는데, 목포 삼성상선 소속이었던 것으로 보도되고 있다.

천신호는 배도 컸지만 그 배를 모는 선장의 영향력도 셌다. 한마디로 카리스마가 있었다는 얘기고 승객들도 이를 당연하게 여겼다. 승객들의 안전을 책임지는 입장에서는 당연한 것이지만, 그만큼 선장에게 주어지는 재량도 컸고 이에 대한 승객들의 외경심도 따랐다는 얘기다. 지금처럼 장비라든가 예보시스템 등이 제대로 구비되지 않았던 시절, 배의 운항은 선장의 경험에 의지하는 의존도가 높았던 때문이기도 하다.

당시 배를 타고 다니면서 물건을 파는 보따리장수들이 많았다. 이들이 취급하는 물품 중에는 밀수품도 있었다. 이를 단속하고 제재하는 것도 선장의 몫이었는데, 이게 좀 지나쳐 엉뚱한 일을 저지르는 선장도 있었다고 한다. 예컨대 선장이 밀수에 개입하는 경우가 그것이다. 1958년 12월 5일자 『동아일보』는 천신호 선장 전 아무개가 일본에서 주사바늘을 밀수하다 입건돼 관세법 위반으로 "벌금 350만 환과 이를 못낼 시 하루 500환씩 노역장 유치"에 처해진 사건을 보도하고 있다.

좋은 일을 한 선장의 얘기도 있다. 마산 출신으로 천신호와 영진호, 웅남도, 경복호 등 마산연안의 주요 여객선 선장을 두루 거친 김정호(작고)는 1970년대 초 유류파동 때 여수에서 싸게 산 연탄을 천신호 배에 가득 싣고 마산에 들여와 교방동 주민들에게 싼값에 제공해 주민들로부터 칭송을 받았다고 한다.

웅남호도 마산 사람들의 기억 속에 많이 남아 있는 배다. 1960년대 더운 한여름, 남성동 뱃머리에서 구실해수욕장으로 출발하기 전 사람들이 너무 탄 배가 좌우로 기우뚱거리다 몇몇이 물에 빠지는 소동 속에서도 유유히 뱃고동을 울리며 여름바다를 헤쳐 나가던 그때의 웅남호가 생각난다.

마산 뱃머리에서 봉암을 거쳐 적기(적현), 구실(귀곡)-용호-석교를 오가던 웅남호는 마산 추산동과 구실에서 고아원을 하던 신치일이 선주였다. 두 척이 교차하며 운항했던 웅남호는 당시만 해도 상당히 큰 목선이었으나, 배의 형태가 포도 등을 주로 싣고 다닐 목적으로 만들어져서 일반 배와는 사뭇 달랐다.

대개 노 젓는 배들이 선두가 ㅅ자字 형태를 취하고 있는 유선형인 반면 웅남호는 선두는 약간 뾰족하지만 짐 등을 실어야 했기 때문에 그 다음 칸부터는 넓었다. 2층으로 되어 있었으며, 제일 앞은 짐칸, 다음 칸은 여자들이 타는 칸(양옆으로 출입문이 있었다), 다음은 엔진실, 마지막 칸은 남자들이 타는 칸으로 구분되어 있었다. 특히 제일 끝인 선미 부분은 당시 껄렁한 학생들이 주로 차지하는 자리였다.

천신호고 웅남호고 이제 마산에는 이 배들이 사라진 지 오래다. 천신호는 1982년경까지 운행되다 사라졌으며, 웅남호는 그 전인 1978년 무렵 사라진 것으로 전해진다. 지금 마산에는 연안을 오가는 여객선이 한 척도 없다고 한다. 확인차 마산지방해운항만청에 "정말 한 척도 없느냐"고 물어보았더니 서로들 자기 직무가 아니라며 전화를 돌려가며 바꿔주는데, 긴가민가 하는 애매한 답만 돌아왔다.

홈페이지에 통영해안터미널만 소개되고 있는 것으로 보아 한 척도 없는 것이 맞는 것 같다. 창원에 무슨 크루즈터미널이 있다고 나와 있어 물었더니, 그것은 여객선이 아니고 마산 앞바다를 도는 유람선이라고 한다.

마산 어시장魚市場과 '성신대제星神大祭'

"비린내로 잠을 깬다
남성동 어시장의 첫새벽
끈끈한 바닷 바람들이 먼저 일어나
경매競賣를 당하고 있다…."(이광석李光碩의 시「남성동 어시장」에서)

 마산에서 가장 활기찬 마산다움을 느낄 수 있는 곳은 어딜까. 이른 새벽부터 번득이는 비늘을 뽐내며 팔딱팔딱 살아 움직이는 싱싱한 생선들과 소박한 사람들의 활기찬 교류가 시작되는 곳, 바로 남성동 어시장일 것이다. 남성동 어시장은 하루를 꽉 채우며 돌아간다.
 새벽 서너 시 수협 어판장 경매로 하루를 열어 장사가 시작되고 더러 다음 날 새벽 너댓 시까지 주변 '복쟁이 골목' 등의 주점에서 한잔의 해장술로 마감되는 일상이다. 그렇기에 살아 움직이는 마산의 활기는 어시장의 그것과 떼놓을 수 없는 상관관계를 갖는다.

어시장에 사람들로 북적이고 각종 물산이 넘쳐날 때가 풍요로운 마산이고, 마산 사람의 인심도 넘쳐난다. 마산이 발전되고 큰 공장들도 들어섰지만, 여전히 마산경제의 중심은 어시장에 있다 해도 틀린 말은 아니다. 그만큼 어시장과 마산경제 그리고 서민경제는 불가분의 관계에 있다. 덧붙여 마산 사람들 정서의 원천인 바다의 일부 또한 어시장인 것이다.

남성동 어시장의 유래는 깊다. 조선 영조 36년인 1760년에 설치된 마산조창을 시발점으로 치자면 250여 년의 역사를 지닌 오래된 시장이다. 대동법에 따른 인근의 대동미를 마산포로 집결시키면서 이곳에는 인근 지역의 관원은 물론 객주, 상인과 이웃 촌락 주민들이 모여들어 자연스럽게 시장이 형성된 것이다.

덧붙여 조선시대 마산은 동해의 원산, 서해의 강경과 더불어 전국 3대 수산물 집산지의 하나였기에 이후 마산 어시장은 일제강점기를 거쳐 1970년대에 이르기까지 남해안 어물의 집산지이자 교환의 중심지로서의 중추적인 역할을 해왔다. 숭어, 도다리, 조기, 도미, 볼락, 감성돔, 갈치, 정강어, 고등어, 광어, 대구, 농어, 명태 등 철따라 풍성한 생선들이 어시장에 넘쳐흘렀고, 맛난 생선들은 마산 사람들의 몸과 마음을 살찌우는 자양분으로 자리잡았던 게 아니었던가.

마산생선들은 특히 맛있다. 전국적으로도 정평이 나 있다. 진해만 연안의 거제 앞바다와 통영, 고성, 남해, 가덕 등에서 잡히는 생선들은 그 맛에 있어서 동해와 서해의 것에 비교할 수 없을 정도로 싱싱하고 맛나다. 이 생선들이 남성동 어시장으로 몰려들어 유통되고 있으니 통칭하여 마산생선이라 한다. 마산생선들이 맛있고,

마산 어시장. 1946년.

남성동 어시장이 예로부터 풍성하고 번창한 데는 여러 이유가 있을 것이다. 해류가 적당한 온도로 알맞게 교차하는 천혜의 바다를 낀 자연적인 이로움 등 지역적인 특성을 꼽을 수 있다. 마산 사람들의 부지런함과 다정다감한 인심 또한 한몫으로 보탠들 뭐라 하겠는가.

마산 사람들은 예로부터 이런 남성동 어시장이 잘 되기를 하늘에 비는 일도 게을리하지 않았다. 고기잡이 나간 배와 사람들의 무사귀환과 풍어를 기원하는 제사를 마산 어시장이 들어서기 시작한 250여 년 전부터 지내왔던 것인데, 별신굿 형태의 '성신제星神祭'가 그것이다. 여기서 '성신星神'은 바다를 연하여 삶을 꾸려가던 마산 사람들의 수호신이었다. 이 '성신'을 모시고 제를 지냄으로써, 옛 마산 사람들은 그들 삶의 평안과 풍요를 빌었다. '성신제'는 옛날 마산이 조창이었던 만큼 대동미를 실어 나르는 조운선의 무사귀항을 기원하는 형태로 시작됐다가 그 후 어민들의 풍어와 바다에서의 무사함도 아울러 성신에게 간구하는 제사가 됐다.

일제강점기하의 마산을 재미있는 필치로 엮어 쓴 목발 김형윤 선생의

『마산야화』에도 '魚市場(어시장)' 부분에 이에 관한 언급이 있다. "… 그리고 연중행사의 하나로서는 풍어를 기원하는 어민들은 별신당別神堂에서 가장 경건敬虔한 제사를 올리기도 한다"며 "별신제別神祭의 음호陰護라고 할까? 그때만 해도 어업허가는 지금처럼 남발이 아니었고 남획도 없었던 탓인지 언제이고 규격에 맞는 계절생선이 풍요하였을 뿐 아니라 창원강昌原江(진해만 연안, 즉 통영, 고성, 남해, 거제, 가덕의 통칭)의 생선은 그 진미에 있어서 멀리 동해와 서해의 것에 비교할 수 없이 월등하여 남녘 바다에서 합포만合浦灣으로 몰려오는 어선은 장관을 이루었고 뭍에서 대기하고 있던 수십 필의 운반우마차가 인근군부隣近郡部로 종락하는 은성상殷盛相이었다"고 적고 있다.

목발 선생의 이런 언급은, 말하자면 마산 어시장의 풍요로움과 맛난 생선은 마산 사람들이 지내는 '성신제' 때문이라는 것을 재미있게 표현하고 있는 것이다. 고기잡이를 나간 배와 어민들이 풍어와 북두칠성을 길잡이로 무사히 돌아올 것을 비는 제사를 지낸 후 사람들은 선창에서 걸립乞粒패와 더불어 줄다리기, 줄넘기, 각희(씨름), 가마타기 등 흥겨운 놀이를 하면서 집집마다 안택을 하고 밤새도록 놀고 즐겼다는 기록이 있는 것으로 보아, 어시장을 중심으로 한 마산 사람들의 이 제사는 한마디로 대동축제였던 셈이다.

전통적인 '성신제'는 1920년까지 이어져온 것으로 전해진다. 제사는 매년 음력 3월 28일의 기제忌祭와 5년마다 지내는 중제中祭 그리고 10년마다 지내는 대제大祭로 구분되는데, 가장 큰 규모의 대제는 '성신대제'로 불려왔다. 28일로 날짜를 잡은 것은, 28일이 동서남북의 네 방향 별자리

수 7개 씩을 계산해 나온 '28수宿'에 근거하며, 나침반이나 등대 등 방향을 잡을 아무런 장치가 없이 오로지 북두칠성에만 의존했던 데서 비롯된 것이라고 한다.

하지만 일제강점기인 1920년 이후 '성신대제'를 지냈다는 기록이 남아 있지 않은 것으로 보아 그 무렵부터 대제는 중단되었고 1954년 한 차례 복원된다. 그해 4월 30일(음력 3월 28일) 치러졌는데, 당시『마산일보』는 그 다음날 "200년 역사와 향토적 유서를 가진 성신대제의 기념식전이 4월 30일 새벽 3시를 기해 어시장 신전에서 엄숙히 거행되었고, 그것이 해방 후 성신대제였다"라고 보도하고 있다.

이 해 '성신대제'가 한 차례 복원됐지만 '성신대제'가 복원되어 매년 치러지지는 못했다. 그렇다고 '성신제'의 맥이 완전히 끊긴 것은 아니었다. '성신제'를 중요시 여기는 마산수협의 중매인들이 수협중매인조합에 신당인 '성신사당'을 꾸려놓고 매년 음력 3월 28일 기제 형태로 조촐하게나마 '성신제'를 지내와, 약식이긴 하지만 '성신대제'의 맥을 이어오고 있었다. 성신사당은 일제 말까지 어시장 입구 도로변에 있었고, 여기에서 치러지는 대제에는 수만 명의 인파가 몰려드는 마산의 가장 큰 행사였다. 신당은 지금은 수협건물 옥상에 있다.

'성신대제'가 다시 마산에 그 모습을 나타낸 것은 반세기를 훌쩍 뛰어넘은 2010년 2월이었다. 1954년 이후 끊긴 '성신대제'의 복원을 위해 꾸준히 노력해온 '마산문화원'을 중심으로 뜻있는 지역인사들의 끈질긴 노력으로 다시 재현된 것이다. 2월 24일 '3·15아트센터'에서 펼쳐진 '성신대제'를 보러 많은 사람들이 몰려들었다.

'성신대제' 공연 장면.

1760년 합포. 세곡을 실어 나르기 위한 조운선이 바다에 연이어 정박해 있다. 이윽고 밤이 깊어지고, 제관들이 하미를 입에 물고 정갈하게 의복을 정제하여 성신사당으로 모여든다. 젓대의 청신악清晨樂이 울리며 성신을 위한 굿판이 시작된다.

"성신님! 비나이다. 변덕스런 용왕님이 바닷길을 평안하게 해 주소서. 성신님! 비나이다. 우리네 모두 평안하게 해 주소서. 성신님! 비나이다. 바다에서 죽은 이들 넋이라도 건져 주소서!"

재현된 '성신대제'는 스토리텔링의 형식을 갖추었다. '성신대제' 별신굿이 열리는 합포만 바닷가에 우연히 놀러가게 된 주인공 김 노인이 손녀인 민주에게 '성신대제'에 대해 이야기하는 장면으로부터 시작되는 도입부가 그것이다. 그리고 이어 '성신 신목神木'을 베는 첫째마당, '성신사당'에서 제의를 올리는 둘째마당, 젓대의 청신악을 울리며 '성신'을 위한 굿판이 벌어지는 셋째마당, 그리고 예인들이 흥을 돋우는 선악船樂을 선보이고 신명나는 대동놀이가 펼쳐지는 넷째마당(연희마당)의 모두 4막으로 구성되어 진행됐다.

250여 년 된 남성동 어시장은 마산의 성쇠와 그 맥락을 함께해 왔다.

지금의 마산 어시장은 예전의 그 규모와 활기 그리고 명성에 비할 바가 못 된다. 그만큼 위축돼 있다는 얘기다. 여러 가지 이유가 있을 것이다. 무엇보다 시대가 변했다. 도시도 변했고 시장의 개념도 변했다. 마산 어시장은 속성상 근원적으로 전통 재래시장이다.

재래시장의 전반적인 쇠락은 마산 어시장에게도 그대로 적용되는 것이다. 여러 요인이 있겠지만, 이를테면 대형할인점과 마트 등 다양하고 대규모적인 상거래의 장소가 생겨나고 도로망의 확충과 변화로 인해 교통 및 운송수단이 편리하고 다양해진 시대, 바뀐 도시의 한 부분이다. 또 무분별한 매립개발로 인해 공간의 경계가 무너지고 지나치게 확장된 것도 마산 어시장을 위축되게 한 한 요인으로 들 수가 있겠다.

한편으로 마산이 창원에 통합되면서 마산이라는 도시이름이 없어진, 마산의 쪼그라든 지금의 위상과 마주하고 보면, 어시장의 쇠락과 흡사 그 맥을 같이한다는 것을 실감할 수 있어 새삼 씁쓸한 느낌을 지울 수 없다. 연례적으로 '어시장축제'와 '가을전어축제' 등을 개최해 어시장에 활기를 불어넣는다든가, 수변 공간(워터 프런트) 조성 등 다양한 인프라 확충을 통해 어시장을 되살리려는 여러 각도의 노력과 움직임이 있는 것으로 전해지고 있어 그나마 기대를 걸어본다.

이 지점에서 '성신대제'도 어시장의 재생과 관련해 다시 한번 생각해 볼 일이다. '성신대제'는 마산 사람들의 바다와 어시장에 대한 정신이 투영된 전통의 민속제례다. 마산 사람들로 하여금 이를 되살리고 자주 접하게 해 그 정신문화를 이어나가게 하는 것이 마산의 전통 어시장을 다시 살려가는 한 방안이 될 것이 아닌가 싶다.

'마산 통술' 고考

마산은 항상 술이 흐르는 도시다. 옛날도 그랬고 지금도 그렇다. 좋은 쌀, 좋은 물 그리고 여기에 술 빚기에 좋은 적합한 기후가 따르면 좋은 술이 만들어지게 마련이다. 약삭빠른 일본인들이 이를 놓칠 리가 없다. 그래서 일제강점기 마산에는 일본인들에 의한 유수한 술 공장들이 많았고, 개운치 않은 유산이지만 해방 후에도 이를 발판으로 마산의 주류산업은 전국에서 가장 흥했고 셌다. 1940년 마산에는 일본인들이 독점한 13개의 청주 양조장이 있었고, 해방 후에는 50여 개의 청주, 소주, 막걸리 양조장이 있었으니 그럴 만도 했다. 마산 사람들이 즐겨 마실 뿐 아니라 전국적으로도 유명한 무학소주도 1929년에 세워진 일본 술 공장 '쇼와昭和주류공업'이 그 뿌리다.

술의 고장, 즉 '주도酒都'라는 마산의 별칭도 일제 때부터 전해진 유산이다. 1920년대 마산에서 일본인들에 의해 만들어지던 술의 맛과 향이 너무 좋아, 당시 일본 최고의 청주였던 나다자케灘酒에 필적되면서 '조선의 나다자케'라는 명성과 함께 마산을 '주도'라고 부르기 시작했다는 기록이 전한다. '주도'라는 명칭은 아직도 마산을 지칭하고 있으니, 마산은 그때나 지금이나 항상 술이 흐른다는 게 결코 과장된 말이 아닌 것이다.

이런 좋은 술을 바탕으로 마산에 나름의 '술 문화'가 형성되는 것은 자연스런 현상이다. 술은 사람을 부르고, 술 마시는 사람들 간의 관계 속에서 문화가 생겨난다. 이걸 일컬어 '술 문화'라 했을 때, 마산은 좀 독특한 그것을 지닌 도시다. 바다를 낀 덕분에 사시사철 싱싱한 해산물을 재료로 한 안주가 풍성해 그 안주로 술 마시는 것이 저절로 자리 잡은 문화다.

언제부터인가 마산의 그것으로 자리 잡아 자연스럽게 불려지고 있는 게 '통술문화'다. 바다가 유독 마산에만 있는 것은 아닌데, 그로써 '통술'이라는 명칭의 문화로 자리 잡았다는 게 다소 억설臆說일 수도 있겠다. 그렇다면 환경적인 요인에서 비롯된, 마산 사람들의 술에 대한 남다른 인식과 이들이 모여진 후한 인심을 여기에 보태고 싶다. 마산이 예로부터 '주도'이고 술 공장이 많은 탓에 어릴 때부터 자주 보고 접하면 뭐랄까, 술에 대한 인식이 남다르지 않을까 싶다. 그 인식이란 것은 말하자면 술에 대한 익숙함인데, 물론 이는 평균적인 것은 아니다. 마산에 유달리 술 좋아하고 잘 마시는 사람이 많다는 말도 그래서 한번 덧붙여 본다. 술을 즐기는 사람은 대체로 술에 인색하지 않다.

이런 관점에서 통술에서의 '통'이 인심을 뜻하는 것이라는 풀이도 있

마산통술집의 푸짐한 안주거리.

다. 말하자면 싱싱한 해산물을 푸짐하게 '통째'로 주는 후한 인심이 담긴 술이라는 것이다. 물론 통술에 관해서는 여러 풀이가 있다. 어떤 이는 '통桶에다 넣어 빚은 술', 혹은 '한 통 되는 술'이라는 사전적 의미로 설명한다. 예전에 청주를 만드는 장군동 어느 술도가가 통에 채운 술을 한 잔씩 받아마시게 했는데, 그걸 '통술'이라고 했다는 증언을 보태 통술이 술을 채우는 통桶에서 비롯됐다는 것이다. 이를 바탕으로 지인들끼리 부담 없이 한잔할 수 있는 경제적인 술, 우정과 화합을 함께할 수 있는 정겨운 술, 다시 한번 더 찾고 싶은 주심酒心을 자극하는 반가운 술을 일컬어 통술이라는 풀이도 보태진다.

그럴듯한 설명이지만, 마산 앞바다에서 잡히는 싱싱한 해산물 안주에 대한 언급이 없는 것이 좀 아쉽다. 부담 없이 지인들끼리 한잔할 수 있는 정겨운 술, 혹은 또 다시 찾고 싶은 술집이라는 설명에는 공감한다. 하지만 마산의 통술문화를 주도하고 있는 많은 통술집이 갖가지 해산물 안주를 밑바탕으로 해 장사를 하고 있을 뿐더러 또한 그렇게들 일반적으로 알려지고 있다는 점에서, 아무래도 마산의 통술문화, 혹은 통술을 파는 통술집은 마산의 해산물 안주가 들어가야 제격이기 때문이다.

이런 관점에서 통술은 그 유래가 갖가지 푸짐한 안주들로 한 상 잘 차려진 술상으로 마시는 술로, 한 자리에서 술과 식사의 모든 것이 '통째'로 해결된다는 의미로 붙여진 이름으로 보면 될 것 같다. 물론 푸짐한 안주들이란 마산 앞바다에서 잡힌 싱싱한 해산물인데, 배를 타던 선원이나 생선을 잡던 선창가 어민들이 오동동이나 남성동의 술집에서 그런 식으로 마신 것에서 이름 붙여진 것으로 보인다. 더 구체적으로는 예전 오동동의 좀 고급스런 요리를 팔던 요정들이 돈이 궁해진 선원과 어민들을 대상으로 격을 낮춘 저렴한 술상으로 술을 팔았다는 것에서 유래됐다는 얘기도 있다. 이렇게 시작된 통술집이 그 뿌리를 내린 시기는 대략 1970년대 들어서인 것으로 꼽는 견해가 많다.

어쨌든 술과 술집에 관한 한 마산에서 대세를 이루는 것은 통술집이다. 이 집들이 마산의 술 문화를 이끌어가고 있고 전국적으로도 널리 알려져 있다. 마산의 통술집에 가면 우선 그 푸짐한 안주가 술맛을 돋운다. 처음 차려진 상에 입맛 술맛 당기는 안주가 가득한데도 맛있는 각종 안주는 거짓말 좀 보태 술자리가 끝날 때까지 끝없이 나온다. 안주는 다시 말하지만, 어시장을 지척에 둔만큼 그곳에서 아침 일찍 구해 온 싱싱한 해산물인데, 철마다 다른 제철 해물이 주종을 이룬다.

이를테면 봄이면 쑥(갯가재), 가리비, 밀치, 꽁치, 호래기 등 좀처럼 먹기 힘든 해물까지 나온다. 여기에 미더덕, 굴, 해삼, 멍게, 낙지는 기본이고 갖은 양념으로 조리한 감성돔, 꽃돔, 갈치구이, 아귀찜 등 20여 가지가 안주로 나온다. 여름이면 볼락, 가을이면 전어, 주꾸미 등이 당연히 술상에 차려진다. 대구 아가미로 담근 장자젓이 나오기도 한다.

이런 푸짐한 안주로 차려진 술상을 대하면 자연 술값에 민감해진다. 하지만 그런 염려는 안 해도 된다. 술값 계산과 관련한 셈법이 독특하기 때문이다. 안주요리별로 값을 받는 게 아니라, 한 상 값으로 계산되기 때문이다. 말하자면 통술집에서는 안주 값을 따로 받지 않는다. 한 상 값은 집마다 조금 차이가 있지만, 기본으로 나오는 술 몇 병을 합쳐 대략적으로 4-5만 원 선이다. 그 다음부터는 추가로 마시는 술값만 내면 된다.

아무리 계산법이 이렇다지만, 마시는 입장에선 마음이 놓이질 않는다. 그래서 몇 번씩 주인 아주머니에게 이를 확인한다. 안주가 너무 많이 나오는 것 아니냐는 물음이 곧잘 나온다. 그때마다 돌아오는 대답은 한결같다. "고마, 주는대로 무이소, 마." 어느 해 봄인가, 마산을 찾았던 중앙일간지의 어느 기자는 이런 마산의 술값 계산법과 관련한 통술문화를 '주인과 손님 간의 암묵의 범절'이라는 약간은 난해한 말로 요약한다. "안주가 뭐 나올지도 물어보면 안 되고, 가격도 물어보면 안 되는 이 독특한 문화는 한마디로 주인과 손님간의 신뢰가 없으면 불가능한 시스템"이라는 것이다.

이런 술값의 셈법이니 주머니가 가벼운 술꾼들이 좋아하지 않을 수 없다. 여기에는 마산의 술에 대한 인심이 한몫하고 있는 것이다. 이처럼 한 방에 '통째'로 즐길 수 있는 것이 마산 통술집의 가장 큰 경쟁력이기도 하고 그로서 엮어지는 통술문화의 원천이기도 하다. 조금씩 차이는 있지만, 이런 식으로 장사를 하는 술집들이 경남지역에 제각각의 지역적인 특색과 함께 술 문화를 이루고 있는데, 이를테면 통영의 '다찌'와 진주·사천

지역의 '실비 집'이 그것들이다. 전라도 전주에서도 막걸리 한 주전자에 한 상 넉넉히 내놓는 술집이 그곳의 술 문화로 자리 잡았다.

마산을 떠나 타지에 살고 있는 출향사람들이 마산엘 오면 반드시 찾게 되는 곳이 통술집이다. 하지만 적지 않은 통술집들 중에서도 잘 골라 가야 한다. 친구나 지인들이 함께한다면 그들이 끄는 곳으로 가면 되지만,

오동동 유정통술(『경남도민일보』 사진).

그렇지 않을 경우 대개는 통술집 거리가 있는 오동동이나 옛 마산극장 부근의 중앙동으로 가게 마련인데, 그 집들마다 나름대로 특색을 갖추고 있다. 어떤 집은 생선회가 좋고, 어떤 집은 구이가 좋고, 어떤 집은 주인아주머니의 입심과 분위기가 좋기 때문이다. 이를 다 갖춘 집이면 금상첨화겠지만, 실망스런 곳도 당연히 있게 마련이다.

마산에 사는 사람들이 잘 가는 통술집이 좋은 곳일 것이다. 자주 들러 맛본 경험을 토대로 판단한 그들 나름의 취향이나 계산에 의한 것이기도 하지만, 사람들이 몰리는 통술집은 이름값을 하듯 대개 괜찮게 알려진 곳들이다. 마산 사람들은 외지사람더러 안주가 무료라고 해서 무조건 술값이 저렴할 거라고 생각하지 말라는 지적도 하고 그런 집들을 꼽기도 한

다. 세 명이 가면 돈 십만 원 나오는 건 예사인 집도 있다는 것이다. 그래서 잘 알려진 집을 가야한다는 것이고 모를 경우 물어서 잘 골라 가라는 얘기다.

이와 관련해서 언젠가 마산의 한 일간신문이 재미있는 설문조사를 한 적이 있다. 마산에서 최고로 꼽을 수 있는 통술집이 어디냐는 조사였다. 그 신문은 SNS상의 온라인 맛집 그룹을 대상으로 한 것이라 그다지 신빙성을 부여할 수 없는 조사이고 그저 재미로 참고하라는 친절한 설명도 곁들였지만, 마산의 통술집과 통술문화에 관심을 가진 사람들, 특히 마산을 떠나 있는 출향인들에게는 꽤 유익하고 재미있게 받아들여졌지 않나 싶다.

설문 결과 공동 1위에 두 곳의 통술집이 선정됐다. 오동동의 한 집과 반월동의 한 집이 같은 표를 얻은 것이다. 신문은 그 집들을 탐방한 기사를 게재하기도 했다. 어떤 출향인사 한 분은 그 기사를 보고 갈치구이를 잘 한다는 오동동의 술집을 찾았는데, 마침 그날 갈치가 떨어져 못 마시고 나왔다고 한다.

1970년대에 통술집이 처음 들어선 거리는 오동동과 합성동 골목이었지만, 지금은 신마산 옛 마산극장 부근에 통술거리가 생겨 그쪽으로 많이들 옮겨가거나, 새로 생겨난 집들이 많다. 오동동 통술거리가 그렇다고 상권이 죽은 것은 아니고 아직도 옛 명성을 이어가면서 십여 개의 통술집이 들어서 있다. 신마산에는 오동동보다 조금 더 많은 통술집들이 장사를 하고 있다. 이 두 곳 외에 반월동 등에도 통술집들이 있다.

마산 '아구찜'

지명이 없어지고 또 아무리 변했다 해도, 마산은 바다를 낀 항구도시이고 이곳 모든 것의 원천은 바다가 그 중심이다. 먹거리도 마찬가지다. 마산 사람들은 물론이지만, 외지의 사람들도 마산하면, 바다에서 나는 갯내음 물씬한 해산물을 원료로 해서 만들어진 음식을 떠올린다. 이런 해산물을 바탕으로 한 탕과 찜, 구이 등이 마산을 상징하고 대표하는 먹거리로 자리 잡아 온 것이다. 이 가운데 마산과 마산 사람의 화끈한 기질을 쏙 뺀 음식이 있는데, 바로 마산뿐만 아니라 전국적으로도 국민음식의 반열에 오른 마산 아구찜이 그것이다.

마산은 이은상의 「가고파」라는 노래에서처럼 그리움으로 다가오는 호수 같은 바다에 연한 조용한 포구지만, 한편으로는 격동의 역사를 가진 항구도시다. 고려 충렬왕 때 몽골과 함께 꾸려진 4만의 여몽麗蒙연합군이 일본 정벌에 나섰을 때 출진기지가 마산이었고, 왜구들이 헤집고 들어온 주요 침입로 또한 마산이다. 임진왜란 당시 격렬한 전투가 벌어졌던 곳인데다 1899년 개항되면서 일본인들이 집단으로 거주하기도 했고, 6·25 때는 미군 군수물자의 하역 항이었다. 그리고 3·15의거에서 비롯된 4·19와 부마항쟁의 진원지 또한 마산인데, 마산 아구찜의 화끈한 매운 맛이 마산의 이런 격동의 역사와 많이 닮아있다는 얘기다.

마산 아구찜은 토막을 낸 아귀를 조선토장을 넣어 한 소금 찐 데다 콩나물과 미나리를 넣고 데친 후 매운 고춧가루와 다진 마늘, 생강, 대파 등의 양념으로 찐 음식이다. 여기에 미더덕을 곁들이기도 한다. 보기에 간단해 보이는 조리법이지만, 자세히 보면 그렇지 않다. 무엇보다 잘 말린 아귀여야 하고, 콩나물도 통통하지 않게 기른 것, 그리고 고춧가루도 태양초를 빻아 쓰되 매운 것과 덜 매운 것을 섞어 써야 하는 등의 세심한 조리법이 요구된다.

마산 아구찜은 마산 사람들이 원래부터 즐겨 먹던 전통 음식은 아니다. 마산은 예로부터 물산이 풍부했다. 비옥한 땅과 좋은 물, 그리고 천혜의 기후가 어우러진 데다 바다를 끼었으니 그럴 것이다. 특히 해산물은 더 그랬다. 근해에서 잡히는 산물도 많았지만, 조선 후기 전국의 수산물 등이 모아지는 조창이 설치되면서 동해의 원산, 서해 강경과 더불어 3대 수산물 집산항으로 꼽혔을 정도로 풍성했고 번성했다.

이런 풍성하고 다양한 해산물 가운데 아귀는 예로부터 천대받던 생선이었고, 어쩌다 잡혀 올라와 선창바닥에 버려진 그것을 농부들이 비료로

마산 아구찜 기본 상차림(좌), 아귀(마산에서는 아구라 부른다)(우).

사용했다는 전언에서 보듯, 마산 사람들은 전통적으로 아귀를 먹지 않았다. 그런 아귀가 지금은 마산 아구찜으로 각광을 받고 있다는 점에서 한편으로 아구찜을 마산의 근대를 관통하는 시대의 산물로 보는 것은 그럴 듯한 지적이다.

해방 후 돌아온 귀환동포와 6·25로 인한 피난민들로 마산은 그 무렵 배고픈 인구가 급속도로 늘어난다. 그런 상황에서 이들이 좋고 나쁜 생선을 가렸겠는가. 선창가에 버려져 천대받던 아귀가 이들의 공짜 먹거리가 된 게 지금 마산 아구찜의 원조가 아닌가 싶다. 당시에는 배만 채우면 되니까 아귀를 가져다가 약간의 양념을 넣어 삶든가 쪄서 그냥 먹었을 것이다. 밀려든 귀환동포와 피난민들로 인해 천대받던 아귀가 지금의 '특미'로 변한 것은 일종의 아이러니가 아닐 수 없다.

이런 아귀가 찜이라는 양태의 맛난 음식으로 등장한 것은 1960년대 초인데, 이는 기록으로도 전해진다. 목발 김형윤 선생이 『마산야화』에 "최근(1960년대 전후) 새로운 음식이 나타났는데, 이것을 먹을 땐 휴지나 수건을 갖고 있어야 땀과 콧물, 눈물을 닦을 수 있다. 아주 맵다"고 적고 있는데, 이게 바로 초기의 아구찜이었던 것이다. 지금 마산 오동동의 아구찜 거리에는 20여 개의 아구찜 가게가 저마다 '원조'를 내세우고 있는데, 목발 선생의 이 글로 봐서는 아마도 이 무렵부터 오동동에 아구찜을 파는 식당이 생겨났다는 얘기다.

마산 오동동에는 아구찜 전문 식당들이 많고, 이들은 저마다 원조를 자처한다. 이는 맛과 전통의 관점에서 그 원조가 과연 어딘가에 대해 궁금증을 유발한다. 대체적으로 모아지는 얘기는 딱히 어떤 특정업소가 원조라기보다는 고만고만하게 같이 모여 살며 만들기 시작하면서 형성된 이웃, 혹은 집단개념으로서의 원조라고 하는 게 맞는 것 같다. 그럼에도 이들 가운데 이미 고인이 된 '혹부리 할매'에게 전해져 내려오는 얘기를 그 바탕으로 하는 데엔 별 이견이 없는 듯 보인다.

1964년 오동동 골목 한 귀퉁이에 장어국을 끓여 파는 초가집의, 간판도 없는 선술집이 있었는데, 주인이 혹부리 할매(턱밑에 큰 혹이 나있어 붙여진 별명)였다. 어느 추운 겨울날 어부들이 어시장에서 못 생기고 재수 없게 생긴 아귀를 들고 와 안주로 좀 장만해 달라고 했는데, 할매는 흉측하게 생긴 생선을 거들떠보지도 않고 문밖에 내다 버렸다.

얼마가 지난 후 할매가 시장에 갔다 오던 중 처마 밑에 무슨 마른 명태 같기도 하고 마른 가오리 같기도 한 어포魚脯가 있어 주워 보니 그게 바로 버렸던 아귀였다. 호기심에 이것을 가져다 무와 된장을 넣고 자작자작하게 찜을 만들어 술안주로 내놓으니 그 맛이 각별했다. 이게 소문이 나면서 아귀찜으로 만들어졌고, 근처에서 역시 장어국을 팔던 다른 선술집에서도 이것을 만들어 팔기 시작한 게 구체적인 마산 아구찜의 발자취다.

지금 마산 아구찜의 원조로 거론되는 박영자와 고故 구봉악 할머니들이 하던 식당이 모두 그 인근에 있었고 이를 바탕으로 이들 할머니들의 가게를 원조로 보고 있다.

오동동 아구찜 거리.

 마산 아구찜은 아귀를 원료로 하는데 왜 아귀찜이지 않고 아구찜인가. 아귀餓鬼라는 명칭은 불교의 아귀도餓鬼道에서 나온 것이라고 하는데, 입이 크고 음식을 탐하는 귀신이라는 뜻이다. 그러니 아귀는 큰 입을 가진 생선으로, 무엇이나 삼키는 매우 탐욕스런 물고기라 잡아서 배를 갈라보면 자기 몸보다 큰 상어류 등의 큰 물고기는 물론이고 바다에 떠다니는 각종 잡동사니들도 나온다. 그래서 아귀를 조사어釣絲魚, 혹은 아구어餓口魚라기도 한다. 영어로는 온갖 것을 잡아먹는 '낚시꾼 물고기'라는 뜻의 '앵글러 피시Angler Fish'라고도 하고, 흉측한 모습에다 탐식성을 더해 '데블 피시Devil Fish'라도 부르기도 한다.
 이 아귀를 흑산도를 비롯한 전라남도 해안에서는 아구라고 부르는데, 전남 신안에서 마산으로 시집온 박영자 할머니가 아귀로 찜을 만들며 아구라고 부른 것이 굳어져 마산 아구찜이 된 것이라고 한다.
 아구찜은 이제 마산만의 음식이 아니다. 전국적으로도 널리 알려져 대한민국 사람 대부분이 잘 아는 국민음식이 된지 오래다. 마산 아구찜이 이렇게 전국적으로 널리 알려진 배경을 얘기하면서 오동동에서 '아구할매집'을 하는 김삼연 사장을 빼 놓을 수 없다. 김 사장은 1981년 서울 여의도에서 열린 '국풍81'의 전국물산전에 마산 아구찜을 갖고 나가 당시 언론매체 등을 통해 마산 아구찜을 전국적으로 알린 장본인이기 때문이다. 그래서 그녀도 마산 아구찜 원조의 한 반열에 놓여지기도 한다.

마산 아구찜은 맛도 있지만 매운 게 특성이다. 물론 지금은 각자의 기호에 맞게 조리되고 있지만, 마산 아구찜은 원래 매운 맛을 그 전통으로 한다. 그러나 맵지만 맛있다. 그래서 중독성을 갖는데, 매운 맛 때문일 것이다. 맛도 있지만 찜으로 만들어진 아귀는 영양 면에서도 비타민 A가 풍부해 특히 피부미용에 좋은 것으로 알려져 있다. 그리고 지방이 없어 비린내가 나지 않고 소화가 잘 되는 담백한 맛인데, 여기에 콩나물, 미나리 등 싱싱한 채소류가 듬뿍 곁들여지므로 비타민 C도 함께 보충할 수 있다. 아귀를 이용한 음식은 비단 아구찜뿐만이 아니다. 아구수육, 아구탕, 아구젓갈, 해물볶음, 불고기, 전골, 불갈비, 해물찜으로도 해 먹는다.

조리법에서 조금의 차이야 있겠지만, 아구찜이 인천에서는 '물텀벙이'로, 부산에서는 '물꽁찜'으로 불린다. 서울에도 신사동 사거리에 아구찜 거리가 조성되어 있을 정도로 아구찜에 대한 수요가 많다. 이렇듯 전국 각지에서 먹히는 마산 아구찜의 맛이야 어디가도 마찬가지겠지만, 그래도 마산에서 먹는 게 제 맛이요 또한 제격일 것이다. 마산 아구찜은 원래 갯내음이 솔솔 나는 말린 아귀를 재료로 만들지만, 워낙 찾는 사람이 많은 탓에 기호에 따라 생물 아귀로도 조리를 한다. 이를 구분해 건식 아구찜과 습식 아구찜으로 부르는데, 마산 오동동에도 이 두 가지를 옵션으로

해 판다.

　마산 아구찜은 마산에서, 그것도 오동동에서 먹는 게 제 맛이요 제격이라 했는데, 그것은 아무래도 마산의 바닷바람을 맞고 말려진 아귀로 만들어진 것을 그 바닷바람 부는 곳에서 먹는 게 걸맞을 것이기 때문이다. 보통 마산 아구찜은 겨울 12월 한 달 동안 마산 바닷바람 속에서 꾸덕꾸덕하게 말려진 아귀로 만드는데, 아마도 이렇게 숙성되고 다져진 그 맛을 타 지역이 따르지 못하지 않나 싶다. 어디 부는 바람뿐이겠는가. 그 속에는 마산이라는 특유의 애환이 서린 바람도 담겨 있을 것이라는 얘기다. 그 바람이 담겨야 진정한 마산 아구찜이 아니겠는가.

　1970년대 초, 마산 아구찜이 한창 그 맛과 가치를 발하고 있을 때 서울의 모 장사꾼이 서울서 장사를 하겠다며 엄청난 양의 아귀를 가져다 신촌의 어느 건물 옥상에서 말렸더니, 그 아귀가 모두 썩어버렸다는 얘기가 있다. 아무리 기술이 발달했어도 마산 아구찜은 마산 바람 속에 담겨진 것이 진정 그 맛이 아닌가 싶다.

　마산 아구찜의 전통적인 맛은 매년 5월 9일을 정해 마산 아귀를 먹자는 캠페인성 축제인 '아구 데이' 속에서도 묻어난다. 올해로 7회 째인 '아구 데이'를 통해 마산 아구찜의 진정한 맛과 전통이 전국적으로 확산되었으면 하는 바람을 가져본다.

오동동午東洞, '복쟁이 골목'

기억에 남아 있는, 어릴 적 마산 선창가를 떠돌던 어두운 이야기들 중의 하나. 선창가에서 사람들이 자주 죽는다는 것인데, 그게 생선을 먹고 죽었다는 것이다. 이런 얘기들은 당시 매스컴이 그다지 발달하지 않을 때라 주로 입소문을 타고 흉흉하게 들렸기에 아직도 기억 속에 어둡게 자리 잡고 있는지 모르겠다. 그 생선이 바로 '복쟁이'다. 내 남없이 가난하던 시절, 굶주린 사람들이 선창가를 뒤지고 다니다 버려진 복쟁이를 먹다가 죽은 것이다.

통통한 생김새에 볼록한 배하며, 아무리 버려진 생선이지만 주린 배에 복쟁이는 참 먹음직스러웠을 것이다. 복쟁이는 알과 내장에 사람에게 치명적인 독을 지니고 있다. 독성이 강한 먹거리가 맛은 뛰어나다. 아마도 복쟁이를 먹고 죽은 사람은, 말 같지는 않지만, 먹는 그 순간은 환상적이었을 게다.

우리 마산 사람들은 그 생선을 복쟁이로 불렀다. 지금도 그럴 것이다. 후에 듣고 보니 그게 복쟁이가 아니라 복어가 표준어라고 하길래 그런 줄 알았는데 이 글을 쓰면서 마음먹고 찾아보니 복쟁이도 복어와 같은 표준어로 사전에 나와 있었다. 복쟁이가 마산 사투리인 줄 알고 함부로 입에 올리지 않고 익숙하지도 않은 복어로 불렀는데, 복쟁이가 어엿하게 사전에 나와있는 표준어라니 이제 마음대로 쓰고 불러도 된다는 게 새삼 반갑다.

그 '사람 잡던' 복쟁이라, 이 생선은 잡히면 재수없는 것이라며 버려지기 일쑤였다. 그래서 어릴 적 선창가 낚시꾼 곁에는 버려진 복쟁이 서너 마리가 허연 배를 내놓고 있는 것을 보는 것은 예사였다.

그 복쟁이가 새삼 마산을 대표하는 명물 먹거리가 되고 있는 것은 하나의 아이러니가 아닐 수 없다. 마산이 명실상부하게 전국에서 복쟁이 요리가 가장 다양하고 맛있는 곳이기 때문이다. 마산에는 아예 복쟁이만 취급해서 먹거리로 내놓는 거리가 오동동에 있다. 이름하여 '오동동 복쟁이 거리'인데, 그 연원으로 보자면 '복쟁이 골목'으로 부르는 게 더 다정다감하게 들린다. 예전부터 그렇게 불러왔기 때문이다. 물론 이 골목도 옛 마산시에서 붙인, '복요리'를 앞에 단 행정적인 용어가 있다.

마산의 복쟁이 골목은 오동동에서 내려오는 어시장 못 미쳐, 왼편 산호동 골목길에 형성돼 있다. 예전에는 잡어를 잡는 '고데구리(소형기선 저인망어선)'가 드나들던 바닷가 선창이었는데, 매립이 되어 건물들이 들어선

마산 복쟁이국.

거리다. 한 세대 전만 해도 어선이 들고나던 자리가 바로 복쟁이 골목인 것이다. 이곳에 30여 개의 복쟁이 전문식당이 마치 홍합처럼 다닥다닥 붙어 들어서 하루 24시간 장사를 하고 있다.

고모, 쌍용, 마산, 김해, 덕성, 충무, 미진, 남성, 금복, 진미, 초원, 명동, 광포, 경북, 경남, 삼성, 괭이… 대충 눈에 들어오는 식당 이름만 이렇다.

이곳 복쟁이 골목의 유래에 대해서는 여러 얘기가 있지만, 이른바 그 원조가 '남성식당'이라는 점에서는 별 이론의 여지가 없는 것 같다. 1940년대 초, 박복련이라는 솜씨 좋은 아낙이 친정어머니로부터 독 제거 등 복쟁이 다루는 법을 배워, 해방 이후 유곽과 술집이 밀집하던 오동동에 복쟁이국을 전문으로 하는 남성식당을 낸 것에서부터 복쟁이 골목의 유래를 찾는다는 것이다. 남성식당은 박복련 할머니의 솜씨로 입소문을 타면서 '할매집'으로도 불리운다. 독이 제거된 복쟁이로 끓인 맑은 국을 술꾼들에게 아침 해장국으로 내놓았는데, 시원한 맛과 함께 숙취해소에 더할 나위 없이 좋다는 소문을 타고 마산과 그 인근에 알려지게 된다. 맑은 국물의 복쟁이국이 전국의 여러 복국 가운데 마산의 상징이 된 게 이때부터가 아닌가 싶다.

남성식당은 이런 맛으로 소문이 나면서 다른 곳으로도 알려진다. 그러다 남성식당 복쟁이국이 전국적인 명성을 타게 된 것은 1970년대 초반이다. 이에는 맛도 그렇지만 박정희 전 대통령이 톡톡히 한몫을 한다. 그 무렵 박 전 대통령이 마산 수출자유지역을 시찰하면서 점심을 먹으려고 들른 곳이 바로 남성식당이었다. 그 식당에서 제일 잘 하는 딱 한 가지, 복쟁이국을 박 전 대통령 앞에 점심으로 내놓았는데, 그 맛에 박 전 대통령이 감탄을 했다는 것이다. 이런 사실은 그때나 지금이나 뉴스가 된다. 이게 신문과 방송을 타게 되고, 대통령이 좋아하는 마산명물로 복쟁이국이 소개되면서 전국적인 명성을 얻게 된다.

이를 계기로 주변에 있던 칼국수, 수제비 등을 팔던 식당들이 하나 둘씩 간판을 바꿔달고 복쟁이 식당으로 나서면서 오늘의 복쟁이 골목이 생기게 된 것이다. 박복련 할머니는 지난 2003년 타계했고, 지금은 아들과 며느리가 3대째 가업을 이어오고 있다. 1980년대 언젠가 그 집에 들렀을 때 맛나고 푸짐한 졸복수육에다 소주 한잔을 기울이면서 이런 저런 얘기를 주고받던 그 할머니가 그립다.

마산 복쟁이 골목의 주 메뉴는 출발이 그랬듯 역시 복쟁이국이다. 다시마 등으로 국물을 우려낸 육수에 복쟁이와 미나리, 콩나물, 파, 마늘을 넣고 푹 끓이는 게 기본이다. 공통적으로 미나리는 줄기가 얇고 잎이 신선한 것만 골라 큼지막하게 썰어 넣는다. 알싸한 향취를 내는 미나리의 독특한 성분은 몸에 쌓인 술기운을 풀어주고 신진대사를 증진시킨다. 물론 식당마다 저마다의 솜씨와 비법이 가미된다.

특히 육수는 저마다 다르다. 각 식당이 이렇듯 육수를 만드는 재료와 방법이 다르기 때문에 골목에 복쟁이국 맛이 같은 집은 하나도 없다는 말이 일리가 있다. 식당들 대부분이 수십 년 동안 가업을 이어온 만큼 나름의 복쟁이국 국물을 내는 비법을 가지고 가족들에게만 전수해주고 있기 때문이다. 어떤 식당의 경우 육수의 원료로 집에서 담근 조선된장을 쓰기도 한다. 각 식당에서 복쟁이국에 곁들여 내놓는 각종 반찬들도 맛깔스럽지만 이 또한 저마다 다르다. 광포식당의 경우 명태코다리 조림과 피클 형태의 오이김치 그리고 멸치젓갈이 맛있기로 소문이 나있다.

마산 복쟁이 골목의 복요리가 유명해지면서 외지에서 '위장취업'을 해 요리방법을 배워가려는 사람들도 많다고 한다. 그래서 육수 만드는 방법에 대한 '보안'이 철저해졌다고 하는 얘기가 있다. 어찌어찌해서 그 방법을 알아내 외지에서 식당을 내는 경우가 가끔씩 있다는데, 대부분이 실패한다고 한다. 아무리 방법을 알아냈다 하더라도 70여 년을 이어 내려온 맛에 담긴 전통이나 분위기라는 게 있는 만큼 그 맛이 외지에서는 통하지 않는다는 것이다. 마산의 또 다른 명물 먹거리인 아구찜도 마찬가지다. 1970년대에 누군가 마산 아구찜을 배워 서울 신촌에 아구찜 식당을 냈는데 장사도 하기 전에 가게를 접었다. 신촌의 건물 옥상에서 말린 아구가 모두 썩어버렸기 때문이다.

이곳 복쟁이 골목에는 복쟁이국이 물론 주 메뉴이지만 이 외에 복불고기, 복껍데기무침, 복튀김, 복수육, 복초밥 등 다른 메뉴들도 있다. 복쟁이국은 주로 술 마신 뒤 해장을 위해 찾지만, 다른 요리들은 오히려 술 안주로 많이들 찾는다. 겉은 바삭바삭하고 속은 야들야들한 복튀김은 주로 복어 아랫배와 꼬리의 살을 소금, 후추, 청주로 밑간을 해 튀겨낸다. 복수육과 함께 최고의 술 안주로 친다. 복껍질은 콜라겐 성분이 많아 물에 데치면 꼬들꼬들해져 씹는 맛이 좋아지는데, 이를 무침으로 내놓아

술꾼들의 군침을 돌게 한다. 복수육 중에서도 졸복수육은 한 입 만큼의 앙증맞은 졸복의 야들야들 씹히는 맛이 일품이다. 한때 남성식당의 졸복수육이 초장과 더불어 제일 맛있는 것으로 소문이 나 있었는데, 지금은 모르겠다.

복쟁이 골목의 각 식당에서 쓰이는 복어는 주로 참복과 까치복, 밀복, 은복, 졸복 등이고, 어떤 복을 재료로 썼느냐에 따라 음식 값도 다르게 매겨진다. 은복은 쫄깃쫄깃한 맛이 구미를 당기게 하고 까치복은 부드러운 맛이 일품이다. 이 둘의 맛을 합친 것을 식도락가들은 참복으로 친다. 그래서 참복이 제일 비싸다. 우리나라는 임진강 유역부터 제주도까지가 천혜의 복어 서식지로, 동·서해안과 남해안을 따라 참복, 까치복, 밀복, 은복, 졸복, 황복 등이 많이 잡힌다. 마산은 특히 낙동강이 남해로 흘러드는 리아스식 해안에 위치해 있기 때문에, 예로부터 맛있고 싱싱한 각종 복어의 산지로 꼽혀 왔다.

복쟁이는 살집이 차오르는 늦가을부터 이듬해 초봄까지가 제 맛이다. 이른 봄, 싱싱한 미나리 대궁을 얹어 끓인 복쟁이국에는 봄 향기가 가득하다. 그래서 동해에서 많이 잡히는 밀복은 11월부터 이듬해 4월까지 최상의 맛을 낸다. 밀복을 재료로 한 복쟁이국에서 제일 맛있는 것은 '곤'이다. 수놈의 종소, 암놈의 알에 맞먹는 것으로 그 맛이 기가 막히다. 복쟁이 알은 독 때문에 대부분 버린다. 때문에 '곤'은 맛도 그렇지만, 그 희소성 때문에도 귀하게 대접받는다.

복쟁이 골목의 복쟁이국은 특히 마산을 떠나 객지에 있는 출향민들에게는 잊혀지지 않는 향수의 맛이다. 그래서 마산에 가면 꼭 찾게 되는 곳

오동동 복쟁이 골목 입구 안내판.

이 복쟁이 골목이다. 복쟁이국도 그렇지만, 마산을 그리워하는 출향민들로서는 복쟁이국도 맛보고 무학산을 비롯한 마산의 다른 곳도 맛볼 수 있는 방안을 저마다 찾게 마련이다. 서울에 사는 어떤 마산 사람은 먹고 사느라 시간 내기도 여의치 않은 처지에서 이렇게 한번 해보았다고 우스개 삼아 자랑한다.

"서울에서 야간우등 고속버스를 탄다. 마산에 도착하면 새벽 4시 경이다. 복쟁이 골목으로 간다. 거기서 해장을 겸해 복쟁이국을 먹고 조금 쉰다. 날이 좀 밝아졌을 때 교방동 서원골로 가 무학산에 오른다. 무학산 산행을 하고 교방동으로 내려와 서원골 초입에 있는 옛날식 목욕탕에서 몸을 씻고 나오면 오후다. 오동동 통술골목으로 간다. 거기서 친구 등 지인을 만나 술 한잔을 나눈다. 술 한잔과 정담을 나누면서 밤이 이슥해지면 다시 복쟁이 골목으로 가 식초 듬뿍 친 복쟁이국을 먹는다. 그리고는 다시 터미널로 가 야간우등 고속버스를 탄다. 한잠 자고 나면 서울이다."

"오이소

드이소

속이 써언– 하지예

너 밤새 핏발 선 눈빛으로 날 할퀴고 무너뜨려도

너 이른 아침까지 끈질기게 달라붙다 끝내 나를 마셔 버려도 복국, 너 하나만 있으면 된다.

술, 너 이제 꼼짝없이 죽었다."

(이소리의 「복국사랑」 전문)

살기에 저마다 팍팍한 날들이다. 한잔 술에 시름을 달래고, 쓰린 속은 복쟁이국으로 풀어보자. 마산에는 복쟁이국이 펄펄 끓고있는 복쟁이 골목이 있다.

'송미신사松尾神社'와 마산 '리주회唎酒會'

　오래된 도시 마산은 예로부터 주향酒鄉이나 주도酒都라는 명칭이 주어졌으니, 곧 '술의 고장'이라는 뜻에서 알 수 있듯 각종 술의 생산이 많고 술맛 좋기로 유명한 곳이다. 술을 빚는데 필요한 물과 기후가 좋은데다, 양질의 쌀을 비롯한 풍부한 물산 등의 여러 요건을 갖추고 있었던 까닭이다.

　'술의 고장'인 마산의 이런 특성은 일제강점기를 포함해 옛날부터 주조, 양조업이 발달했고, 오늘에도 전국적으로 명성이 높은 양질의 술을 만드는 유수의 기업으로 이어지고 있는 데서 잘 드러나고 있다.

　이와는 좀 다른 측면이지만, 좀 묘한 흔적도 있다. 바로 일제강점기에 마산의 술을 위해 만들어진 '송미신사松尾神社'라는 일본 신사인데, 얼마 안 된 근대적 역사의 흔적이지만 마산의 술과 연관된다는 점에서 좀 치욕적인 것일 수도 있다.

신사는 주지하다시피 일본 사람들의 토착신앙이다. '신토神道'라고 하는 일본인들의 토착신앙은 그들의 입장에서 나쁜 귀신에 대한 두려움을 없애는 한편 숭배하는 귀신으로부터 초자연적인 힘을 얻기 위한 참배로부터 생겨난 것이다.

그래서 일본인들이 신사를 꾸려 모시는 귀신들 가운데는 별별 희한한 것들이 많다. 여우도 있고 개도 있고 된장신도 있다. 그런가 하면 기무치(김치)나 만두, 부뚜막, 젓가락, 냄비, 쌀, 물, 굴뚝신을 받드는 신사도 있다. 곳에 따라서는 남자나 여자의 성기를 모시기도 한다. 이런 여러 해괴한 신들 가운데 '술'도 있으니, 이를 바탕으로 그들의 술 만드는 귀신인 '주호신酒護神'을 제신으로 받드는 신사가 바로 '송미신사'인 것이다.

'송미신사'는 일제가 조선에서 유일하게 마산에 세운 신사다. 그만큼 그들도 마산의 술을 인정했다는 반증이다. 그들은 당시 마산에서 생산되던 청주를 일본에서 최고의 술로 꼽는 나다사케灘酒에 견주곤 했다는 기록이 있다.

1920년대 마산에 머물며 저술활동을 하면서 1926년 『마산항지馬山港誌』를 펴낸 추방사랑諏方史郎은 "…술의 마산이냐 마산의 술이냐/꽃도 술 술 피어나고 물은 용솟음치네"라고 마산의 술을 예찬하는 글을 쓰기도 했다.

이렇듯 일제가 마산에 '송미신사'를 세운 것은 마산이 '술의 고장'이기 때문이다. 일제강점기에는 일본식 사케인 우리나라 청주의 6할이 마산에

일제강점기 마산신사(현 제일여고 자리).

서 생산되었다는 기록이 또한 이를 대변하기도 하는데, 말하자면 그들의 '주호신'을 통해 마산에서 일본의 승승장구를 위한, 그리고 그들이 더 맛나게 즐길 수 있는 술이 생산되기를 바란 것이다.

'송미신사'는 1936년 지금의 제일여고 자리에 세워졌는데, 1909년 건립된 '마산일본신사'의 부속신사로 만들어졌다. 그러니까 '송미신사'는 처음부터 그 자리에 있었던 게 아니고 증설된 것이라는 얘기다. '송미신사'와 함께 여우 귀신을 받드는 '도하신사稻荷神社'도 병설했다고 전해진다.

'마산일본신사'의 본전에는 일본인 천황가의 조상신이라고 불리는 '천조대신天照大神'을 봉안한 후 그 오른쪽에 '송미신사'와 '도하신사'를 부속신사로 세운 것이다. 여우 귀신에게 제를 올리는 '도하신사'는 마산을 포함해 서울 남산과 인천, 목포, 부산, 진해, 진남포, 신의주, 용천, 성진 등지에도 있었던 것으로 전해진다. 신사가 있던 동네의 행정명칭은 문화동文化洞이었고, 아직도 제일여고가 있는 그 지역은 문화동이다. 마산과 목포를 비롯해 전국적으로 신사가 있던 동네는 모두 문화동이었고 지금도 그렇다.

지금은 물론 일본신사들이 철폐되었지만, 아직도 그 흔적은 제일여고와 학교 주변에 남아 있다. 학교 안과 바깥에는 옛 신사의 계단이 남아 있고,

신사입구 계단으로 사용되었던, 현 제일여고 정문 돌계단.

신사 입구의 돌기둥을 받쳤던 주춧돌이 교정의 정원석으로 남아 있다. 또 담벼락에는 신사의 '축조발기인'이라는 일본인들의 이름이 새겨진 돌도 그대로 박혀 있다. 학교의 정문이 당시 신사의 신주문神主門을 닮았다고 보는 사람들도 더러 있다.

마산의 지조 있는 언론인이었던 목발 김형윤 선생도 『마산야화』에서 제일여고의 정문이 전통적 일본신사의 문門인 '도리이鳥居'를 닮았다고 비판하고 있는데, 물론 1970년대 당시의 문을 지적한 것이기에 지금의 그것과는 다를 것이다. 이같은 논란과 관련해 제일여고 측에서는 현 제일여고 정문은 전주체육관의 정문을 본뜬 것이라고 진즉 밝힌 바 있다.

제일여고 자리에 있던 '마산일본신사' 건물은 해방 후 '신마산교회'에 의해 잠시 예배당으로 사용되다가, 1947년 제일여고 전신인 '마산가정여학교'의 교사로 사용됐다. 이 학교는 신사의 본전건물을 교무실과 교장실로 썼고 부속건물을 교실로 사용했다. 부속건물은 그 후로도 오랫동안 남아 오다 십여 년 전 허물었는데 내내 학교의 '민속관'으로 사용돼 왔다.

신사의 대문인 신주문 앞의 왼쪽 마당에는 큰 대포가 하나 있었다고 목발 선생은 전하고 있다. 일본 조병창 제조의 이 대포는 군사력 과시를 위

옛 마산 동양주정의 명월소주 광고.

해 마산만 중포병대대 입구의 산정에 있던 것을 대대장이 1935년 마산부에 기증했고, 마산부는 이를 신사 앞에 거치시킨 것으로 전해진다.

1936년 3월 '마산일본신사'의 부속신사로 세워진 '송미신사'는 일본 교토京都 '송미신사'의 어분령 대산사신大山咋神을 제신으로 받들었다고 한다. 마산의 일본인 양조업자들은 일 년에 한 차례 '송미신사'에 모여 성대한 제를 올렸다고 한다.

이와 관련해 목발 김형윤 선생은 『마산야화』에서 이런 사실을 전하는 한편으로 '리주회唎酒會'라는 생소한 단체를 소개하고 있다. "… 이외에 唎酒會가 있을 때는 (마산)府內의 양조장과 다수 지방 유지들이 몰려와서 酒護神을 모신 松尾神社 앞에서 盛大한 祭를 드리기도 한다"는 대목이 그것이다.

그러니까 당시 마산에는 '리주회'라는 모임이 있었다는 얘기인데, 이에 관한 기록은 별로 없지만, 옛 신문에 나타나는 몇몇 보도로 미루어 이 모임은 일제가 관 주도하에 전국적으로 관장하는 주조조합 산하의 단체였던 것 같다.

보도에 따르면 '리주회'는 일본식 용어로, 지금의 개념으로 보면 술과 술맛을 경연하는 콘테스트였던 것 같다. 리주喇酒는 일본식 한자로 우리 사전에는 나오지 않는 단어다. 일본에서는 사케 맛을 감별하는 '사케 소믈리에'를 '리주사(喇酒師, 키키자케시)'로 부른다.

1929년 3월 28일자『동아일보』는 경기도 용인에서 수원, 안성, 진위군 등의 4개 군이 공동으로 리주회를 개최한다는 기사를 싣고 있고, 1938년 5월 17일자『동아일보』에는 마산의 '리주회'에 관한 기사가 하나 나온다.

"마산세무서관내 탁주양조석수만 해도 4만수천석이 넘고 그 세액이 십사만수천원에 달하는 조선주조업을 발전개선하기 위해 마산조선주조조합 주최로 지난 14일 정오부터 동 조합회의실에서 제2회 조선주리주회를 열고 심사한 결과에 의하야 표상수상식을 성대히 거행하였는바 수상자는 다음과 같다. 우등상=마산부 金尾太一, 정원모, 창원군 강형우, 내서주조주식회사, 마산부 옥천복…."

이 기사에서 눈길을 끄는 것은 '조선주조업을 발전개선하기 위해'라는 대목이다. 그러니까 일제하에서도 우리 전통술의 품질 향상과 발전에 대한 관심이 있었던 것으로 보여지는데, 앞 기사의 경우 군청에서 실시한 것으로 보아 리주회가 민간 중심이 아니라 관에서 주도했다는 것을 뒷받침하고 있다.

이 기사에는 또 일등상 수상자로 민영학 등의 이름이 나오는데, 이들이 당시 마산의 유력한 인사였다는 점에서 마산 리주회가 지역 주류업계의 유지들로 구성됐던 것으로 보인다. 우리나라에서 리주회는 해방 후 50, 60년대까지 계속된 것으로 나온다.

1953년 부산주류조합연합회가 주최한 제1회 리주회에서는 당시 마산의 유력한 양조장이었던 '동양주정주식회사'(창포동 소재)에서 생산되던 '명월소주'와 '파스트 드라이찐First Dry-Gin'이 우등상을 수상했는데, 동양주정에서 이를 기념해 각 신문에 게재한 광고가 재미있다. 1950년대 마산에서 생산되던 '명월소주'는 마산을 비롯해 부산권을 지배하는 소주였는데, 당시 동양주정은 제주도에도 자회사를 두어 같은 브랜드의 소주를 생산하기도 했다.

남성동南城洞
'홍콩빠'

외래어로 지명이 불려지는 곳이 우리나라 주요 도시에 더러 있다. 예컨대 서울의 '딸라 골목'이 그렇고, 부산의 '텍사스 촌', 인천의 '차이나타운' 등이 이에 해당된다. 마산에도 있었다. 홍콩 이름을 딴 '홍콩빠'다. 있었다는 과거형이니 사라지고 만 것으로 여겨질 것이지만 그게 아니다. 지금도 그 명맥은 유지되고 있다.

도시들의 이런 외래어 지명은 행정적인 차원에서 붙여진 것이 아니다. 그곳의 주된 기능과 관련해 사용자와 이용자 사이에 입에서 입을 타고 전해지고 불려지면서 고착화된 것이다. '차이나타운'의 경우 인천 화교들의 주 거주지이기 때문에 행정적인 의미가 가미될 수 있을지도 모르겠다. 굳이 외국어로 된 것은 뭔가 좀 이국적이고 색다른 느낌을 주면서 그곳의

'구 홍콩빠' 거리. 옛 '홍콩빠' 자리가 매립되면서
대우백화점 뒷골목으로 옮겼다

기능이 강조되기 위한 것이 아닌가 싶다.

마산의 '홍콩빠'는 기능적인 차원에서 말 자체가 나타내듯 술집을 뜻한다. 마산이 예로부터 술맛이 좋을 뿐더러 술이 많이 생산되는 이른바 '술의 고향[酒都]'으로 불려지고 있는 측면에서 보면 뭔가 이국적이고 낭만이 감도는 이름이다. 더구나 마산이 바다를 낀 항구도시라는 점도 홍콩의 그 이미지와 부합되는 것이 아니겠는가.

마산에 좀 살았다는 사람들은 남성동 선창가의 '홍콩빠'를 잘 안다. 그곳에 그것이 있었고, 그곳에서 술을 마셔봤으니까 그럴 것이다. 그러나 마산의 '홍콩빠'를 둘러싸고는 여러 얘기가 있다. 이곳이 마산의 명소로 부각되면서 '홍콩빠'가 언제 생겼느냐에서부터 왜 그런 이름으로 불리었는가에 대한 다정하고 애정 어린(?) 논란이 있다는 얘기다. 이런 논란의 한 측면은 '홍콩빠'가 어떻게 생겨났고 이를 어떻게 보느냐 하는 관점도 작용하는 것 같다.

마산의 '홍콩빠'는 옛 남성동 해변에 얼기설기 천막으로 지어져있던 선창가 주점을 말하는 것으로, 1970년대에 들어서 이름 지어진 것이 아닌가 생각된다. 이를 두고 어떤 사람들은 '횟집촌'이라고 부르는데, 그것은 좀 성급한 감이 있다. '홍콩빠'라고 불려지기 전의 선창가 그 주막들은 한

마디로 온전한 술집의 구색을 갖추지 못했다. 그저 나무 판자에 비바람이나 막을 요량의 천막으로 얼기설기 걸쳐 지어진 간이주막이었다고나 할까. 바

마산의 또 다른 명소로 떠오른 '대풍횟집골목'.

다에 반쯤 걸쳐진 어떤 집은 바닥 판자 아래로 바닷물이 출렁이는 가운데 탁자 두어 개에 술을 내놓고 있었다. 이 무렵에는 물론 '홍콩빠'라는 이름이 없었다.

주인들의 면면도 기억난다. 대부분은 남성동 어시장에서 허드렛일로 연명하는 분들이어서 남성동에 살던 사람들과는 안면이 있었다. '횟집촌'으로 부르는 게 성급했다는 이유는 나오는 안주가 대변한다. 초기엔 요즘 같은 생선회는 없었다. 멍게, 해삼과 그 흔했던 미더덕(날 것)이 주류였고, 어쩌다 생선 두어 점 썰어주는 것이 전부였다. 노가다판 술집에서 내놓는 굵은 소금도 있었다. 이게 당시로는 막소주 마시기에 좋은 안주였다.

남성동 선창가의 이 간이술집들은 빈약했지만, 술값 싸고 그런대로 멋과 운치가 있어 술꾼들 사이에 서서히 알려졌다. 선창가를 지나다니는 호주머니 가벼운 사람들이 주 고객이었을 것이다. 그중에서도 특히 젊은 이들이 많았다. 보수성 강한 도시의 특징은 젊은이들이 갈 마땅한 술집이 없다는 점이다. 마산도 그랬다. 그러니 어른들 눈치 안 보고 얄팍한

호주머니 사정상 이런 곳이 적당했기에 젊은이들이 많이 찾으면서 이름이 나기 시작한 것이다.

남성동의 이 선창가 간이주막에 날개를 달아준 것은 마산의 청년학생들이다. 그중에서도 특히 서울에서 대학을 다니던 마산의 이른바 재경대학생들이 아닌가 싶다. 당시는 대학진학률이 높지 않아 지방도시의 경우 대학생들이 그리 많지 않았다. 이러니 뭔가 우쭐해하는 경향이 대학생들 사이에 있었다. 좋은 의미로 자부심이라고 해도 될 성싶다.

대학생들의 이런 마인드와 함께 군사독재 정권 아래 계몽성을 띤 문화가 대학가를 중심으로 형성되던 시기가 그 무렵이다. 마산 학생들도 예외는 아니었다. 이들 마산 학생들은 방학이 돼 고향으로 내려오면 갖가지 행사를 가졌다. 매년 정기적으로 음악회, 문학의 밤, 연극제 그리고 정치토론회 형식의 심포지엄 같은 것을 열었다. 고향에서의 이런 행사들을 통해 기존의 정치·사회 행태와 기성문화를 개선해보려는 의지가 있었을 것이다. 하지만 섣부른 치기도 있었기에 용두사미인 것이 많았다. 어느 해인가는 지역 언론으로부터 호된 질책을 받기도 했다.

이런 상황에서 이들이 한잔 술로 목을 축이는 곳이 바로 '홍콩빠'였다. 행사와 모임 장소들이 주로 창동이었으니까, 바로 남성동 선창가로 내려가면 만나게 되는 곳이 '홍콩빠'였다. 그렇게 되면서 그곳은 창동의 '음악의 집'과 더불어 학생들의 '아지트' 비슷한 역할을 했다. 주머니가 좀 되면 창동으로 가고, 헐렁하면 남성동 선창가로 갔다. 그렇게 청년학생들이 많이 들락거리자 한 집 두 집 늘어나면서 지금 운영되는 횟집촌의 형태를 띠게 되었다. 그 무렵 이곳이 '홍콩빠'라는 이름으로 불리어진 것으로 애기하는 사람들이 많다.

 하지만 이 명칭의 작명 시기 등과 관련해 여러 얘기들이 있다. 대개는 1960년대로 잡는 얘기들이다. 이 시기 남성동 어시장에 지금의 횟집거리와 비슷한 횟집촌이 있었는데 일명 '홍콩빠'로 불렸다는 것. 이는 물 위에 판잣집을 지은 홍콩 빈민가와 비슷한 모양이어서 그랬다는 것부터, 1960년대부터 남성동 선창가에 가건물 형태의 횟집이 하나 둘 모여 형성된 집단 횟집촌이 생기면서 '홍콩빠'가 됐다는 얘기도 있다.

 그러나 '홍콩빠'를 잘 기억하는 사람들은 '홍콩빠'라는 이름이 1970년대 초에 붙여진 것으로 추측한다. 왜 '홍콩빠'였느냐에 대해서도 구체적인 얘기가 있다. 술을 마신 후 술값 추렴을 하여 계산을 치르다 주인에게 농담조로 자주 던진 "홍콩서 배 들어온다. 그라마 한잔 씨게 사꾸마…"에서 유래된 것이라 한다. "홍콩에서 배 들어온다"는 말은 홍콩에서 라이터돌을 가득 실은 배가 들어오면 돈이 생긴다는 뜻으로, 호기를 부리고자 하는, 당시에 유행하던 농담이다. 말하자면 농담 삼아 홍콩 라이터돌 판 돈으로 술을 마신다고 자주 그러니까 '홍콩빠'가 되고 그렇게 불려졌다는 것이다.

 '홍콩빠'는 전국적인 유명세도 탔다. 당시는 군사독재 정권에 저항하는 이른바 운동권학생과 인사들이 많았을 때다. 마산은 '3·15의거'로 부각된 '혁명과 저항의 도시' 아닌가. 자연 반체제 및 운동권학생들에게 마산은 하나의 '성지'였을 수도 있다. 이 무렵 정권의 칼날을 피해 다니던 운동권학생들이 이런 저런 연고로 몸을 숨기던 곳도 마산이었다. 이들이 또한 '홍콩빠'를 많이 다녔다. 좀 다른 차원이지만 한 서울 출신 여학생이 기억난다.

  S대 재학 중 학생운동으로 강제 징집된 연인이 마산 인근 어떤 군부대에 있었는데, 그 사람 가까운 곳으로 택한 곳이 마산이다. 중성동 D병원에서 가정교사로 숙식을 해결하면서 저녁이면 '홍콩빠'를 찾았다. 술이 셌다. 남자들과도 곧잘 마셨는데, 훤한 대낮에 여자와 같이 마시는 낯을 보일 수 없어, 거리 쪽을 바라보게 그 여학생을 앉히고 같이 마셨는데, 그러다 그 여학생의 술실력을 당할 수 없어 엎어져 뻗었다는 어떤 선배의 얘기가 전한다.

  지금은 유수한 대학의 교수와 학자인 몇몇 당시 운동권학생들의 '홍콩빠'에서의 면면도 기억에 새롭다. 김민기의 「친구」라는 노래가 운동권학생들 사이에 불려질 때다. 군대 강제징집을 앞둔 비오는 어느 날 밤, 컴컴한 바다를 바라보며 울면서 이 노래를 불렀다. "검푸른 바닷가에 비가 내리면/어디가 하늘이오/어디가 땅이오…". 걸쭉한 시를 바탕으로 반체제 활동을 하다 검거당한 후 가포 결핵요양소에 연금돼 있던 모 시인도 가끔 마산으로 나오면 후배들과 소주잔을 기울이곤 하던 곳이 '홍콩빠'였고 그래서 이곳이 더 유명해졌다.

  그러니까 '홍콩빠'의 전성기는 1970년대일 것이다. 「고향의 봄」의 이원수 시인도 고향인 마산에 내려오면 제자와 후학들이 숙소로 잡아주는 호텔을 마다하고 대개는 남성동 선창가 인근의 여인숙에 묵으며 '홍콩빠'을 즐겨 찾았다고 한다. 그때가 '홍콩빠'의 전성시대였다. 그 후 마산 바다의 매립 바람을 타고 '홍콩빠'가 있던 자리는 없어졌다. 이제는 '홍콩빠'가 있던 정확한 위치조차 가물거린다. 예전의 위치는 남성동에서 선창가로 나있는 큰길에 연해있는 해변이었다. 그 오른편으로 충무와 부산, 거제로 가는 천신호, 웅남호가 정박하는 선착장이 있었다.

'홍콩빠'가 한창 전성기였을 때는 선착장 해변이 밤이면 불야성을 이뤘다. 남성동 바다가 매립되면서 '홍콩빠'는 근처 대우백화점 뒷골목으로 옮겼다는데, 여러 집들로 횟집촌을 이룬 그곳은 그래도 아직 '홍콩빠'로 불린다. 언젠가 '홍콩빠'의 정확한 옛 위치를 가늠해본 적이 있다. 대략 현재 농협 남성동지점 일대가 아닌가 싶어 인근의 다른 분들께 물어봤더니 그들도 그렇다고 했다.

마산의 '중국집' 발자취

마산에 중국 사람들이 많이 들어오기 시작한 것은 1899년 개항 무렵이다. 물론 그 이전인 1882년 임오군란 이후 중국 군인과 민간인들이 조선에 들어오면서 마산에도 발자취를 남긴 기록이 있다. 그해 조선과 청나라 간에 체결된 '조청상민수륙무역장정朝淸商民水陸貿易章程'에 따라 조선에 들어온 중국상인들이 마산으로도 진출한 것이다. 하지만, 그 수는 미미했고, 개항 후 러시아인, 일본인과 더불어 중국 화교의 마산 진출이 활발했다.

마산 개항 이후 중국인들은 마산 도심인 원마산의 토지를 소유하게 되는데, 1912년 '사정토지대장'에 따르면 당시 중국인 소유의 토지 평균면적은 170.0m²였던 것으로 기록되고 있다. 이는 일본인 소유 평균면적

196.4m² 보다는 적었지만, 마산 사람 소유 125.5m²보다는 많은 것이다. 중국인 소유 토지는 대부분 부림동과 창동의 경계를 이루는 도로(옛 경남은행 부림동지점 앞길)를 중심으로 노변에 위치하고 있었는데, 이곳은 당시 상당히 번화했던 거리다.

조선 땅에 중국인들이 들어온다는 것은 곧 중국 음식문화가 함께한다는 것을 의미한다. 그들은 어디에 가든지 식칼 하나와 춘장 한 단지만 있으면 중국음식을 뜻하는 '청요리' 음식점인 이른바 '중국집'을 할 수 있었다. 마산의 중국인들도 서울, 인천 등 다른 지역과 마찬가지로 대부분 호떡집을 하거나 만두, 교자 등을 파는 중국 요식업에 종사했는데, 이것이 중국 국수와 고급 요리를 파는 중국집의 바탕이 됐고 다른 도시처럼 마산의 도시화가 이뤄지면서 본격적인 화교의 외식산업으로 지역에 뿌리를 내리게 된 것이나.

마산에서 각종 중국요리를 파는 '중국집'의 원조와 관련해 전해지는 기록은 없다. 다만 1912년에 만들어진 '사정토지대장'에 중국인이 소유하고 있는 것으로 기록된 남성동 163번지가, 나이든 마산 사람이라면 누구나 기억하는 중국집 '쌍흥관' 자리라는 점에서, '쌍흥관'이 아니었겠나 하는 추정이 있다. 남성동 파출소 아래에 있던 '쌍흥관'은 옛 마산을 대표하는 중국집의 명소였다. 몇몇 중국집들이 있었지만, '쌍흥관'은 음식 맛이 좋을 뿐더러 전통적이고 고전적인 중국풍 식당의 면모를 갖춰, 마산뿐 아니라 전국적으로도 이름이 높았다.

1950, 60년대를 소년으로 살아온 마산 사람들에게는 저마다 '쌍흥관'의 추억이 있을 것이다. 먹고살기 어렵고 너나없이 가난했던 시절, 밖에

서 가족들끼리 밥을 먹는 외식은 꿈도 못꿀 처지였기에 '쌍흥관'에서 가족과 함께 자장면 한 그릇을 먹는다는 것은 대단한 호사였다. 여기다 군만두나 탕수육까지 곁들인다면 그야말로 금상첨화였다.

'3·15의거'가 끝나고 이를 기념해 서성동 시외버스 주차장 앞에 '3·15극장'이 들어섰다. 그 극장의 개관 기념 영화 가운데 율 브린너가 나오는 「대장 불리바」가 있었다. 외식에 영화구경까지 보태면 더할 나위가 없었던 시절이다. 당시 서성동에 살던 한 친구의 추억담.

"좀 살 만했던가, 우리 집도 그랬다. 주차장에서 일하시던 아버지가 웬일로 가족들을 불렀다. 영화를 보러가자는 것이었다. '3·15극장'에서 영화를 보고 나오니 밖은 어두워져 있었다. 어머니는 집에서 저녁 지어 먹일 걱정을 하셨을 것이다. 그때 아버지가 우리들을 데리고 간 곳이 '쌍흥관'이었다. 맛난 자장면과 군만두를 가족들과 처음이자 마지막으로 먹었다. 아직도 나는 그날을 잊지 못한다."

'쌍흥관'은 1990년대까지도 그 명성을 이어갔다. 그러나 다른 외식산업의 발달로 먹거리가 풍성해진 데다 외래 패스트푸드의 급속한 확산 등으로 차츰 쇠퇴의 길을 걷다가 1990년대 중반 문을 내렸다. 문을 닫게 된 직접적인 배경은 건물주인이 큰 빚을 지면서 건물이 금융권에 저당 잡힌 게 빌미가 됐다는 얘기가 있다. 아직도 '쌍흥관'을 떠올리는 마산 사람이 있을 만큼 마산 사람들은 옛 추억 속의 한 명소가 사라진 것에 대한 아쉬움이 있다.

마산 중국집들의 호황기는 다른 지역들도 비슷하지만 1970년대다. 특히 1970년대 초반 수출자유지역이라는 경제특구가 조성되고 인근의 창원에 기계공업단지가 들어서면서 마산 인구가 급속도로 팽창한데 따른 것이다. 70년도 후반 마산의 인구는 57만 명이었고, 이는 전국 7대 도시에 속하는 규모였다. 이런 인구 증가에 따라 마산 시가지에 있

자장면.

던 중국집 또한 성업을 이루었다. 또한 배달이 용이해지면서 중국집에 대한 접근이 한층 편리해진 점도 중국집 성업의 한 축이 됐다. 무인도에서도 주문을 하면 자장면이 배달된다는 얘기가 회자되던 시기다. 이 시기 마산에서는 한 집 건너 한 집일 정도로 중국집이 많았다.

'쌍흥관' 외에 당시 마산에서 오래되고 알려진 중국집이 옛 중앙극장 밑의 '리생원'이다. 1950년대 중반부터 화교 1세대가 운영하던 이 집은 특유의 요리 방법과 상술로 번창했다. 이 집은 여름에 가지를 대량으로 구입한 후 그것을 세로로 썰어 말려서 튀긴 후 우동과 짬뽕의 고명으로 올려 특화된 맛을 구사하는 요리 방법으로 호식가들의 식욕을 자극해 많은 돈을 벌었다. 하지만 이 집 주인이 70년도 후반에 중풍이 들면서 내리막길을 걷게 되었다. 이후 다른 주인으로 바뀌어 '중앙관', '한국관' 등의 상호로 장사를 하다 결국 문을 닫았다.

동성동에 있던 '동해루'도 유명했던 중국집이다. 주인이 중국 산동성 출신이었던 '동해루'는 특히 자장면 맛이 좋기로 정평이 난 식당으로 1950, 60년대를 살았던 마산 사람들은 기억한다. 이런 얘기가 전한다. '동해루'에서 자장 소스를 만드는 시간이면 그 맛있는 냄새가 온 동네를

진동했다. 자장면 사먹으러 중국집 다니기가 쉽지 않았던 시절이다. 그래서 '동해루'에서는 동네 사람들을 위해 특별히 자장 소스만을 별도로 팔았다. 동네 사람들은 그 소스를 사다가 집에서 밥에 비벼 먹는 것으로 '동해루'의 자장면 맛을 대신했다.

'리생원' 조금 아래 옛 청락탕 목욕탕 옆 '춘화원'도 마산의 그때 사람들이 기억하는 중국집이다. 역시 화교인 이 집 주인은 50년대 후반 부림동 근처에서 드럼통 위에다 호떡을 구워 팔아 그 맛이 소문난 뒤 자장면과 짬뽕을 함께 만들어 팔면서 돈을 모은 뒤 '춘화원'을 열었다. '춘화원' 역시 주인이 죽고 아들이 이어받아 장사를 계속했으나, 아무래도 아버지 때 맛이 안 난다는 소문으로 장사가 잘 되질 않아 가게가 다른 사람에게 넘겨진 후 얼마 못가 문을 닫았다. 1980년대 오동동의 '양자강', 중성동의 '창동관', '만리장성' 등 신생 중국집이 들어서면서 상권 경쟁이 치열해지자 문을 닫고 여는 중국집들이 많았다.

이들 가운데 '만리장성'은 특유의 상술로 장사가 잘 됐으나, 화교사회에서는 비난을 받았다. 이유인즉슨 음식값을 대폭 내려받는 할인상술을 쓴 것이다. 여기에다 패키지 상술도 구사했다. 예컨대 '탕수육+자장면 2그릇+군만두 1접시'를 일정가격으로 내놓았는데, 이게 적중한 것이다. 그러나 이 집도 부실한 재료를 쓴다는 소문이 나면서 문을 닫고 창원으로 옮겨갔다.

'리생원', '춘화원'과 더불어 옛 중앙극장 아래에 있던 '설미반점', '열래춘', '쌍룡각', '양지반점' 등도 오랫동안 장사를 하면서 꽤 알려진 중국집들이다. 그리고 근처의 '중앙반점'과 '복해루', 태양극장 밑의 '태양반점', 서성동 전신전화국 뒤 '몽고반점' 등도 마산 그 시절의 중국집들이다. 상남동 쪽에는 청수탕 목욕탕 옆에 있었던 '희락관'이 유명했고, 북마

남성동의 중국집 '북경성'.

산 골목의 '수미관'과 완월동 성지여고 옆길의 '아사원'도 한때 잘 되는 중국집이었으나 이제는 모두 없어지고 말았다. 서성동 개나리 동산 위 '신신예식장' 옆의 '청송반점'은 불이나 없어졌다. 이 집 주인은 가게 안 연탄난로 위에 대형 솥을 올려두고 항상 그곳에 물을 넣어 끓였다. 어느 날 밤, 잠이 든 사이 연탄난로로 인해 화재가 난다. 잠에서 깬 주인은 놀란 나머지 불도 끄지 않은 채 그대로 야반도주를 했고 건물은 전소해 건물주인이 많은 피해를 본, 비운의 중국집이었다.

　마산에서 가장 오래 장사를 해 온 중국집은 부림동 닭전 아래 구 시민내과 위 '화성원'이었으나, 이 집도 몇 년 전 폐업을 하고 그 자리에는 돼지국밥집이 들어앉았다.

　현재 마산에서 장사를 하면서 잘 알려진 중국집으로 남성동의 '북경성'을 쳐준다. 개업한 지 40년이 다 돼 가지만, 이 집 또한 이 집만의 상술로 그 명성을 이어가고 있다. 이 집은 자장면 한 그릇은 물론이고 아무리 비싼 고급요리라도 배달을 하지 않는다는 점이다. 고집이 있는데, 말하자면 그만큼 맛에 자신이 있다는 얘기다. 맛으로 승부를 거는 중국집이

니, 자장면이 먹고싶으면 직접 먹으러 오라는 것이다. 이런 '배짱'이지만, '북경성'의 자장면은 맛 있기로 정평이 나있다. '북경성' 주변의 '사해원'과 '외래향'도 현재 마산 사람들이 즐겨찾는 중국집들이다.

마산이 창원시로 통합된 만큼 창원과 진해의 중국집들도 한번 살펴보자. 창원에는 옛 39사단 가는 길, 창원역 앞에 있던 '대구반점'을 기억하는 사람들이 있다. 그 집은 볶음밥을 잘 하기로 소문이 자자하던 중국집이었지만, 4차선 도로가 생기면서 없어지고 말았다. 북면 온천에 있던 '부산반점'은 푸짐한 양으로 좋은 소문이 났던 중국집이다. 지금은 '옛날 손우동'이란 집으로 바뀌어 장사를 하고 있다.

진해는 '원해루'가 유명하다. 1956년 화교 1세대가 문을 연 이 중국집은 이승만 대통령과 대만의 장개석 총통이 다녀갈 만큼 맛있는 집으로 소문이 났고, 특히 「장군의 아들」 촬영장소로 유명세를 탄 중국집이다. 대야동에 있는 '강동원'은 옥호가 창원 출신 미남배우 강동원을 연상케 한다 하여 선전효과를 보고 있는 중국집이라 한다.

마산의 옛 다방茶房들

마산은 자천타천으로 흔히들 문화와 예술의 고향, 즉 예향藝鄕이라고 일컬어진다. 산과 바다에 안긴 부드러운 지형과 풍부한 물산은 그 터 사람들로 하여금 여유로운 정서를 낳게하는 이치 때문일 것이다. 수많은 문인과 예술인들이 마산에서 태어나고 또 마산을 거쳐갔다. 신라 말의 문인이자 대학자인 고운 최치원이 발자취를 가장 많이 남긴 곳이 마산이니, 그는 곧 마산 문화의 뿌리라고 해도 과언이 아닐성 싶다. 세계적인 조각가 문신과 민족시인 이은상, 음악가 조두남, 가요명인 반야월, 시인 권환과 김수돈이 이곳 출신이고 김춘수, 김상옥, 박시춘, 김남조, 나도향, 임화, 지하련, 이영도, 구상, 서정주, 김지하 등 우리나라의 내로라하는 문인과 예인들이 마산을 거쳐갔다.

이들 유명한 문화예술인들이 1950년대 마산에 한때 뿌리를 내린 것은 6·25전쟁에 따른 마산의 피란지로서의 지형적인 이유가 한몫을 한다. 또 마산에 당시 국립결핵요양원이 있었던 탓도 있을 것이지만, 어쨌든 이들의 생애와 작품에 마산이 어떠한 형태로든 유의미한 자양분 역할을 한 것만은 분명하니 이들을 마산 출신으로 봐도 그리 큰 무리는 아닐 것이다.

어렵고 궁핍했던 그 시절, 마산의 문인·예술가들이 정서적으로 서로 공감대를 나눌 수 있는 공간은 쉽게 짐작이 간다. 돈을 추렴해 한잔의 술을 나누던 주막이었을 것이고, 차를 마시던 다방이었을 것이다. 물이 좋아 마산에 예로부터 술과 술집이 많았던 것과 어느 정도 개연성은 있겠지만, 한편으로 마산에 술집이 많았던 것은 술을 좋아하고 즐겨 찾는 문인과 예술가들이 많아서였기 때문으로 볼 수도 있다.

술집과 다방은 그 시대의 관점으로 보면 실과 바늘 관계였을 것이다. 돈이 좀 있으면 술집을 가지만, 그게 여의치 않으면 물 한 잔으로도 죽칠 수 있는 곳이 다방이 아니겠는가. 당시 다방이라는 공간적 의미는 현재의 그것만큼 단순하지 않다. 약속과 만남의 장소 그리고 담론이 오가는 소통과 정보교환의 공간이라는 점과 함께 어려운 생활현실과 창작의 고통에 찬 삶을 정신적으로 서로 달래고 어루만져주는 안식처로서의 역할도 했다.

그래서 이 시절 마산엔 다방이 다른 어느 지방도시보다 많았다. 지금 돌이켜보면, 김동리의 소설「밀다원 시대」에 나오는 부산의 '밀다원' 정도는 아니더라도 예술혼과 낭만이 넘쳐흘렀던 추억이 깃든 명소로서의 다방이 꽤 있었다. 1950년대 마산의 다방과 관련한 기록으로는 1957년 마산문화협의회에서 펴낸 『1956 마산문화연감』에 구체적으로 나온다. 당시 마산에는 모두 28곳의 다방이 있었다. 대표적인 다방으로는 '비원', '향촌', '레베카', '백양', '콜럼비어', '외교구락부', '파초' 등이다. 당시 마산에는 '다방협회'도 있었다. 회장은 이만희였는데, 그는 그때 마산에서 '콜럼비어', '리라', '행운' 등 3곳의 다방을 운영했던 것으로 나온다.

이들 마산의 다방 가운데 당시 문인과 예술인이 가장 많이 들락거렸던 다방으로 신마산에 있던 '외교구락부'가 꼽힌다. 현 신마산 통술거리의 '깡통집' 건너편 럭키사우나가 있는 건물자리에 있었던 '외교구락부'는 차를 파는 다방이면서도 고급스런 스탠드바를 겸비한 이국풍의 문화예술 공간이었다는 게 당시 이곳을 찾곤 했던 마산의 몇 안 남은 분들의 기억이다.

이곳의 단골로는 문신, 김수돈, 김춘수, 강신석, 조두남 등 문인과 음악·미술가들이었다. 한태일, 손성수 등 정·재계 인사들도 많이 다녔다. 이들은 여기서 서로 교유하며 시대적 정서를 공유했다. 6·25 피란시절에는 마산항을 드나들던 외국선박의 선장과 선원 그리고 유엔군 장병들도 많이 드나들던 곳이라고 한다.

'외교구락부'는 그 자체로도 당시 마산의 명물이었지만, 이 다방을 경영한 '샹하이 박'의 명성에 힘입어 더 유명세를 탔다. 이북 출신으로 본명이 박치덕인 샹하이 박은 훤칠한 키에 멋진 카이저수염으로 멋을 낸 신사였다. 그 풍모에 걸맞게 그는 한때 이름을 날린 '의리의 주먹'으로, 일제시대 상해에서 김구 선생의 독립운동을 도왔다는 경력이 보태져 당시 마산의 영향력있는 문화계 인사로 꼽혔다. 그는 '외교구락부'를 통해 마산

옛 콘티넨탈 다방이 있던 창동 현 코아 양과(좌), 보리수 다방(우).

의 문인, 예술가와 교류하는 한편으로 공초 오상순 시인 등 당대의 유명한 문인들을 초청해 마산 사람들과 교유케했던, 문학적인 멋과 낭만이 있었던 사람으로 아직까지 마산 문화계에 회자된다.

마산의 다방을 얘기하면서 더더욱 샹하이 박을 거론하지 않을 수 없는 것은 그가 1950년대 후반부터 1960년대까지 창동 인근 불종거리에 열었던 '콘티넨탈 다방' 때문이다. 이 다방 또한 그 시절 마산을 대표하는 유명 다방이었다. 샹하이 박은 '외교구락부'를 경영하면서 많은 돈을 벌었고, 이를 밑천으로 구마산의 중심지에 새로운 다방을 개업했는데, 그게 바로 '콘티넨탈 다방'이다.

이 다방 역시 당대 마산의 문화예술인들의 문화공간으로 중심적인 역할을 했다. "마산에 가면 콘티넨탈 다방을 가봐라"라는 말이 나올 정도로 이 다방은 마산의 명소였다. 특히 샹하이 박 부인의 미모가 대단했는데, 이것 또한 이 다방을 찾게 하는 요소였다고 한다. 박정희를 시해한 김재규와 당시 비서실장 김계원이 그 무렵 진해육군대학에 함께 근무하고 있었는데, 이들도 이 다방의 단골이었던 것으로 전해지고 있다. 샹하이 박과 그의 다방, 그리고 그에 얽힌 얘기는 이 책의 별도의 글에서 다루었다.

'비원 다방'은 당시 마산의 많은 다방 가운데, 좀 특수한 성격의 문화공간이었다. 클래식음악 감상의 전용 다방이었기 때문이다. 그래서 이 다방을 '비원 고전음악감상실'로 부르기도 했다. 당시 전국적으로 클래식음악 전문 다방은 서울의 '돌체', '르네상스', 부산의 '미화당' 등 손에 꼽힐 정도였다. 그런 점에서 '비원 다방'은 진해의 유명한 클래식음악 다방인 '흑백 다방'과 함께 그 무렵 고전음악에 굶주린 마산지역의 문화예술인들의 영혼을 달래주던 문화공간이었다.

이곳은 그냥 들러 차를 마시고 얘기를 나누면서 음악을 듣는 단순한 다방이 아니었다. 정기적으로 전문가의 해설과 레코드음반을 통한 음악감상회를 개최하면서 클래식음악에 대한 지식과 감상을 공유하는 곳이었기에 문화예술인뿐만 아니라 일반인들로부터도 많은 사랑을 받았다. 이곳에서의 정기 음악감상회는 당시 SP판 등을 포함해 약 5만 장의 레코드음반을 소장하고 있던 안윤봉이 있었기에 가능했다. 해설자로 최인찬, 제갈삼, 한동훈 등 음악인들과 간혹 위헨리가 맡기도 했던 감상회는 25회까지 이어진 것으로 전해진다. 감상회에 곁들여 시 낭송회도 자주 열렸는데, 김춘수, 이원섭, 김세익, 김남조, 조두남 등이 단골로 참석했다고 한다.

구마산 창동에 있던 '동원 다방'은 1950년대 한국 연극계의 중심에 있던 배우 김동원이 운영했던 곳이라 각별한 의미를 가진 또 다른 명소다. 다방이름이 나름 상술의 일환으로 보여지지만, 김동원의 그 다방에 대한

정감 어린 다방이 많았던 옛 창동 번화가.

자부심이 느껴지는 다방이다. 이 다방은 김동원이 6·25 전쟁이 나자 마산으로 피란 내려와 옛 시민극장 밑 부림시장 초입에 자리 잡고 운영한 곳이다. 잘 나가는 연극배우가 하는 다방이라 개업 초기부터 관심을 끌었고, 당시 최고 여배우 김선영 등 유명배우들이 드나들면서 유명해졌다.

60년대로 접어들면서 문화예술과는 다른 차원에서 유명해진 다방이 있다. 구마산 남성동파출소 근처에 있던 '보리수 다방'으로, 마산의 많은 다방들이 추억 속으로 사라져갔음에도 아직도 그 자리에 남아 명맥을 이어가고 있다. 이곳은 마산의 여느 다방들처럼 수수한 옛날식 다방이었다. 이 다방이 유명해진 것은 마산의 3·15의거 때문이다. 이와 관련해서는 슬픈 얘기가 있다. 바로 3·15의거 당일 밤에 경찰의 총을 맞고 절명한 한 소년이 '보리수 다방'을 근거지로 해 생계를 이어가던 구두닦이였기 때문이다.

당시 19살이었던 오성원은 고아나 다름없는 처지로 열네 살의 나이에 생활전선에 나선 구두닦이였는데, 3·15의거 당일 시민들의 맨 앞에서 시위에 나섰다가 변을 당한 것이다. 그 억울한 죽음은 그것으로 끝이었다. 변변한 추모나 보상도 없이 그의 죽음은 잊혀져 갔다. 그의 죽음이 새삼 우리들 마산 사람의 기억을 일깨운 것은 2010년 3·15가 국가기념일로 지정되면서이다. 비로소 오성원의 불쌍하고 억울한 죽음이 되새겨진 것이다. 이에 마산의 중견문인들과 연극인들이 뜻을 모아 오성원의 죽음을 주제로 한 뮤지컬을 만들었는데, '보리수 다방'이 그 공간으로 한 역할을 한 것이다.

산업화의 시기인 1970년대에 들어서면서 마산의 다방들도 시대의 흐름에 맞게 변모한다. '예향'이라는 마산의 이미지에 맞는 문화적 공간으로서의 다방보다는 산업화시대에 맞는, 이를테면 비즈니스를 위한 만남의 장소로서의 역할이 부각된다는 얘기다. 산업화의 물결을 타고 1970년대 중, 후반 한창 때는 마산에 다방이 150여 개에 달할 정도로 번성했다. 이들 다방 가운데서도 서성동 시외버스주차장에 있던 '청자 다방'이 그 무렵 가장 크고 유명했다. 창동의 '한성 다방', '희 다방', 남성동의 '미라보 다방', 장군동의 '향원 다방' 등도 당시 마산의 유명한 다방들이다.

남성동 옛 대광예식장 지하에 있던 '미라보 다방'은 서울로 유학간 대학생들이 많이 드나들던 곳으로 명성이 있었다. 그리고 그 시절, 기억나는 클래식음악 다방이 구마산 옛 형무소 자리의 가톨릭문화원 지하에 있던 '백랑 다방'이다.

이 다방은 당시 모 방송국에 다니면서 문학활동을 하던 한 여류인사가 경영하면서 마산의 문학도들이 많이 찾던 곳이다. 이 다방은 또 수필가 김소운의 아들이 한때 경영하면서 유창한 불어와 문학·철학적 언행으로 관심을 사던 곳이기도 하다. 이들 다방들은 대학생과 문인들이 드나들면서 다른 다방과는 격이 좀 달랐다.

시기적으로 조금 뒤지만, 이 무렵은 또 수출자유지역이 조성되고 한일합섬 등 생산공장이 생겨나면서 젊은 근로자들이 양산되던 시기다. 이들이 피곤한 일상을 달래기 위한 공간이 필요해지면서 마산에 음악다방이 많이 생겨났다. '정원', '송학', '무아', '수림', '대진', '거북', '미림' 등의 음악다방이 대표적인 것들이다.

사라호 태풍의 '추억'

자연재해 앞에서는 아무리 오만한 인간이라도 나약하다. 구약에 나오는, 전 세상이 물바다가 되는 '노아의 방주' 부분은 절대자의 인간에 대한 벌을 극복하고 인류가 살아나오는 과정이지만, 그것이 궁극적으로는 절대자의 인도에 의한 것인 만큼 인간의 의지는 자연재해에 별로 보탬이 되지 않는 것을 보여주는 한 사례다. 하지만 인간이 자연재해 앞에서는 속수무책이지만 그래도 할 수 있는 노력은 다 해야 한다는 점을 시사해주는 대목이기도 하다.

해방 후 마산에서 기억되는 물과 바람에 의한 가장 큰 자연재해, 곧 풍수해로 꼽을 수 있는 것은 무엇일까. 이에 대한 답으로 1959년 9월 몰아닥친 사라호 태풍을 드는 데 별 이견이 없을 것이다. 물론 세대 간에 차이

사라호 태풍 때 거리가 물에 잠긴 풍경.

는 있을 수 있다. 1950년대를 살아 온 마산 사람은 당연히 사라호 태풍이겠지만, 이 태풍을 겪지 못한 젊은 세대들은 2003년 마산을 강타한 태풍 매미를 든다.

둘 다 마산에 엄청난 인적, 물적 피해를 안긴 태풍이지만, 일기예보와 재난구조 등 자연재해와 관련한 과학기술이 그나마 발전해온 점을 감안할 때, '원시' 수준이었던 1950년대와 2000년대의 격세로 비교해보자면 아무래도 마산에서는 사라호 태풍에 대한 기억의 강도가 더 세지 않나 싶다. 태풍 이름도 그에 가세하는 것 같다. 태풍 매미라는 이름에서 알 수 있듯, 사라호 태풍 이후의 태풍들 이름에 '호號'라는 호칭성 접미어가 붙지 않는다. 사라는 '호號'를 달았으니 뭔가 더 쌩쌩하고 강렬한 느낌을 준다는 생각이다.

사라는 1959년 9월 15일 서태평양 북 마리아나제도 남부의 사이판 섬 해역에서 발생해 일본 오키나와를 거쳐 17일 한반도 남부, 특히 마산과 그 인근의 김해, 함안, 합천 등 경상남도 지역에 막대한 피해를 입히고 동해로 빠져나간 태풍이다. 최대 중심 풍속은 초속 85m, 평균 초속은 45m, 최저기압은 952 헥토파스칼hPa로, 그 당시 기상관측 이래 가장 낮은 기압이었다.

이 태풍으로 우리나라는 전국적으로 사망, 실종 987명의 인명 손실과

사라호 태풍 전의 한 해변 마을.

이재민 37만여 명 그리고 총 1900억 원(1992년 화폐기준)의 피해를 입었다는 게 공식기록이다. 물적 손실과 관련해 1959년 9월 22일『동아일보』는 "재물손실, 百億臺 훨씬 넘을 듯"이란 1면 제목으로 사라호 태풍의 피해상황을 보도하고 있다. '백억대'는 당시 화폐로 '1백억 환'을 말한다.『동아일보』의 당시 피해 집계는 그 후에 발표된 공식기록과는 차이가 있다. 그러나 이런 통계수치보다는 직접 보고 겪고 기억하는 그날의 참상이 더 아프고 사실적이다. 특히 마산의 경우 더 그렇다.

　1959년 9월 17일은 그해 추석날이다. 추석 전날 제주도 남단에 상륙한 사라호 태풍은 추석날 이른 아침 마산을 덮친다. 제사준비로 분주하던 가가호호들은 갑자기 불어닥친 거센 비바람에 속수무책이었다. 산더미 같은 너울 파도가 삽시간에 흘러넘쳐 선창가를 덮치고 거리의 나무들은 뿌리째로 바람에 뽑혀 쓰러지고 날아 다녔다. 한마디로 마산 전체를 뒤웅박처럼 흔드는 아수라장이었다. 그 당시 마산에 살았던 사람이라면 저마다 사라호 태풍과 관련해 떠오르는 기억들이 있을 것이다. 어느 누구는 이런 얘기를 들려주며 사라호를 '추억'한다.

사라호 태풍 후(당시 기상청 사진).

"어린 시절의 남성동이었다. 바다와 가까운 남성동 해변으로 바닷물이 차오르면서 동네 골목들이 잠기고 있었다. 남성동 사거리 아래 왼편으로 선창가로 이어지는 골목은 어린 시절 매일의 놀이터였다. 구슬이나 때기(딱지) 따먹기 등을 하느라 저마다의 영역이 표시된 골목이었으니, 어린 마음에 아무리 태풍이 몰아친다 해도 안 나가보고는 배길 수가 없어 식구들 몰래 비바람을 맞으며 그 골목길로 들어갔다.

그리고는 까딱하면 죽을 뻔했다. 비바람으로 우산을 날려버린 채 골목 초입에 들어섰더니 무릎께까지 물이 찰랑거렸다. 호기심에 좀 더 들어가는데, 갑자기 물이 덮쳤다. 삽시간에 물은 배꼽 부위를 넘어 가슴, 목까지 오르더니 코밑까지 차들어 왔다. 갑자기 마음이 급해지는 순간 몸이 물에 잠기고 있었다. 그 와중에 살려달라는 나름의 액션을 취했을 것이다. 뭔가 뒤에서 끌었다. 누군가가 그 광경을 보고는 구해준 것이다."

저녁쯤에는 흉흉한 소문이 돌았고, 집집마다 아이들한테 절대로 밖에 나가지 말라고 신신당부했다. 남성동 선창가의 한 건어물 가계 옆에서 사람이 죽었는데, 강풍에 날려 온 예리한 양철지붕 조각이 지나는 사람의 목을 찔렀고, 그 사람은 시신도 수습되지 못한 채 그대로 방치되고 있다는 것이었다. 현장에 안 가봐서 사실의 진위여부를 알 수는 없지만, 하여튼 그 소문은 몇 날을 두고 떠돌았다.

 9월 17일 추석 저녁부터 몇 날간은 전기가 끊겼다. 당시 마산의 각 극장에서는 대목을 맞아 특선프로를 내걸고 있었다. 강남극장은 「장마루촌의 이발사」, 시민극장은 「뇌격명령」이라는 미국 영화 등이었다. 이들 영화는 17일 시내 전역이 정전이 되면서 저녁 상영은 이루어지지 않았다. 마산극장에서는 영화 대신 '서라벌가극단'의 추석맞이 특별 쇼가 준비돼 있었지만, 정전과 함께 극장의 한쪽 벽이 무너져버려 공연은 엄두도 내지 못했다. 어두운 방에 촛불을 켜고들 앉아 세찬 비바람 소리를 들으며 흉흉한 소문을 두런거리며 보낸 그 밤의 어두운 기억들이 아직도 새롭다.

 진주에서 마산으로 아침 버스를 타고 오다 태풍을 만난 사람의 얘기도 전해진다. 진주 반성쯤에서 비바람 때문에 버스가 흔들거려 버스 안에서 넘어져 서로 부딪치는 등 아수라장인 상태에서 곡예운전을 하며 아슬아슬 오고 있었는데, 강풍에 쓰러진 가로수들이 길을 막는 바람에 승객들이 내려 나무를 치우고 왔다는 것. "그렇게 해서 겨우 진동고개 지나 마산으로 들어와 보니 옛 마산 MBC 앞 서성동 시외주차장 주변 국수집 등 장사집들은 죄다 바람에 뜯겨 날아가 형체가 없는 등 한마디로 전쟁이 지나간 후처럼 엉망 상태였고, 바람 속에 슬레이트와 양철 지붕이 사방으로 날아다니는데, 그거 한 방 맞으면 바로 죽을 것 같았다"는 것.

 이렇게 태풍 사라호는 추석날의 마산을 매섭게 할퀴었는데, 피해도 엄청나 수십 명이 죽거나 실종됐으며, 도로·전답 침수와 교량 붕괴, 가옥 파괴 등 재산상의 피해도 컸다. 당시 태풍 사라호로 입은 마산 피해상황에 대한 구체적인 통계는 경상남도의 전체피해 속에 포함된 채 전해지지 않고 있다. 경남이 그때 입은 피해는 사망과 실종이 각각 100명과 155명, 부상 1302명 그리고 가옥과 건물 피해 6만9013동으로 집계돼 전한다.

마산을 할퀴고 지나간 사라호 태풍은 울산과 포항을 경유해 북상하면서 곳곳에 막대한 피해를 남겼다. 특히 낙동강 상류부터 하류에 이르기까지 곳곳의 제방이 붕괴되면서 대구 시내가 침수되고 낙동강변의 곡창지대는 물이 들어차 풍년을 기대하던 한 해 농사를 하루아침에 망치게 했다. "17일 태풍 사라호가 휩쓸고 지나간 낙동강 유역 700리에 남은 것이라곤 흙탕물 웅덩이와 진흙뿐이었다. 해방 후 최대의 풍년이라는 영남의 곡창지대는 삽시간에 불모의 벌판으로 화해버린 것이다." 태풍 사라호의 참상을 전한 당시 신문 기사 중 한 대목이다.

60여 년 전을 거슬러 올라가면 무섭고 몸서리쳐지는 사라호 태풍이다. 그게 팩트다. 하지만, 당시 어린 나이여서 그럴까, 그 기억은 점차 순화되고 있는 느낌이다. 그걸 '추억'이라 쳐봐도 될까. 뼈아픈 기억이 묘한 추억으로 환치되는 것은, 모두가 입었던 상처가 세월 속에 아물고 그로써 그 시대를 살았던 사람들의 기억에 떠올려지게 되면서 묘한 추억이 되는 것이 아닌가 싶다. 하기야 살인까지도 '추억'하는 영화도 있지 않은가. 하지만 아무리 묘한 추억이라도 깨달아야 할 것은 깨달아야 한다.

자연재해는 겪고 나서야 비로소 그 실체를 알게 되는 속성이 있다. 사라호도 그 한 예다. 태풍이 무서운 것은 알았지만, 사라호를 겪고 나서야 정말 태풍이 두려운 존재라는 교훈을 준 것이다. 그 교훈에는 과제도 포함된다. 겪고 난 후 그 실체를 아는 것보다는 겪기 전에 미리 대처하는 의지와 노력이 그것이다. 엄청난 자연재해 앞에서 인간이 할 수 있는 일은 미약하겠지만, 이를 극복하려는 의지와 노력이 필요하다는 것이다.

이를 위해서는 재해를 미리 예측해 가능한 한 피해를 줄일 수 있는 예보체계의 강화가 필수적이다. 이와 더불어 재해로 인한 피해가 발생했을 시 신속히 대처해 피해를 최소화하는 시스템의 구축도 따라야 한다. 우리도 물론 그런 노력을 해 왔다. 그러나 사라호 후 매년 되풀이해 들이닥치는 태풍들에 어떻게 대처했는지 반문해 봐야 한다.

2003년 9월 태풍 매미가 마산을 강타했을 때 서항부두 지역에서 18명의 떼죽음 사태가 난 것은 기본적으로 자연재해에 의한 것이기도 하지만, 잘못 대처해 발생한 인재의 측면이 더 강했다. 또 2015년 8월 제15호 태풍 고니가 몰아쳐오고 있는데도 서항부두 쪽 재난문자전광판이 '폭염특보'의 엉뚱한 소식을 전하고 있었다는 점을 상기해볼 때, 자연재해와 관련한 과학기술은 사라호 태풍 당시에 비해서는 많이 발전했지만, 이에 임하는 자세와 태도는 그 당시를 맴도는 답보상태가 아닌가 싶다. 세월호 참사 때 당국이 어떻게 했는가를 다시 한번 되돌아보면 오히려 그때 수준보다 못하다는 생각도 든다.

2부
고장은 인물이 자랑

'목발目拔' 김형윤 선생과 『마산야화馬山野話』

옛 마산을 얘기하고 다룬 근대의 책들은 마산의 오랜 역사에 비추어 그리 많지 않다. 몇 권이 전해지는데, 공식적인 것으로는 예전부터 마산시에서 발간한 『마산시사』라는 게 있고, 개인이 쓴 책들로는 『향토마산』『간추린 마산역사』『향토마산의 어제와 오늘』『마산유사』『오늘의 마산』(1979) 등이 있다. 이들 마산을 얘기한 책들 가운데 내용적으로 읽을거리가 풍부하고 재미있어 자타가 고전으로 공인하는 책이 있다. 바로 목발目拔 김형윤 선생이 쓴 『마산야화馬山野話』다. 이 책은 1973년, 목발 선생의 유고집으로 나왔다.

목발 김형윤(1903-73) 선생은 마산에서 태어나 무정부주의와 항일정신으로 일제강점기 조선일보와 동아일보를 거쳐 향토 마산의 언론인으로

『마산야화』 초판본 (1973)(좌)과 재판본 (1996).

40여 년을 살면서 마산 지역사회에 커다란 정신문화의 유산을 남겼는데, 『마산야화』는 이를테면 선생의 이러한 정신적인 요체가 담긴 책이라 할 수 있다. 이 책은 마산이 개항한 1899년부터 일제강점기를 거쳐 해방 시기까지 마산의 사회상을 목발 특유의 예리한 감각과 풍자적인 필치로 묘사해낸 것으로, 오늘날 마산지역 역사 연구의 길잡이와 지침서가 되고 있다.

목발은 『마산야화』에 앞서 마산일보 사장으로 재직하던 1957년 마산일보를 통해 『약진 마산』이라는 책을 출판했다. 마산의 역사와 시정, 산업, 경제, 교육 등 각 분야를 다룬 이 책에서 목발은 "해방 후 향토마산을 소개하기 위한 출판물은 많았지만 종합적인 성격을 발견할 수 없었다"며 "약진하고 있는 마산의 전모를 계통적으로 소개하기 위한 취지에서 출판했다"고 말했다. 이 책은 그러나 『마산야화』와는 내용과 취지가 다르다.

『마산야화』는 선생이 급환으로 별세한 1973년 12월에 나왔다. 선생은 마산일보 사장을 그만둔 후 저술활동에 집중하면서 마산의 역사를 담은 책인 마산시사 발간을 준비했고 이의 일환으로 1970년 구성한 게 '마산시사편찬위원회'다. 이 무렵 선생은 뜻을 함께한 조병기에게 "우리가 이제 죽을 날이 멀지 않았으니 미력이나마 마산 사회를 위하여 뭔가를 기여하고 가야하지 않겠느냐"면서 마산시사 편찬하는 일을 시작하자고 제의했다고 한다. 이어 1971년 1월에는 마산의 각계 유지들을

박치덕(상하이 박)과 함께한 목발 선생(1960년대).

대상으로 시사편찬의 취지를 설명하는 모임도 갖는 등 준비작업을 거쳐 원고 집필에 들어갔다.

그러던 중 1973년 8월 급환으로 갑작스런 죽음을 맞이했는데, 사후 그의 서재에서 시사편찬 내용의 육필원고가 발견됐다. 장수로는 1천 장에 가까웠다. 목발은 시사편찬을 앞두고 미리 원고를 써 왔다는 얘기다. 그러나 목발이 별세하면서 그가 마산을 위해 뭔가 기여하고자 집필했던 이 원고도 묻히게 될 상황이었다. 그러자 목발의 마산사랑을 익히 알고 있는 마산 인사들의 여론이 들끓었다. 목발 원고를 사장시켜서는 안 된다는 여론이었다.

이런 여론을 바탕으로 그해 9월 20일 마산상공회의소 자료실에서 당시 마산의 문화계 및 언론계 인사들인 조병기, 윤희용, 여진, 정진업, 안

윤봉, 이순항, 이정진 등이 모여 '김형윤 유고 편집위원회'를 구성하고 작업에 착수한 끝에 그해 12월 책으로 펴낸 게 『마산야화』이고 '김형윤 유고집'이란 부제가 붙었다.

이 책에서 목발은 마산 개항부터 일제강점기를 거쳐 해방공간까지 마산을 중심으로 한 정치, 사회상을 자신의 견해를 곁들여 기록하고 비판하고 풍자하고 있다. 굳이 '야화野話'라고 이름 붙인 것은, 팩트를 전제로 한 기록형식의 글이되 딱딱하지 않은 내용으로 누구나 쉽게 읽을 수 있는 형식을 취한 역사기록물이라는 의미를 지니게 하기 위한 것이 아닌가 싶다.

『마산야화』는 모두 141개의 제목을 가진 이야기로 꾸며져 있는데, 첫 에피소드가 '수전노 이제二題'이고 두 번째가 '변태성 고리업자'인 것에서 알 수 있듯 비뚤어진 인간과 사회상을 재미있게 풍자하고 비판하는 내용으로 가득하다. 예컨대 "마산부내 완월동 2구 전 마산세무서 관사 건너편 골목길을 조금 들어가면 낮으막한 초갓집 부엌방에는 나이 사십이 넘은 일본인 홀아비가 세 들고 있었다"로 시작되는 '수전노 이제'는 공무원이면서 조선인들을 상대로 장사를 했던 한 일본인에 대해 이야기하고 있다. 악착같이 돈을 모으면서 수전노 노릇을 한 그 일본인이 어느날 급성폐렴으로 급사를 했는데, 죽고 난 후 그의 집을 뒤지니 갈 곳 없고 쓸 데 없는 거액의 돈이 발견됐다는 이야기를 재미있는 필치로 비꼬고 있다.

이 책의 서문은 노산 이은상이 썼다. 노산은 목발과는 마산공립보통학교(현 성호초등학교) 동기동창(7회)인 것으로 전해지지만 확인은 안 되고 있다. 노산은 서문에서 "일생을 불우하게 살면서도 낙오하지 아니하고, 오히려 그 불행을 딛고 일어서 세상과 불의에 항쟁함으로써 낭만 속에서도 인간으로서의 향기와 섬광을 잃지 않았던……" 운운으로 목발을 평가하고 있다. 그러나 무슨 이유인지는 모르되 목발은 생전에 노산을 그

마산일보 사장 당시의 김형윤 선생(1957).
오른쪽은 변광도 당시 편집국장.

리 좋아하지 않았다고 하니 아이러니가 아닐 수 없다.

『마산야화』는 300부가 발행돼 목발의 지인들과 도서관, 상공회의소 등 마산의 관공서에만 배포됐는데, 워낙 적게 발간되는 바람에 아쉬워하는 사람들이 많았다. 그로부터 십수 년이 지난 1996년 1월 『마산야화』 재판본이 나왔다. 재판본이 발간된 것은 『마산야화』가 두루 읽히지 못한 아쉬움을 메우기 위한 것으로 보인다.

재판본은 마산문화원에서 펴냈다. 당시 문화원장이던 허종성은 재판본을 발간하며 "『마산야화』 속에 일제시대 마산지역 수탈의 역사가 고스란히 담겨있어 우리 국민들에게 널리 알리고 싶어 유고집을 다시 펴내게 됐다"고 출간 목적을 밝혔지만, 이와 함께 "초판본을 보려는 사람들이 워낙 많았기 때문"이라는 말도 덧붙임으로써 이 책에 대한 마산 사람들의 관심과 인기가 어느 정도인가를 가늠케 했다.

재판본은 목발의 육필원고 원문에 충실했던 초판과는 달리 원고내용을 현대문법에 맞추고 세로조판을 가로로 바꿨으며, 고유명사를 제외한

한자를 가급적 한글로 바꿨다. 또 내용에 맞춰 사진을 새로 추가하기도 했다. 책은 500권이 발행돼 '김형윤기념사업회'에 보내지기도 했고, 필요로 하는 곳에 배포됐는데, 지금 이 책을 구하기는 역시 쉽지 않다. 『마산야화』 한 권으로 목발은 마산을 아끼며 마산의 정의와 문화예술 그리고 언론을 위해 애썼던 언론인으로 영원히 남아 있는 것이다.

　마산 출신으로 마산을 위해 살다 간 사상가며 항일투사요 언론인인 목발 선생에 관해서는 새삼 무슨 설명이 필요할까 싶지만, 그의 마산에 대한 애정의 소산인 『마산야화』를 소개하면서 목발 선생을 다시 한번 되짚어 보는 것도 의미가 있다 하겠다.

　선생은 1903년 당시 행정幸町이라고 불렸던 현재의 마산시 서성동 출생이다. 마산공립보통학교를 졸업하고 1919년 일본으로 건너간 후 20세까지의 행적은 잘 알려져 있지 않으나, 그가 학교를 졸업했던 마산시절, 위암 장지연 선생을 존경해 모시고 따랐다는 기록은 전한다. 일본에서는 막노동을 하며 고학을 했으며 식민국 청년으로 바쿠닌, 크로포트킨 등 무정부주의자들의 사상에 공감하면서 스스로 무정부주의의 길을 걷게 된 것으로 전해진다. 목발의 무정부주의 사상은 자유와 평등을 희구하는 정의감이 그 바탕이라고 전해지는데, 이는 아마도 식민국 청년으로서 불평등 등에 따른 울분감이 반영된 것이 아닌가 싶다. 그는 스무 살이던 1923년 귀국해 일본인들의 불의에 대한 저항의 일환으로 신문기자의 길을 걷는다. 조선일보와 남선일보, 동아일보 기자를 지냈으며, 1947년 마산에 내려와 불의에 항거하면서 정론직필을 주저하지 않는 향토언론인으로서의 한 길에 여생을 바친다.

목발은 매사에 어긋남이 없고 반듯했으며, 거짓 없이 맑고 담백한 성품을 지녔지만, 한편으로 술을 즐겨 마시면서 숱한 기행과 기벽을 행했던 것으로 알려진다. 또한 위트와 유머도 상당했던 것으로 유명했다. 그는 대단한 독서광이었으며 이를 바탕으로 박학다식했던 것으로 전해진다. 아무리 밖에서 술을 많이 마셨어도 집에 들어와서는 책을 꼭 읽었으며 장서가 많았다. 그의 다방면에 걸친 박학다식함을 비유해 '마산의 옥편'이라는 별명까지 얻었다고 한다. 목발은 젊었을 때 유랑벽으로 부인을 비롯한 가족들의 속을 태웠다고 전해지는데, 호주가에다 그런 유랑벽 때문에 가족들의 생계가 어려워 부인이 막걸리를 팔아 연명했을 정도였다고 한다. 생활이 안정된 것은 마산일보를 맡아 경영하면서부터다.

언론인으로서 그를 가까이서 지켜본 홍중조(전 경남도민일보 주필)는 목발이 인맥의 계보를 꿰뚫고 있는 '보학의 달인'이었다고 기억한다. 특히 마산지역의 인맥과 관련해서는 혀를 내두를 정도였다는 것. 이를테면 월영 이씨, 신월 김씨, 완월 정씨, 자산 공씨, 교방 심씨, 회원 노씨, 회원 감씨 등 토착문중의 족보는 물론 그 가문의 인물에 대한 얘기와 더불어 전해지는 평가까지를 꿰뚫고 있었다는 얘기다. 이와 함께 마산의 지명과 자연에 대한 유래와 역사성에 대해서도 그 앎의 폭이 대단했다는 것. 그래서 무학산을 꼭 두척산이라고 불렀고, 무학산이라고 누가 그러면 호통을 쳤다고 홍중조는 전하고 있다. 무학산은 일본 사람들이 이름 붙였다는 것으로 "간교한 왜놈들이 우리의 혼인 두척산 정수리에다 쇠말뚝을 박고선 무학산이라고 슬쩍 갖다 붙였다"는 것이다.

'목발目拔'은 그의 호칭이면서 별명이다. 한자로 읽지 않는 사람들은

'다리를 저는 사람'으로 여길 수 있지만, '목발'은 다리와는 전혀 무관하게 붙여진 호칭이다. '목발'은 '눈을 빼다'라는 뜻인데, 그에게 이런 호칭이 붙여진 얘기가 두 가지 전한다. 하나는 1925년경 밀양의 수산에 있을 때, 농지문제로 일본인들과 조선인 농민들 사이에 큰 싸움이 벌어졌는데 그 사건에 개입해 싸우는 과정에서 한 일본인의 눈을 빼놓았다는 얘기다.

또 하나는 마산에 벚꽃이 한창이던 어느 봄날, 일본 요정에서 가설무대를 지어놓고 일본기생들이 여흥을 즐기고 있었는데, 흥에 겨운 조선인 지게꾼이 관중 속으로 들어가는 것을 보고 일본 헌병이 욕설을 하며 끌어내자 이를 지켜보던 김형윤이 의분을 참지 못해 달려가 일본 헌병의 눈을 뽑아 버렸다는 것이다. 어느 것이 사실인지는 알 수 없으나 하여튼 김형윤이 목발이란 칭호를 얻은 것은 어떤 사단이든지 간에 일본인의 눈을 뽑았기 때문에 붙여진 것은 분명해 보인다.

위암 장지연韋菴 張志淵의
마산 이야기

1905년 일본과의 강제 을사조약 때 '시일야방성대곡是日也放聲大哭'이라는 빼어난 사설로 우국憂國의 민족혼을 일깨운 위암韋菴 장지연(張志淵, 1864-1921)의 이미지가 많이 흐려졌다. 위암은 항일 언론인과 계몽운동가의 지사적인 면모로 교과서에 실리는 등 숭앙을 받아왔으나, 말년의 친일 시와 사설 등을 둘러싼 논란으로 독립운동 국가유공자 지위가 훼손당하는 지경에 이르고 있기 때문이다.

장지연은 경북 상주 출신이지만, 마산과 인연이 깊다. 특히 그의 58세 인생 중 이른바 친일행적이 두드러지는 만년의 대부분을 마산에서 보내면서 이곳과 관련한 많은 글을 남겼다. 서원골 등 마산 각처에는 아직도 그의 흔적이 남아 있다. 위암의 마산에서의 행적은 고운 최치원을 닮았

위암 장지연 선생(1864-1921).

다. 신라 말년에 '시무책時務策'을 펴고도 그 실현을 보지 못한 울분을 유랑의 세월로 보내다 만년을 마산의 지금 월영동 일대에서 글과 후학 양성으로 안식을 취했던 최치원의 발자취처럼, 위암도 50세가 되던 1913년 진주를 거쳐 마산의 당시 월영리로 이주해 세상을 뜰 때까지 8년간을 보내게 됨으로써 마산과 깊은 인연을 맺는다.

위암의 마산으로의 이주는 그의 맏아들 재식이 일제의 마산부 판인관으로 마산 월영리에 있던 탓이기도 하지만, 국권을 강탈당한 '시일야방성대곡'의 차원에서 평소 흠모해 마지 않았던 최치원과의 어떤 동병상련의 염이 작용하지 않았나 싶다. 그는 마산에 거주하면서 수시로 서울로 올라가 논객으로 일본 총독부기관지『매일신보』에 관여하면서 많은 글을 남기는데, 이것이 그의 친일 행적으로 지적당하고 있는 것이다.

만년의 이런 행적이 어디에서 연유된 것인지 알 수는 없으되, 그가 당시 술로 세월을 보내는 통음, 혹은 익주溺酒의 나날이 일기에서 드러나듯 어떤 정신적 상실감이 작용한 것은 분명해 보인다. 그가 남긴 일기류의 『위암일록韋菴日錄』을 보면 그의 지나친 음주벽이 가감 없이 나온다. 예컨대 마산 이주 후인 1915년 1월 1일부터 25일까지의 일기를 보면, 거의 매일 술을 마시고 있다. "… 연이은 술이 병을 만들어 머리끝이 쑤신다. 종일 이불을 껴안고 신음하다(1월 15일)"라며 음주에 따른 숙취의 후유증을 토로하고 있다.

어쨌든 위암은 8년간 마산에 거주하면서 마산 이야기를 담은 적잖은 글을 남겼다. 『위암일록』에도 마산에 정착한 1915년 1월부터 4월까지, 월영리에서 수정(壽町, 현재 수성동)으로 옮긴 1919년의 1월부터 4월까지, 1920년 1월부터 12월까지의 일기에서 마산을 얘기하고 있다. 그가 매일신보에 관여하던 1915년 서울과 마산을 오가며 쓴 기행문인 「남귀기행南歸紀行」과 「마산기행馬山紀行」에는 당시 마산의 기후를 비롯해 문화와 산업 및 역사 등에 관한 얘기를 적고 있는데, 저널리스트로서 그의 특유의 간결한 문체와 구체적인 묘사가 재미와 함께 자료적인 가치를 더해 주고 있다. 1915년 7월 31일, 이날은 서울에서 삼랑진을 거쳐 마산에 도착한 날인데, 마침 창원 향교에서 열린 백일장에 참석하면서 그 풍경을 아래와 같이 적고 있다.

"… 창원역에는 유생 몇 명과 말을 끄는 구종이 출영하여 문후의 예를 차린다. 하차하자마자 말을 타고 서둘러 향교에 이르니 손 군수 이하 여러 시관들이 모두 의관을 정제하여 자리를 잡고 시제를 출제하여 게시하고 있었다. 향교 내의 시험장을 두루 둘러보니 누각 아래에는 유생과 학동들이 쑥이 우거지듯 밀집하여 시험지를 구름같이 흩날리고 있으니 과연 옛날의 과거시험장을 방불케 한다. 이날 밤은 향교 명륜당에서 잠을 잤다."

그해 마산지역은 혹서와 가뭄이 심했던 것 같다. 위암은 그 상황을 이렇게 전한다.

"마산, 이곳은 봄 장마철인 매우梅雨 후로 강우량이 매우 적고 가뭄이 점점 심해져서 논들이 바짝 말라 거북이 등처럼 갈라지고 벼 잎은 오그라들게 되었다. 마른 논에 심은 콩의 싹조차 누렇게 말라가고 채소류도 거개가 고사를 면치 못할 지경이었다. 농가에서 가뭄을 걱정하는 한숨소리를 충분히 상상할 수 있을 것이다. 오랜 가뭄에 계속되는 더위로 대기온도는 극도에 달하여 이곳 마산의 날씨는 차라리 불기운으로 사람을 삶는 것 같아 마치 예복을 꽉 죄고 입어서 광기가 폭발하는[束帶發狂] 듯하다."

그러다 8월 8일 비가 내리고 이 비는 며칠간 계속되면서 해갈하게 되는데 이때의 상황을 위암은 "… 높은 데 있는 논이랑의 물이 넘쳐 폭포를 이룬 것으로 미루어 보건대, 이번 비는 높고 낮거나 모든 논의 벼에 흡족했을 것이다. 이제 오곡이 크게 소생하여 풍년의 노래를 기대할 수 있으니 참으로 하늘이 우리 백성을 먹여 살린다는 지극한 뜻을 알 것 같다"며 기뻐하고 있다. 십여 일 후 기차를 타고 상경하는 길에도 해갈의 기쁨은 계속된다.

"구마산역을 떠나 삼랑진에 이르기까지 세 역을 거쳤는데, 철로 연변에는 물이 가득하다. 모든 논들에는 벼가 지난 비에 크게 자라서 기름진 모습으로 가을의 풍작을 기대할 만하다…(진영 등) 철로 연변의 벼농사 형편을 살펴보니 마산과 같이 푸르른 빛으로 생기가 돈다."

한편으로 위암은 인구[戶口]와 교육, 종교, 산업 등 마산의 당시 상황도 상세하게 적고 있는데, 호구수와 관련해서는 "마산부 시가지 내의 조선인은 2,813호에 14,033인이며 내지인(일본인)은 1,236호에 4,765명, 외국인은 26호에 57명으로 총 3,345호에 18,955인이다. 신항지역을 신마산, 구항지역을 구마산이라 부르며 둘 다 부의 관리 하에 두고 있다"고 쓰고 있다. 종교로는 마산불교포교당을 중심으로 한 불교와 예수교, 천주교를 거론하면서 예수교 신자가 700인, 천주교 신자가 111인이라고 각각 밝히고 있다.

상업 현황에 대해서는 "금융이 정체되어 상당히 부진한 상황"이지만 "그러나 어시장은 성시를 이루어 경기가 부양될 것이라 한다"면서 "내지인들의 상점들은 과거에 비해 쓸쓸한 기미를 보이고 있는데, 이는 진해지역으로 상권이 분리된 까닭"이라고 그 원인을 짚고 있다. 어업과 관련해서는 "… 옛부터 수산자원이 풍부하여 어업으로 생활하는 사람이 많았다"면서 아래와 같이 적고 있다.

"매년 겨울이 되어 설어(대구)가 잡히게 되면 큰손의 상인들이 미리 어구를 매점하였다가 이때에 대구 영업을 하면서 어획고를 올리기 위해 경쟁하게 되니 한철 어획고의 많고 적음에 따라 빈부가 판별되기도 한다. 마산, 통영, 거제, 웅천 사이의 겨울철 대구잡이는 북한 쪽 명태잡이에 비견될 만하다. 그 외에도 청어(고등어), 조어(도미), 뱀장어, 병어 및 잡어와 해초 등이 생산되면서 마산의 생산업의 대종을 이룬다."

『위암일록』은 이와 더불어 월영대, 돝섬, 최고운 사당, 관해정 등 마산의 고적과 명소도 비교적 구체적으로 소개하고 있는데, 월영대와 돝섬, 최고운 사당은 최치원의 행적과 관련시켜 언급하고 있

서원골 관해정.

다. 특히 최고운 사당에 대해서는 "시외의 두척산(무학산) 아래 오래된 마을 가운데 최씨 성을 가진 이들 수십 호가 있는데, 이들이 고운 선생의 영정을 모시고 제사지내는 사당이 있다. 그들은 선생의 후손들이기도 하다"라고 기록하고 있다.

장지연의 『위암일록』에서 관심을 끄는 대목은 울적한 나날을 글과 통음으로 보내던 마산시절, 그가 주도해 서원골 관해정觀海亭을 터로 삼아 1916년에 만든 '마창시사馬昌詩社(회원시사라고도 함)'에 관한 부분이다. 위암은 마창시사를 결성할 당시 아래와 같이 그 취지를 손수 쓸 정도로 애착을 가졌다.

"우리 (마산과) 창원은 땅이 산과 바다의 뛰어난 형세에 거하여 옛날부터 문물의 자취가 번성했던 곳이다. 최치원의 문장과 … 정구와 허미수의 성리학 같은 것이 있어 옛사람이 남긴 풍도와 운치가 오늘날에 이르러서는 사람들의 귀와 눈을 새롭게 해 준다. … 동지 약간 명과 함께 문학으로 만나는 모임을 만들어 한 시사詩社를 일으켜 마창시사회라 이름 짓고 꽃 피는 아침, 달 뜨는 저녁, 바람 맑은 날, 눈 오는 때마다 산이나 바다의 정자에 모여 시문을 지으며 바람을 쏘이고 노닐며 시를 읊고 … 옛 자취를 답사하고 예전의 현인들을 마음속으로 그리며 미루어 생각한다면 그것이 정신을 화창하게 하고 뜻에 맞게 하는 방법이 될 것이다……." 지금도 관해정에는 마창시사를 나타내는 현판이 대문에 걸려있다.

위암은 8월 16일 서울로 가기 전 관해정에 들린다. 시사에서 송별연을 마련했기 때문이다. 그때 얘기를 다음과 같이 남겼다.

"16일, 날씨 맑다. 여러 벗들이 회원의 관해정에서 내가 수일 내로 서울에 간다니 송별연을 겸하여 시회를 연다며 초청하다. 모임에 가보니 참가자가 스무 명 남짓이며 모두가 예부터 시회에서 한가락 하던 노장들이며 전문가들이다. 관해정 계곡에 술잔을 띄워 돌리면서 마시니 모두가 거나하게 취하다. 비 갠 뒤라 계곡 물소리는 웅장하고 계곡 가운데 너럭바위 위로 솟구치는 물은 맑디맑았다. 모두들 계곡 가운데 옷을 벗어 던진 채 목욕부터 하고는 이어서 정자에 올라 각기 시를 지으려 하나 술기운에 다수가 끝내지는 못했다. 나는 다음의 시로써 화답했다"며, 위암은 "관해정 앞 가을 물은 맑고觀海亭前秋水淸"로 시작되는 시 한 편을 남긴다.

위암은 「마산기행」 말고도 1917년과 18년에 걸쳐 마산과 서울을 오르내리면서 쓴 기행기인 「남향기견南鄕紀見」과 「남정기행南征紀行」에서도 많은 마산 얘기를 남겼다. 특히 「남향기견」에서는 마산불교포교당을 방문해 남긴 기록이 인상 깊다. 위암은 10대 초반에 2년여간 절 생활을 한 적이 있어 불교와 인연이 있지만, 특히 그가 마산에 있는 동안 마산불교포교당의 주지였던 경봉 스님과 쌓은 인연으로 자주 포교당을 언급하고 있다. 위암은 마산의 불교 대중화에도 앞장서 '마산불교진흥회'를 조직하기도 했다. 「남향기견」에서 위암은 포교당 직원으로부터 신자가 늘어나고 있다는 소식을 접하면서 어떤 신자의 얘기를 다음과 같이 적고 있다.

"구마산 오동동에 사는 윤군옥이라는 신자는 올해 53세인데 성정이 근면 검소하고 저축을 좋아하여 백 석 가량의 가산을 일으켰는데, 자신이 불교를 믿은 이래로 많은 자선사업을 시행하여 부처님의 공덕에 보답하였다. 금년 1월 18일(음력 12월 25일)에 이곳 마산 부근의 빈민 176명을 선발해 모아서 한 사람당 쌀 2말과 돈 10전씩을 설 쇠는 비용으로 나누어 주니 어찌 살아있는 부처라고 칭하지 않을 수 있겠느냐고 하였다."

노산鷺山 이은상과 노비산의 '청라언덕'

지금은 제비산이라 불리는 노비산은 용마산과 더불어 마산의 중앙에 위치하면서 동, 서로 뻗어있는 야트막한 동산이다. 본래 두 산은 서로 붙어 있었는데, 1900년 철도가 부설되면서 떨어졌다. 일설에 의하면 용마龍馬, 즉 용마산을 끌고가는 종마從馬같이 생겼다 하여 노비奴婢에 비유해 이름 붙여진 이 산은 1960년 이전까지만 해도 시민의 휴식공간이었다. 그러나 이후 도시의 팽창과 개발로 산의 형태는 거의 없어졌고 이제는 그저 나지막한 언덕배기로 남았다.

노비산 하면 누구보다 먼저 떠올려지는 인물이 있다. 마산이 낳은 걸출한 민족시인인 노산 이은상(1903-82)이다. 노산의 독재권력 비호 전력을 문제삼아 논란이 있지만, 어쨌든 공과의 측면에서 우리 민족정서와 문학

노비산 전경(지금은 제비산으로 불린다).

에 끼친 공로가 더 부각되고 있는 것에 토를 달 사람은 그리 많지 않을 것이다.

노산이 태어나고 자란 곳이 노비산 자락이다. 그는 유년과 청년시절을 이곳에서 보냈다. 그의 호 노산이 노비산에서 딴 것처럼, 노산은 고향 마산의 노비산을 아끼고 사랑했다. 노산에게 이런 노비산은 문학적 소양과 애향심을 배양시켜 준 터전이기도 하다. 「동무생각[思友]」, 「옛 동산에 올라」, 「가고파」 등 그의 주옥 같은 시의 모태가 노비산이다.

이 시들은 다시 노래로 만들어져 온 국민이 부르는 가곡이 된 것은 주지의 사실이다. 「가고파」는 노비산에 올라 파란 바다를 바라보면서 모티브가 만들어졌고, 「동무생각」은 노비산을 배경으로 고향과 민족에 대한 사랑을 주제로 만들어진 시다.

노산의 시들은 쉽고 평이하다. 누구든지 쉽게 읽으면서 고향을 그리는 절절한 감성을 느끼게 하는 글이다. 그러나 「동무생각」은 좀 예외적인 면이 있다. 글의 내용은 쉽게 이해할 수 있지만, 4절로 된 전체적인 맥락에서 노래하고 있는 대상이 보는 시각에 따라 다르다는 것이다. 예컨대 노산의 「동무생각」 1절에 나오는 '청라언덕'이 그중의 하나다. 그 '청라언덕'이 어떤 언덕이고 그게 어디에 있느냐를 놓고 논란마저 나오고 있는 상황이다.

노산의 태생지와 연관해서 생각해보면, 봄 이면 파란 쑥이 지천으로 덮여있는 노비산의 산과 언덕을 보고 노산은 '청라언덕'이라 했 을 것이고 이게 어쨌든 정설처럼 받아들여지 고 있다. '청라靑蘿'가 '푸른 쑥'이라는 뜻을 가지고 있는 것도 이를 뒷받침한다.

이은상 선생(1903-82).

이 노래 속에 나오는 '청라언덕'과 '백합' 이라는 시어와 관련해서 시와 노래를 이렇게 해석하는 주장도 있다. 봄이 면 쑥이 지천으로 덮이는 노비산 자락에 쑥을 뜯고 있는 흰옷차림의 조선 처녀를 그리고 있다는 것으로, 말하자면 조선의 독립을 그리는 의미가 내 포돼 있다는 것이다. 여기서 '청라'의 뜻은 '푸른 쑥'인데, '라蘿'가 '쑥 라'자임을 내세운다.

그러나 다른 주장도 있다. 글의 배경 및 내용과 관련해 다른 특정지역 과 특정인의 연고성을 담은 좀 센 주장이다. 바로 대구 사람들이 보는 관 점이다. 그들은 일단 「동무생각」을 애틋하고 안타까운 사연이 담긴 '사랑 노래'로 간주한다. 이에도 물론 설득력이 없는 것은 아니다. 바로 이 시 에 곡을 붙인 작곡자가 대구 출신이고, 그의 학창시절 못다한 사랑의 사 연이 있기 때문이다. 노산의 이 글로 노래를 지은 이는 박태준(1901-86) 이다.

그는 노산과 함께 마산 창신학교에서 교편을 잡았기에 노산과는 친하 게 지냈다고 한다. 특히 음악과 시로써 맺어진 친교였다. 주로 박태준이 곡을 떠올리면 노산이 그에 맞는 글을 썼다고 한다.

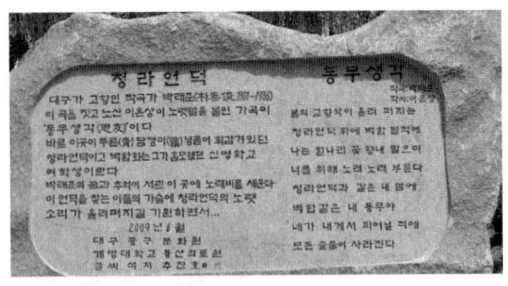

대구 '청라언덕'의 「동무생각」 노래비.

어느 날 박태준이 노산에게 이런 얘기를 들려준다. 박태준이 대구 계성학교에 다니면서 같은 동네의 신명여고 학생을 좋아하게 되었다는 것, 아침저녁으로 함께 오르내린 곳이 '청라언덕'이라는 것 그리고 그 여학생과의 사랑이 안타깝게 끝나버렸다는 것. 이를 듣고 노산이 써준 시가 바로 「동무생각」이라는 주장이다.

박태준이 다녔던 대구 중구 계산동의 계성학교 인근, 푸른 담쟁이로 뒤덮인 옛 선교사 자택과 동산 일대의 언덕을 대구 사람들이 '청라언덕'이라고 불렀으며, '청라'가 푸를 청靑, 담쟁이덩굴 라蘿라는 점도 함께 내세운다. 당연히 대구 사람들은 이 시와 노래가 사랑 얘기를 담고 있으며, 노래의 고향이 대구라는 주장도 편다. 이런 주장을 근거로 언덕 부근에 노래비까지 세우는 한편으로 박태준의 삶과 음악 그리고 사랑을 스토리텔링화해 창작오페라까지 만들어 공연했다. 하지만 이 시와 노래가 대구와 관련돼있지 않다고 할 수 있는 부분들이 시에 나온다.

'청라언덕'이 나오는 1절은 그렇다치고 2, 3절에는 시의 자연적인 무대가 대구가 아니고 마산임을 드러낸다. 2절 첫머리 "더운 백사장에 밀려 들오는/저녁 조수 위에 흰 새 뜰 적에…"와 그 아래 "저녁 조수와 같은 내 맘에…" 부분이다. 백사장이니 조수니 하는 단어는 바다와 연관된 것이다. 대구에 바다가 있는가. 금시초문이다.

3절에도 있다. "서리 바람 부는 낙엽 동산 속/꽃진 연당에서 금새 뛸 적에…"와 '…꽃진 연당과 같은 내 맘에/금새 같은 내 동무야…" 부분이다. 여기서 나오는 '연당'은 연꽃이 핀 작은 연못을 말하는데, 이는 노비산 아래 노산의 생가에 작은 연못이 있었는데, 그것을 '연당'으로 노래하고 있는 것이다.

'청라'의 '라'를 담쟁이덩굴로 해석할 것인가, 쑥으로 해석할 것인가도 이 논란과 관련한 하나의 잣대이다. 대구 사람들이 주장하듯 담쟁이라는 뜻으로 해석하면 대구의 '청라언덕'에 가까울 것이고, 쑥이라는 뜻으로 보면 노비산의 '청라언덕'에 가까울 것이기 때문이다. 옥편에 근거하는 것도 한 방편이다. 옥편을 보면 일단 그 첫 뜻은 쑥으로 나온다. 담쟁이덩굴은 일곱 번째 뜻으로 나온다. 그러니 '쑥 라'가 설득력이 있다.

대한민국 국민치고 노산과 박태준이 만든 이 노래를 모르는 사람은 없을 것이다. 모두가 아끼고 좋아하는 아름다운 이 봄 노래는 국민애창곡이 된지 이미 오래다. 수많은 가곡들 중에서 우리나라 음악교과서에 단 한 번도 실리지 않은 적이 없이 계속 실리고 있는 유일한 가곡이 바로「동무생각」이다.

이런 노래에 이런 논란이 무슨 의미가 있을까 싶다. 이 시를 둘러싼 대략적인 정황은 이렇지만, 그렇다고 어느 쪽이 맞고 어느 쪽이 틀리니 어느 쪽이 이겼다고 쾌도난마처럼 가릴 사안은 아니라고 본다. 노산의 글과 박태준의 곡이 본바탕이라면 그게 대구면 어떻고 마산이면 어떤가.

다만 대구 사람들이 이 가곡을 통해 '청라언덕'을 대구의 것으로 '선수'를 쳤다는 것은 분명한 사실이다. 이런 점에서 대구 사람들의 문화적 수준과 감각이 상대적으로 돋보인다. 설사 좀 견강부회한 측면이 있더라도 지역에 조그마한 연관이 있으면 지역적인 의미를 부여해 그것을 문화콘텐츠로 활용하는 것은 아무래도 마산 사람들이 좀 뒤쳐진다는 얘기다.

　마산과 마산 사람들은 좀 뒤늦은 감이 없잖아있지만, 대구 사람들이 박태준을 기리는 것처럼, 노산과 노산의 문학을 그렇게 기리고 있는지를 반문해 봤으면 한다. 이와 더불어, 이런 논란을 노산과 그의 문학에 대한 시각을 바로 세우는 계기로 삼았으면 하는 바람이다.

임화林和와 지하련의
'마산결핵요양소'

임화(1908-53)는 일제 강점시기 무산자 계급을 위한 경향성의 시와 평론으로 이른바 '카프(조선프롤레타리아문학가동맹)'를 대표하는 시인이다. 임화는 마산 사람이 아니다. 그러나 마산과 깊은 인연이 있다. 그가 결핵에 걸려 치료차 정양을 했던 곳이 마산 가포이고, 그와 문학적, 정치적 동반자였던 부인 지하련(1912-60)이 마산 출신이기 때문이다. 임화는 또 마산에 있을 때 많은 글을 썼다. 임화는 1935년 7월부터 2년 반가량 마산에 머물며,「현해탄」연작시와「이민열차」서사시 그리고「진보적 시가의 작금」,「사실주의의 재인식」등의 중요한 작품을 남겼다.

마산은 주지하다시피 예로부터 공기가 좋고 물이 맑아 천혜의 요양지로 손꼽혀 왔다. 특히 폐병이라 불리는 결핵은 무엇보다 맑은 공기가 치료와 요양에 중요한 것이라, 마산의 가포지역은 우리나라 결핵 치료의 메카로 자리 잡아온 지 오래다. 바다를 낀 지리적 특성에서 오는 높은 습도와 연중 온도차가 적은 따뜻한 기온, 산소 공급이 풍부한 산림대 등 결핵치료에 필요한 세 가지 자연조건을 고루 갖춘 곳이 바로 가포 결핵요양소다.

따라서 전국에 마땅한 치료요양소가 없던 예전부터 결핵을 앓던 나도향, 권환, 김춘수, 이영도, 김상옥, 서정주, 함석헌, 계훈제, 구상 등 많은 문인과 학자, 정치인들이 병 치료를 위해 이곳을 거쳐갔고 흔적을 남겼다. 1970년대 초 「오적」의 김지하 시인도 연금과 정양을 겸해 여기에 머물렀다. 반야월이 결핵에 걸린 비극의 여인을 노래한 「산장의 여인」이 만들어진 소재지 또한 가포 결핵요양소다.

임화도 그중의 한 명이지만, 유독 마산결핵요양소 하면 그가 떠올려지는 이유는, 그 시인의 신산했던 삶의 단초가 되는 지하련과의 사랑이 싹트고 그 결실을 맺은 곳이기 때문이다. 임화는 노동자를 대변하는 좌파문학의 선봉에 서서 문학활동을 하다 결국 좌파이념에 따라 박헌영 남로당의 핵심멤버로 북한정권 수립의 한 축을 담당한다. 그러다 미국의 스파이를 했다는 혐의로 박헌영과 함께 처형되는 비극적인 최후를 맞은 시인이다.

본명이 이현욱인 지하련은 거창에서 태어났지만, 성장기를 마산에서 보냈다. 천석지기 집안의 유복한 가정에서 자란 그녀는 일본 유학을 마친 후 백철의 추천에 의해 단편소설 「결별」로 등단한 소설가다. 지하련이 임화를 만난 것은 1930년대 초반 일본 도쿄에서다. 동경 유학생활을 했던 지하련과 임화의 동경 체류기간이 겹친다. 지하련은 동경 유학시절 셋째 오빠 이상조의 영향으로 근우회 동경지회, 카프 동경지부에서 활동한 것으로 보인다. 이들은 동경에서 만나면서 호감을 키웠을 것이다. 첫 부인인 이귀례와 이혼한 임화는 그 무렵 결핵을 앓고 있었는데, 마산에서 치료와 요양을 받으면서 지하련과 다시 만나 결혼한 것으로 전해진다. 그 무렵 지하련도 첫 남편과 이혼한 상태인 것으로 전해지고 있는데 구체적으로 확인된 바는 없다.

임화가 결핵 치료를 위해 마산에 온 것은 1935년이다. 1934년 카프 2차 검거 도중 붙잡혔고, 폐결핵이 악화돼 풀려났다. 평양·경성 등에서 치료를 했고, 1935년 카프 해산계를 제출하고는 마산으로 요양 차 내려온 것이다. 이귀례와 이혼을 한 것도 그 무렵이다. 역시 카프의 핵심멤버였던 이귀례는 임화가 카프 해산계를 낸 것과 관련해 이를 '전향'으로 봤고 이게 이혼의 빌미가 됐다는 얘기가 있다.

가포 결핵요양소는 공식적인 기록으로는 1941년 개원한 것으로 돼있다. 일제가 결핵으로 제대하는 일본군 상이군인의 수가 늘어나자 이들을 치료하기 위해 조선총독부령으로 1941년 이곳에 만든 것이 '상이군인요양소'인데, 이게 가포 결핵요양원의 전신이다. 그렇다면 가포에는 공식적인 결핵요양소가 들어서기 훨씬 전부터 치료요양소가 있었다는 얘기인데, 그만큼 이 지역이 옛날부터 병 치료와 요양에 최적지였음을 말해주고 있는 것이다.

임화가 가포 결핵요양원에 있는 동안 지하련은 극진한 간병을 한 것으

임화와 지하련(좌), 지하련 창작집 「도정」(우).

로 전해진다. 폐결핵환자인 자신을 위해 온갖 정성을 다해 간병하는 지하련의 애틋한 사랑에 임화가 감화돼 사랑을 꽃피웠고 결혼으로 이어진 것이다. 그러니까 임화와 지하련 둘 간의 사랑이 결실을 맺은 무대가 바로 가포 결핵요양원인데, 이와 관련해 병원에 어떤 흔적이 남아 있다거나 구체적으로 전해지는 얘기는 없다. 다만 임화가 요양원에 있을 무렵 간병하는 지하련을 보고 사랑의 마음으로 적은 「내 마음의 면영」이라는 수필 한 편이 전한다.

"(전략) 지나간 어느 때입니다. 내가 빈사의 병욕病褥에 누웠을 때 그는 대단히 먼 길에서 왔습니다. 밖에선 눈보라가 치고 바람이 불고 겨울 날씨가 사나운 밤 나의 방문을 밀고 들어선 그를 나는 대단히 인생깊이 기억하고 있습니다. 그의 온몸에서 살아 있는 곳이라고는 손밖에는 없는 것 같았습니다. 깎아 세운 석상石像처럼 우뚝 선 얼굴은 창백하고 단지 손끝이 바르르 떨렸을 뿐입니다. 나의 눈엔 꼭 퍽 아름답고 지혜로운 젊은 미망인 같았습니다. (중략) 그러므로 그는 우리가 정을 속삭일 때 나를 사랑스럽다 불렀습니다. 그러나 멀리 떨어졌을 때엔 반드시 '미더운 이'라 불렀습니다. 우리는 서로 사랑함을 축복했고 서로 제 의무에 충성됨을 감사했습니다. 그런 때문에 그는 항상 우리가 비둘기처럼 사랑함을 경계했습니다."

임화와 지하련은 이렇듯 가포 결핵요양원에서 피운 사랑으로 결혼에 이른다. 1936년이다. 그러니까 임화가 요양원에 있은 시간은 일 년 정도다. 결혼을 한 두 사람은 마산에 신접살림을 차리고 1938년까지 산다. 살던 곳은 용마산 인근 산호동이었던 것으로 추정된다. 산호동에 지하련 셋째 오빠의 소유인 것으로 전해지는 2층짜리 일본식 목조가옥이 있는데, 이 집에 살았을 것으로 보인다. 지하련이 1941년에 발표한 단편소설「체향초」에 당시 마산부 산호리(현재 산호동 562번지)가 잘 묘사돼 있는데, 아마도 이 집과 관련이 있지 않을까 추정된다.

아직까지도 남아 있는 이 집은 규모가 제법 크다. 산호동의 용마산 자락 남쪽 사면에 위치해 있는데, 넓은 터에 남향이다. 정원도 잘 가꾸었던 것으로 보여지는데, 다만 오랫동안 손을 보지 않은 탓인지 좀 낡고 지저분한 느낌을 준다. 이 집은 2014년 6월 24일 화재를 당했다. 다행히 전소는 되지 않았지만, 그 화재 때문에 지하련이 재조명되는 계기가 마련되기도 했다. 아이러니가 아닐 수 없다.

지하련은 임화와의 사이에 아들 원배를 출산해 1938년 임화와 상경하기 전까지 마산에서 키운다. 임화에게는 전처인 이귀례로부터 얻은 딸(혜련)이 이미 있었다. 그 딸에 대한 임화의 사랑이 극진했다고 한다. 임화를 간병하는 과정에서 지하련도 결핵에 감염되는 바람에 가족과 생이별을 한다. 남편과 자식을 서울에 둔 채 혼자 마산에 내려와 요양을 하면서 창작활동에 몰두한다. 임화와 지하련은 해방 후 조선문학가동맹 등 좌익문학 단체에 적극 참여하는 한편, 박헌영에게 매료된 후 남로당 노선을 걷는다. 그러다 미 군정의 공산당 탄압과 감시를 피해 1947년 함께 월북한다. 월북 후 임화와 지하련에게 벌어진 상황과 비극적인 최후는 잘 알려져 있다.

남북 정치협상에 남로당 대표로 활동을 벌이기도 하고 박헌영 등과 더불어 북한정권 수립에도 참여한다. 지하련은 조선문학가동맹에서 활동한다. 동맹 기관지 『문학』 창간호에 발표한 「도정」으로 북한의 제1회 '조선문학상'을 수상하는 등 북한 사회주의 문학의 영향력 있는 작가로 발돋움한다. 이 책은 1948년 서울에서도 출간된다. 그러나 임화가 6·25전쟁의 책임문제로 어수선하던 1953년 '미제 스파이 사건'에 박헌영과 함께 연루되면서 이들의 생활은 파탄이 난다. 임화는 박헌영, 이강국 등과 함께 사형선고를 받고 처형된다. 당시 피란 차 만주에 머물고 있던 지하련에게는 청천벽력 같은 소식이었을 것이다. 북한으로 돌아와 남편의 시신이나마 수습하려 했지만, 찾을 수 없다는 사실에 실성한 후 정신적 충격에 따른 병을 얻어 전전하다 1960년 평북 희천 근처의 교화소에 수용돼 사망함으로써 비극적인 생을 마감한다.

"… 이제는 그의 다정한 고향바다와, 산과 들을 생각할 때마다, 먼저 나무와 꽃이 욱어지고, 양과 도야지와 닭들이 살고 있는 양지바른 산호리, 그 축사와 같은 적은 집에 살고 있는 얼골이 흰 오라버니를 잊을 수는 없게 되었다…."

지하련이 그의 단편소설 「체향초」에서 묘사하고 있는 마산 산호리(산호동)에 관한 한 부분이다. 고향을 떠난 그녀는 산호리에서의 임화와의 행복했던 생활을 마지막 순간까지 그리워했을지도 모른다.

    가포 결핵요양원도 세월을 거치면서 많이 변모했다. 장소는 그대로이지만, 명칭이 많이 바뀌었다. 1941년 '상이군인요양소'에서 1946년 '국립마산요양소'로, 1970년에는 '국립마산결핵요양원'으로 불리다가 2002년 대통령령에 따라 '국립마산병원'으로 바뀌어 현재에 이르고 있다.

이원수와
최순애

문학과 글이 매개가 되어 짝을 이룬 문인들은 많다. 파인 김동인과 최정희도 그렇고, 만년의 김동리와 서영은도 그렇다. 조정래와 김초혜 또한 소설가와 시인으로 만난 커플이다. 문학가들이 만나 이룬 가정은 그들의 본태 그대로 문학적일까?

이들의 전해지는 얘기들로 보면 소설적이고 극적인 요소도 있어 다소 그래 보이기도 하지만 대부분은 보통 사람들의 그것 마냥 평범한 것이다. 하지만 마산을 인연으로 맺어진 지하련과 임화의 결혼은 비극 중에서도 비극이다.

마산의 아름다움이 깃든, 온 국민의 노래 「고향의 봄」을 쓴 이원수도 그 일생의 반려가 같은 동요시인인 최순애다. "뜸북뜸북 뜸북새/논에서

울고…"로 시작되는 「오빠생각」으로 이원수보다 먼저 문재文才를 세상에 알린 뛰어난 여류작가였다. 이원수는 잘 알려진 것처럼 평생을 어린이들을 위한 글쓰기와 보살핌으로 일관한 삶을

이원수 최순애 부부.

살아갔다. 이런 동심의 이원수에게 최순애는 어떤 아내였을까?

이들 부부의 만년의 삶을 가까이서 지켜본 한 인척은 두 사람은 어렵고 궁핍한 가운데서도 "아이들 장난치며 노는 것처럼 지내셨다"고 회고한다. 벌이가 시원찮아 넉넉하지 못한 처지에서도 일년 365일 중 360일을 마실 정도로 술을 좋아했다는 이원수가 최순애에게는 '웬수'라 "이 웬수야!"라는 호칭을 입에 달고 다닐 정도로 '구박(?)'했다고 한다. 하지만 실상은 이원수라는 이름을 빗댄, 사랑과 유머가 담긴 호칭이었고, 이 호칭을 이원수도 "교회에 나가면 원수를 사랑하지 않느냐"하며 즐겼다는 전언이다.

이원수(1911-81)와 최순애(1914-98)가 만나 연을 맺은 것도 다분히 동화적인 요소가 있다. 어릴 적부터 아동문학에 심취해 활동과 글짓기에 몰두하던 이원수가 「고향의 봄」을 소파 방정환이 내던 『어린이』에 발표한 것이 마산공립보통학교(성호초등학교)에 다니던 해인 1926년 4월, 그의 나이 15세 때다. 하지만 이원수보다 3살 아래인, 경기도 수원에 살던 최순애는 멀리 떠난 오빠를 그리워하며 「오빠생각」을 썼고 이 동시가 이원

마산 용마산(산호공원)에 세워진 '고향의 봄'
시비 앞에서의 내외(1960년대).

수보다 몇 달 앞선 1925년 11월에 역시 『어린이』를 통해 발표되면서 둘 간의 인연이 시작된다.

둘의 관계에서 먼저 손을 내민 쪽은 아무래도 이원수인 것 같다. 「고향의 봄」을 발표하기 전, 이원수는 「오빠생각」에 감동하고 있었고, 「고향의 봄」으로 자신도 아동문학의 전국적인 반열에 함께 서면서 최순애와 서신교환을 하게 된다.

이 무렵 이원수를 포함해 아동문학을 하던 사람들, 예컨대 윤석중, 이응규, 천정철, 윤복진 등의 작가들은 서로 간에 친교를 맺고 있었는데, 최순애의 「오빠생각」이 발표되면서 그녀에게 전국적으로 격려의 편지가 쇄도했다고 한다. 편지들 가운데 이원수의 것이 최순애의 마음에 들었던 모양이다. 「고향의 봄」을 접하고 이원수의 사람됨과 문학적 소양을 안 최순애는 이원수에게 마음의 문을 연다.

둘 간의 편지는 해를 거듭하면서 열기를 띠어갔고 이게 사랑으로 변하면서 장래를 기약하는 사이로 발전하는데 그 무렵이 1935년이다. 둘이 혼인으로 맺어지는데 있어 결정적인 역할을 한 사람은 최영주, 바로 「오빠생각」의 오빠인 최순애의 오빠다. 서신으로 사랑이 싹터 열매를 맺으려는 무렵, 이원수에게 사단이 생긴다. 항일사상의 '함안독서회' 사건에 연루돼 일본경찰에 체포된 것이다. 혼담이 오가는 와중에 신랑 쪽에 생긴 관재官災 아닌가. 최순애 집에서는 혼인을 저어하는 분위기가 인다. 이런 상황에서 결혼을 적극 추진한 사람이 바로 최순애의 오빠 영주였던 것이다.

최영주도 동생 순애와 마찬가지로 방정환 등과 더불어 어린이문화와 계몽운동을 하면서 『개벽』지를 펴냈던 선각자였다. 배제고보를 나와 일본유학까지 한 최영주는 일본경찰의 요시찰 인물로 전국을 떠돌다 한창 나이에 요절한, 최순애가 항상 마음에 담아두었던 잊지 못할 오빠였다. 고향 집에도 오지 못한 채 멀리 떠나버린 그 오빠를 그리워하며 최순애가 11살의 어린 나이로 지은 글이 「오빠생각」이다. 노래 「오빠생각」은 홍난파가 1929년 곡을 붙였지만, 그 후 박태준의 곡으로 다시 태어나 불리어지는 게 지금의 「오빠생각」이다. 이원수의 「고향의 봄」도 홍난파 곡이지만, 처음에는 「산토끼」의 이일래가 곡을 붙였다고 하니 이 또한 묘한 인연이 아닌가 싶다. 둘 다 그만큼 빼어난 명작이었다는 얘기다.

박태준이 「오빠생각」에 곡을 붙일 때의 한 얘기가 전한다. 박태준은 최순애의 글을 보자마자 곡이 떠올랐다고 한다. 곡을 써 내려가다 "서울 가신 오빠는/소식도 없고/나무 잎만 우수수/떨어집니다"라는 마지막 구절에서 박태준은 흐르는 눈물을 주체하지 못해 결국 눈물이 5선지를 흥건히 적신 채 곡을 끝냈다는 것이다. 그만큼 아름다운 정감과 슬픔이 깃든 노래가 「오빠생각」이라는 얘기다. 최순애의 여동생 최영애도 「꼬부랑 할머니」를 쓴 아동문학가다.

서울 관악산 아래 남현동 시절(1980년)의 내외.

마산청년 이원수와 수원처녀 최순애는 이런 우여곡절 끝에 1936년 6월 6일 결혼해 마산 산호동에 신혼살림을 꾸린다. '함안독서회' 사건으로 일 년여간 영어생활을 한 후 그해 1월 출옥했으니 그야말로 아무것도 없는 가난한 신혼살림이었다. 그 무렵 이원수는 어찌어찌해 '한성당건재약방'에 일을 얻어 호구로 삼은 것으로 전해진다. 그러다 그 이듬해 원래 다니다가 독서회사건으로 파직됐던 '함안금융조합'에 복직되면서 생활이 조금 펴진다. 장녀 경화가 태어난 때가 그 무렵이다. 이원수를 둘러싼 이른바 '부왜附倭'의 친일親日 글 논란이 지펴진 곳이 바로 이 금융조합이다.

해방과 함께 이원수는 서울로 올라온다. 경기공업고등학교에서 교편을 잡기도 했고, 카프Kapf 문학에도 참여했고 박문출판사 편집국장을 맡아

출판사 일도 했다. 그러면서도 작품 활동에 소홀하지 않았다는 건 그가 죽고 난 후 출간된 방대한 규모의 『이원수 전집』을 통해 드러난다. 6·25 동란 중 '1·4후퇴'의 혼란스런 와중에서 이원수 부부는 아이들을 잃어버리는 환난을 겪기도 한다. 그나마 큰딸은 찾았지만, 막내 딸 상옥과 간난 사내아이 둘은 잃어버린다. 이원수와 최순애에게는 아이들을 잃은 슬픔이 평생의 멍에가 된다. 이원수는 이 비극을 동화「꼬마 옥이」에 담았다. 이원수가 큰딸 경화를 멀리 제주도에까지 가서 찾은 사연은 훗날 영화로 제작된, 록 허드슨 주연의「전송가 Battle Hymn」의 한 소재가 됐다고 한다.

이원수의 이런 험한 시절을 곁에서 평생 사랑으로 보살피고 유머로 도닥거리며 부추겨주고 격려해준 게 최순애다. 혹자는 이런 견해에 이견을 달기도 한다. 어떤 이는 "외형적으론 그럴듯한 걸맞은 부부"라는 말도 보탠다. 이원수가 살아온 험하고 빈한한 삶 탓이겠지만, 고집스럽고 담백한 그의 인성 자체로 보아서도 이 말은 일견 설득력이 있어 보인다. 그러나 이원수를 가까이서 지켜본 지인들은 결코 그렇지 않았다고 말한다. 이원수와 최순애는 전생의 인연이 이승에까지 이어진 다정하고 다감한 부부였다는 것이다.

이원수·최순애 부부가 마지막까지 함께 살았던 곳은 서울 관악산 아래 남현동이다. 정조가 아버지 사도세자의 묘에 가기 위해 넘었던 남태령이 가까운 곳이라 붙여진 이름이다. 여기에 1960년대 말경 문인과 예술인들을 위한 집들이 조성되면서 이들 부부도 1970년 이곳에 가까스로 집을 마련해 답십리에서 이사 와 살았다. 서정주 시인이 바로 이웃이었다. 이 무렵 이원수는 '아동문학가협회' 초대 회장을 맡고 있었는데, 회갑을 맞아 『고향의 봄』을 타이틀로 아동문학집을 낸 것도 이때쯤인 1971년이다. 이 무렵부터 세상을 뜬 1981년까지 10년간이 이원수로서는 최순애와 부부로서 가장 평안하게 보낸 시기가 아닌가 싶다.

남현동에 살면서 이원수와 최순애의 집은 '뜸부기 집'으로, 그리고 최순애는 '뜸부기 할머니'로 불렸다. 1981년 언젠가 모 신문은 이런 기사를 싣고 있다.

"뜸부기 할머니. 서울 동작구 사당동(지금은 남현동) 예술인마을 사람들은 이 동네에 사는 한 노부인을 이렇게 부른다. 얼핏 들으면 할머니가 뜸부기를 사육하거나 뜸부기 장사를 하는 것쯤으로 생각하기 쉽지만 사실은 그렇지가 않다. 외모의 어딘가가 뜸부기를 닮았다든지 목소리가 뜸부기 같다든지 한 것은 더더구나 아니다. 칠순에 가까운 연세로는 보이지 않게 고운 피부와 수줍은 미소가 소녀 같은 이 할머니는 동요 「오빠생각」의 작가 최순애 여사(67)다. 이웃에 사는 시인 서정주 씨가 동요의 첫 구절을 따 붙여준 애칭 '뜸부기 할머니'가 그대로 별명이 돼버린 것이다."

둘은 이 집에서 알콩달콩 재미있고 정감 나게 살았던 것으로 전해진다. 서정주 시인이 최순애의 별명을 그렇게 지어준 것은 「오빠생각」에서 연유한 것이라지만, 이원수와 최순애가 사는 집 또한 다정다감한 뜸부기 남매가 사는 곳이라는 것을 비유해 그런 별명을 붙이지 않았을까 하는 생각이다.

이 집에서 이원수는 아내에 대한 사랑이 듬뿍 배인 수상집을 펴낸다. 『처음 만난 그대로 – 내 아내가 아니더라도 사랑했을 아내에게』라는 제하의 책에 수록된 「싸리꽃 울타리」라는 글에는 아내와 함께 6·25 전쟁통에 잃은 아이들에 대한 그리움이 짙게 배어있다. 최순애가 관악산 산골에서 캐온 싸리나무를 집 울타리로 삼았는데 그 나무가 아이들을 닮았다는 것이고, 그래서 지은 한 편의 동시를 아내에게 주면서 슬픔이 사랑으로 승화되고 있는 글이다.

이원수의 또 한 글에서는 문학의 꿈을 접고 평생을 가난 속에서도 반려로 함께해준 아내에 대한 미안함이 묻어난다. "내가 스물여섯, 처가 스물셋에 결혼했는데 실직의 가난 속에서 아내는 갖은 고초를 겪었고, 해방되자 시골에서 올라왔으나 역시 온갖 경난(經難, 경제적인 어려움)은 약한 그에게 너무나 과중하게 계속되었었다."

최순애는 하지만 이렇게 화답한다. "벌써 회갑을 보내버리신 분, 젊은 날보다 알뜰하게 강한 내조의 보살핌이 필요할 것 같다. 고독한 날의 마음이 더 맑도록, 약해가는 기운을 더 보태도록."

이원수는 1981년 1월 세상을 떴다. 아내 최순애는 이원수의 못다 한 배려 덕인지 세상을 더 살다 1998년 6월 남편 곁으로 갔다. 아마도 둘은 지금쯤 저승에서도 알콩달콩 재미나게 살고 있을 것이다.

김춘수 시인과 마산

"내가 그의 이름을 불러 주기 전에는/그는 다만/하나의 몸짓에 지나지 않았다"로 시작되는 '꽃의 시인' 김춘수(1922-2004)는 한국 현대시의 한 프레임을 맡았던 대표적인 시인이다. 생전에 시를 통해 언어실험을 극한까지 시도했던 시인으로, 그가 걸어온 시의 궤적은 부단한 변화와 실험을 추구해온 여정이지만, 이데올로기와 현실을 배제한 이른바 '순수시'의 대부로 평가되는 시인이다.

김춘수는 통영 태생으로, 통영이 아끼고 자랑스러워하는 문인이다. 통영시에서 그와 함께 유치환, 박경리, 김상옥, 김용익을 포함시켜 매년 '통영문화제'를 열어오고 있는 것도 그 때문이다. 김춘수는 출신은 통영이지만, 마산과의 인연이 어떤 의미에서는 더 깊다.

일본의 니혼대학 예술학과를 다녔던 김춘수는 일찍부터 상징주의 시 이론을 수용, 소화해낸 보기드문 모더니즘 시인이다. 그의 청·장년시절 문학활동의 대부분은 마산을 연고로 한다. 「꽃을 위한 서시」를 포함해 그를 '꽃의 시인'으로 이름 짓게 한 꽃 연작시들이 마산시절의 것이다. 초기에는 라이너 마리아 릴케의 관념시와 실존주의의 영향을 받았으나, 1950년대 들어 사물의 이면에 내재하는 본질을 파악하는 이른바 '주지적인 시' 혹은 '인식의 시', '무의미의 시'로서의 방향 전환을 모색하고 추구하는 글을 쓴다. 이런 문학적 사유와 창작활동의 무대가 마산이었다.

김춘수가 마산과 첫 인연을 맺었던 건 1944년이다. 1940년 니혼대학에 입학했지만, 1942년 이른바 불온사상 사건에 연루돼 학교를 중퇴했다. 이 과정에서 그는 몇 달간 감옥생활을 한 후 풀려나 고향으로 온다. 징용이 기다리고 있었다. 징용을 피하기 위해 간 곳이 마산이었다. 그곳에서 김춘수는 마산의 독립투사 명도석 선생의 눈에 띄었다. 그래서 이뤄진 게 명도석 선생의 4녀 숙경과의 혼인이다. 그러니까 김춘수의 마산과의 인연은 명도석 집안이 그 배경인 셈이다.

해방이 되자 일본유학까지 한 똑똑한 인재를 통영사람들이 그냥 둘 리가 없었다. 통영이 그를 불렀고 그래서 통영으로 갔다. 거기서 김춘수는 통영공립중학교 교사로 재직하면서 유치환, 윤이상, 김상옥, 전혁림 등과 함께 '통영문화협회'를 조직해 문화예술운동을 전개했는데, 이 조직은 명칭만 남아 있을 뿐 당시의 활동상황에 대해서는 전해지는 게 없다.

다시 마산으로 온 게 1949년이다. 그 전에 그는 이미 통영서 시작활동을 하고 있었다. 그의 공식적인 첫 시는 「애가哀歌」다. 1946년 광복 1주

만년의 김춘수 시인(1922-2004).

기를 맞아 펴낸 기념시화집 『날개』에 실렸다. 이어 첫 시집인 『구름과 장미』를 펴냈다. 통영에 있으면서 김춘수는 김수돈과 조향 등 마산 출신의 친한 시인들과 더불어 '로만파'라는 문학동인을 만들었다. 이들과는 해방 직후 마산 인근의 청년문학도를 중심으로 만들어진 '청년문학가협회' 활동을 통해 친숙해진 사이였다.

조향의 회고에 따르면 '로만파'는 4집까지 냈다고 한다. 이 동인지에 박목월, 조지훈, 이호우, 김춘수, 서정주 등의 시가 실렸다. 당시 '로만파'에 실린 김춘수의 시에 대해서는 알려진 게 없지만, 조향의 회고에 따르면 김춘수는 그 시에 대해 부끄러움을 가졌다고 한다. 그 연유는 알 수 없지만, 그가 추구하고자 했던 모더니즘 시적 정서에 맞지 않았던 게 아닌가 싶다. 이를 계기로 김춘수는 자신의 시세계에 대한 정체성을 다지는 암중모색의 습작기를 가지며 이를 바탕으로 한 본격적인 시작활동은 마산으로 이어지면서 꽃을 피웠다.

김춘수가 마산으로 온 것은 당시 마산공립중학교(현 마산중학교)에서 국어교사로 '콜'을 한 때문이다. 이때부터가 김춘수의 15년 마산시절의 시작이다. 이렇게 시작된 마산생활은 그가 문학의 큰 획을 긋기 위해 디뎠던 도약의 공간이었을 것이다. 그의 대표적인 많은 시들이 마산시절인 1950년대에 발표된 사실만 봐도 그렇다.

그의 마산중학교 시절, 시와 시론으로 격렬한 토론을 벌였던 문우들로는 김수돈과 정진업 등이 있다. 이들과 틈만 나면 '외교구락부', '비원 다방', '향원 다방' 등에서 만나 격론을 주고 받았다는 게 당시 이를 목격한 김교환 시인의 증언이다. 김 시인에 따르면 이들은 서로 만나 상대의 작품에 대한 예리한 비판을 주고받았다는데, 혹독한 작품평과 토론을 하는 그들의 모습에 다방 분위기가 살벌해질 정도였다는 것이다.

마산중학교 교사시절, 특출한 문학적 재질을 지닌 한 학생을 만난다. 그가 바로 「귀천」의 시인 천상병이다. 천상병의 천재성을 간파한 김춘수는 그를 문학으로 이끈다. 1950년 천상병의 시 「강물」을 『문예』지에 발표시킨 게 김춘수다. 말하자면 천상병은 김춘수의 마산중학교 제자인 셈인데, 나중에 천상병이 시와 기인으로 유명해진 뒤에도 사제지간의 정은 돈독했다. 그런데 천상병은 1993년 4월 28일 먼저 죽고 김춘수는 이보다 11년 뒤 2004년 11월 29일에 돌아갔다. 김춘수는 천 시인이 죽자 「네가 가던 그날은」이라는 시를 써 제자의 죽음을 애도했다.

"네가 가던 그날은/ 나의 가슴이/ 가녀린 풀잎처럼 설레이었다// 하늘은 그린 듯이 더욱 푸르고/ 네가 가던 그날은/ 가을이 가지 끝에 울고 있었다// 구름이 졸고 있는/ 산 마루에/ 단풍잎 발갛게 타며 있었다// 네가 가던 그날은/ 나의 가슴이/ 부질없는 눈물에/ 젖어 있었다"

천상병은 마산중학 5학년 때 스승 김춘수로부터 김춘수 첫시집 『구름과 장미』를 받았다. 거기에 김춘수는 다음과 같이 썼다. "모든 것이 그러하듯 네가 그것에 닿아야만 네 것이 될 수 있다. 김춘수."

마산중학교 시절 또다른 제자로 김춘수가 아꼈던 사람이 경남대 명예

김춘수 대표시집(1999년, 찾을모 刊).

교수인 김선수(학제변경 후 마산고 10회 졸업)였다. 김춘수는 시와 함께 연극에도 일가견이 있었다. 김춘수는 1949년 연극 「마의태자」 극본을 완성한 후 이를 무대에 올리면서 김선수를 주역으로 기용했다. 당시 학교 대대장이었던 김선수의 평소 모습을 지켜본 후 결정한 것인데, 이게 시쳇말로 '대박'을 쳤다.

학생 위주의 소인극에 불과했던 「마의태자」가 기성극단 뺨칠 정도로 대성공을 거둔 것이다. '외교구락부'에서 첫 공연을 가졌는데 관심이 고조되면서 시민극장과 마산극장에서도 수차례 공연을 갖는 성황을 이룬다. 특히 마의태자로 분한 김선수의 열연은 많은 호평을 받았다. 당시 문교부 고위직은 물론이고 문화계 인사들까지 입에 침이 마르도록 칭찬을 아끼지 않았다. 흘러간 유명 영화배우인 이수련(마고 14회)도 김춘수가 발굴해 낸 '스타'다. 그가 후속작품으로 마련한 「왕자호동과 낙랑공주」에 주역으로 발탁한 것이다.

김춘수의 시를 대표하는 「꽃」은 마산과 어떤 인연이 있을까. 이 시는 그가 마산중학교에 재직할 무렵, 밤 늦게 교실에 남아 있다가 갑자기 화병에 꽂혀있는 꽃을 보고 시의 화두를 잡아 쓴 것이라는 얘기가 전해진다. 이 시는 앞에서 언급한 대로 사물과 현상의 이면에 있는 본질의 이데아를 의식한 글인 만큼 그 어떤 현실적인 배경과는 거리를 두고 있다. 확실하지는 않지만, 김춘수는 1950년대 마산에 사는 동안 동갑내기 한 여인과 로맨스를 피웠다는 얘기가 전해진다. 사랑하는 그 여인을 염두에 두고 쓴 시가 「꽃」이 아니었을까 하는 추측을 해본다. 그야말로 망상이다. 이 망상으로 김춘수의 「꽃」이 훼손될까 두렵다.

김춘수와 마산과의 관계를 문학적, 사회적 차원에서 유의미하게 부각시키는 사건이 있다. 마산의 '3·15의거'다. 이 의거를 당시 해인대 교수로 재직하면서 현장에서 목격한 김춘수가 희생

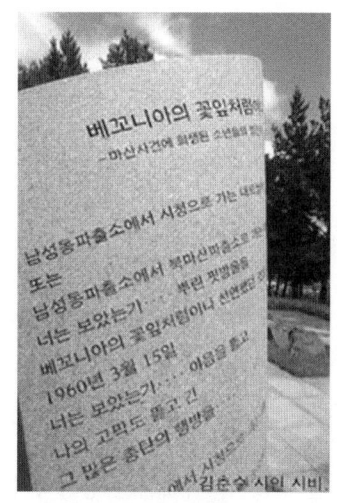

마산 3·15 국립민주묘지에 세워진 김춘수 시비.

자를 추모하는 시를 3·15 직후 공포 분위기의 엄중한 시기에 발표한 것이다. 「베꼬니아의 꽃잎처럼이나」 제하의 이 시는 김춘수에게는 목숨을 걸고 쓴 글이나 다름 없다. 성난 민주시민의 함성과 발길이 마산의 거리를 휩쓸던 1960년 3월 15일 밤, 중성동에 살고있던 김춘수는 경찰의 발포로 쓰러지는 꽃다운 학생들의 죽음을 목격한다. "남성동 파출소에서 시청으로 가는 대로상에/또는 남성동 파출소에서 북마산 파출소로 가는 대로상에/너는 보았는가 … 뿌린 핏방울을…/베꼬니아의 꽃잎처럼이나 선연했던 것을…….''

김춘수의 이 시는 종래 그의 시와 대조적이다. 수식과 상징을 배제한 채 민주주의의 꽃들이 쓰러져가는 긴박하고 처연한 현장감이 그대로 살아있다. 이 시를 김춘수는 3월 28일 발표했다. 3·15 직후 자유당의 정치

적인 술수와 폭력으로 공포정치가 난무하고 있을 시점 아닌가. 이 시는 문학뿐 아니라 사회 정치적으로 중요한 의미가 있다. 3·15에서 4·19로 이어지는 과정에서 쓰여진 작품들 가운데 최초로 발표된 것이라는 점에서다. 여기에 마산과 김춘수와의 관계가 함께하는 것이다. 지금 불려지는 '3·15의 노래'도 김춘수가 글을 지었다. 그는 3·15의거 1주년을 맞아 범시민적인 추모행사를 진행하고 총괄하는 사무국장의 역할도 충실하게 해냄으로써 마산과 또 다른 인연을 맺었다.

만년에 이르러 김춘수가 행한 전두환 군사독재 비호의 전력을 두고 논란이 많다. 시에서는 평생 현실과 이데올로기를 도외시하다 늘그막에 정치를, 그것도 군부독재 체제에 협력한 것을 두고 하는 비판들이다. 그는 변명 대신 그의 평생의 작업인 시에 대비시킨 말로 대신했다.

"시는 최선의 도덕적 결백을 위한 윤리요 의지이지만, 정치란 최선을 우선하다 차선으로 운영되는 현실에 대한 나의 참여였다."

김춘수는 90년대 후반 55년 동안 해로했던 명숙경 여사가 먼저 세상을 떠나자 아내에 대한 솔직하고 애절한 그리움을 시에 담아내면서 일상을 소박하게 노래하는 순수파의 원숙한 시인으로 돌아갔다.

천생시인天生詩人 천상병千祥炳의 가난과 돈

그의 이름 앞에는 어떤 수식어가 어울릴까. 많이 따라 붙기는 한다. 형용사와 명사를 망라해 천진무구, 천진난만, 무욕, 맑은 영혼, 기인 등등. 이 모든 수식어를 하나로 수렴해 그에게 붙인다면 어떤 게 어울릴까. '타고난 시인, 즉 '천생天生 시인'이 근사치에 가깝지 않나 싶다. 누구일까. 바로 마산이 낳은 천재시인 천상병(1930-93)이다. 천생의 시인이라면 보통 시인들과는 다르다. 세상을 바로 볼 줄 아는 꾸밈없는 마음, 그리고 초월과 달관을 바탕으로 한 시심詩心이 있어야 한다. 그러나 그도 지상의 사람이었으니 그것으로 거칠고 험한 이 세상을 살아가기 힘들었을 것이다.

주지하다시피 이승에서 보낸 천상병의 인생은, 그래서 이 세상과는 어

천상병 시인의 마산중학교 재학시절
(넷째줄 오른쪽 앉아있는 이가 천 시인).

울리지 않는 기행奇行으로 점철됐다. 그래서 숱한 이야깃거리를 우리들에게 남겨주었다. 생각하기 나름이겠지만, 그는 누구보다 가난했다. 돈 없이 평생을 살았다. 한마디로 물욕이 없었다는 얘기다. 물욕이 있으면 생각이 흐려진다. 관용과 초연함도 없어진다. 그런 생각과 마음으로 좋은 글, 좋은 시가 나올 수 있겠는가. 천상병은 물질적으로는 가난했지만, 생각과 마음은 누구보다 풍요롭고 행복했다. 거기에 천부적인 문학적 혜안이 더해졌다. 평범하고 사소한 것을 소재로 사람을 감동시키는 그의 시들은 그렇게 나온 것이다.

천상병은 일생을 가난하게 살았다. 그가 가난을 대물림해서 처음부터 가난하지는 않았던 것 같다. 마산에서 학창시절을 보낼 수 있었고, 서울에서 대학을 다닌 것으로 봐서 그렇다. 그의 가난은 어쩌면 그가 시에 눈을 뜨면서 주어진 '천생 시인'으로서의 숙명 같은 것이었는지도 모른다. 그는 서울대 상대에 다닐 적에 남들이 부러워하는 좋은 회사에 들어갈 수 있었다. 그렇게 살았으면 가난에서 벗어날 수 있었다. 그러나 그는 이를 마다했다. 1990년 7월 29일자 『동아일보』에 천상병이 말한 게 있다.

"4학년 1학기의 어느 날이었다. 권오익 학장이 '상과대학 5번 안의 학생은 한국은행에 공짜로 들어가게 되어있다'며 내가 5번 안의 성적이라고 암시해 주었다. 그렇지만 나는 당시의 문예지인 『문예』에 유치환 선생님 추천으로 시가 발표되고 52년

막걸리를 즐기던 생전의 천 시인.

에 추천이 완료되었기 때문에 정식으로 시인이 되어 있었다. 그래서 월급쟁이에는 아무 욕심이 없고 학교 다니기도 싫어 4학년 2학기부터는 학교를 그만둬 버렸다. 지금 사람들이 생각하면 이상하다고 하겠지만, 나로서는 시인 이상의 욕심이 없었기 때문에 잘한 일이라고 생각한다."

당시 취직이 얼마나 어려웠는가. 그럼에도 한국은행 입사를 마다하고 시의 길을 택한 게 천상병이니 어찌 그를 '천생의 시인'이라고 하지 않을 수 있겠는가. 하지만 그 후부터의 그의 인생은 가시밭길이었다. 서정성이 넘쳐나면서도 깊이 있는 시들을 발표하면서 중앙문단의 중견시인으로 자리를 잡아갔지만, 변변한 직업도 없이 오로지 시 하나만 보고 올인한 삶이 온전할 수 없었다. 생활은 점점 피폐해져 갔고 지인에게 손을 내밀어 얻어지는 푼돈을 호구지책으로 삼는, 천상병의 명동이나 종로 관철동을 중심으로 한 기행은 그때부터 시작된다. 그 무렵 천상병이 그렇게 얻은 돈으로 일용할 밥과 술을 해결한 일화는 숱하다.

그는 처음엔 이런 동냥을 문단 선배들을 대상으로 하다 차차 동료 문인들과 시인 지망생들로 그 범위를 넓혀나간다. 1955년 『현대문학』에서 그

무렵 추천된 시인들의 글을 소개하고 있는데, 여기에 천상병은 '씩씩하게' 자신의 동냥에 관한 글을 게재하고 있다. 이 글에서 천상병은 작가들이 모두 자신의 '피해자'라는 것을 아느냐고 묻고는 그 순번이 곧 모두들에게 닥칠 것임을 예고하고 있다. 그러면서 덧붙인다. "오백 환만… 용돈이 떨어졌을 때 김말봉 여사를 보고 한 말. 백 환을 얻었다. 마침 없을 때 말하였다는 것이다. 수일 후 거리에서 만났더니 '이제 채무(?)를 갚습니다'라고 사백 환을 주는 것이다. 소설가, 시인, 평론가 모두가 나의 피해자다" 운운.

1960년대 초·중반 천상병이 유유자적 광화문이나 관철동을 떠돌 무렵, 그가 동냥해 얻는 돈은 수백 원에서 많아야 천 원 정도였고, 그의 표적이 된 문인이나 지인들은 으레 그런 것으로 알고 잘 주었다. 천상병은 그러면서도 결코 기가 죽거나 굽신거리지 않았다. 되레 돈을 주는 사람들의 수준을 나름대로 평가해 그 액수를 정하는 '호기'를 부리기도 했다. 당시 왕대포 한 잔이 2백 원이었는데, 신경림 시인은 딱 그 액수였다. 어느 날 천상병이 신경림에게 손바닥을 내밀었는데, 신경림이 한마디 한다. "이봐, 난 이제 살기가 좀 나아졌다고. 내 책에서 나오는 인세도 제법 있고 마누라도 벌이가 괜찮단 말이야. 그러니까 이제부터 5백 원이야." 이에 천상병이 한 말은 이렇다. "문디 자슥, 수작하지 마라. 넌 아직 2백 원이야."

천상병은 이렇게 생긴 돈으로 막걸리를 마셨다. 그는 그렇게 마시면서도 당당했다. 결코 남의 술좌석을 기웃거리지 않았고 공짜 술을 탐하지도 않았다. 손바닥 동냥으로 생긴 돈으로 막걸리를 마시지만, 대신 자신은

좋은 시로 그 대가를 치른다
는 자부심과 뱃심이 있었다.
  하지만 그의 이런 손바닥
동냥이 한편으로 그에게 씻
을 수 없는 치욕과 모욕으로
다가올 줄은 천상병도 몰랐
을 것이다. 막걸리 값으로 몇

인사동 '귀천' 시절의 천상병과 부인 목순옥.

백 원씩 받아썼던 것이 순진무구하고 천진난만한 '천생의 시인'인 그로
하여금 '국사범'으로 조작되는 사건의 한 단서가 됐던 것이다. 천상병은
1967년 7월 아닌 밤중에 홍두깨 격으로 당시 중앙정보부에 연행된다. 세
상을 떠들썩하게 했던 동백림사건에 연루된 것이다.
  정말 실소할 일이있지만, 암혹하던 군사독재 시절, 그에게 주어진 죄
명은 '간첩불고지죄'. 배경은 천상병이 동백림사건에 연루된 그의 서울상
대 동기였던 강 아무개로부터 독일유학 중 동독을 방문했다는 얘기를 듣
고도 신고하지 않았다는 것이고, 여기에 동독방문을 빌미로 강 아무개를
협박해 돈을 갈취했다는 것이다. 천상병은 예의 다른 문인 동료나 지인들
에게 그랬던 것처럼 강 아무개에게서도 막걸리 값으로 5백 원, 천 원씩
얻어 썼던 것인데, 이를 꼬투리 삼은 것이다. 그렇게 해서 중앙정보부가
밝혀냈다는, 강 아무개로부터 '갈취'했다는 돈의 액수가 3만여 원이고,
이 돈이 '공작금'으로 사용됐다는 것이다.
  정말 소가 웃을 이런 코미디 같은 조작사건에 조롱과 비판 여론이 대두
되면서 천상병은 풀려나지만, 그로 인해 받은 고문과 치욕스런 취조는 그

후 그의 인생에 짙은 후유증을 남긴다. 천상병은 그 무렵의 심경을 한 시에서 표현한 것처럼 "아이론 밑 와이셔츠처럼" 당한 전기고문 등으로 만신창이로 몸이 망가져 폐인이 되다시피 한다. 그는 그 일을 당한 후 "돌이켜보면 나는 정말 평탄한 놈이 아니었다"고 자탄한다.

그 사건은 순진무구했던 '천생의 시인'을 역설적으로 더욱 그의 시세계 안에 침잠케 하면서 삶의 고삐는 영 다른 방향으로 질주케 하는 운명으로 작용했던 게 아닌가 싶다. 고문 후유증 등으로 거리에 쓰러졌다가 아무도 모르게 정신병원에 감금당하기도 했고, 그런 상태에서 친구동료들이 유고시집을 내는 해프닝이 벌어지기도 했지만, 이 사건을 계기로 늦게나마 평생의 반려인 목순옥(1935-2010)을 만나 혼인한 것도 천상병의 시인으로서의 운명과 어쩌면 맞아 떨어지는 것인지도 모른다.

목순옥과 만나 살림을 꾸려 살던 신혼 시절, 그는 처가에 얹혀 살았다. 목순옥은 인사동의 어느 찻집에서 일을 했는데, 무슨 사정이었던지 그 무렵 일자리를 잃었다. 늘 가난하게 생활해왔지만 갑자기 더 곤궁해졌다. 천상병은 그때 마산고 3년 선배로 국회의원이었던 정상구에게 편지를 쓴다. 돈 2만 원만 꾸어달라는 것이었다. 이 편지는 천상병이 죽은 지 한참 후인 지난 2005년 발견됐다. 하지만 편지가 천상병의 오래된 가방에서 발견된 것으로 보아 이 편지는 정상구에게 발송되지 않았던 것으로 보인다.

그는 만년의 인생을 의정부 장암동 수락산 기슭의 집과 목순옥이 하던 인사동의 '귀천'을 오가며 살다 갔다. 10년이 채 못 되는 이 시기가 그로서는 가장 행복했던 시기로 보인다. "나는 세계에서/제일 행복한 사나이다/아내가 찻집을 경영해서/생활의 걱정이 없고…"로 시작되는 그의 시 「행복」이 나온 것도 그 무렵이다.

'행복'하던 그때, 그는 '2천 원짜리 인생'이었다. 목순옥이 가게로 나가면서 그에게 쥐어주는 용돈인데, 명동과 관철동시대, 최고로 많아야 1천 원짜리였던 인생에서 2천 원으로 인상되기까지 무려 이십 년도 더 걸린 셈이다. 그만큼 그는 돈과는 관계없는 처지로 살았다. 2천 원으로 그는 맥주 한 병, 아이스크림 한 개 그리고 토큰 서너 개와 담배를 사는데, 어떤 때는 돈이 남아 저축도 한다고 어느 글에서 쓰고 있다. 행복에 너무 겨웠던 것인가. 천상병은 "10년 후에는 아내가 찻집을 그만두게 되니까, 내가 저축한 돈으로 살아야 하지 않겠는가"라며, 그답지 않게 저축한 돈으로 장래 계획까지 한다. 2천 원으로 술 등을 사먹고 남긴 돈으로 하는 저축인데, 어림잡아 그의 계획대로라면 이승에서는 못 이뤘을 일 같다.

돈과 관련하여 천상병이 그의 일생을 통틀어 가장 크게 만져본 돈은 400만 원이 아닌가 싶다. 1980년대인가, 이외수, 중광 스님, 구상 시인과 함께 공동 수필집인 『네 명의 도둑놈들』을 냈다. 책 이름도 걸쭉하고, 구상 시인을 제외하고는 당대의 기인들이 나선 만큼 출판사에서 네 명에게 4백만 원의 인세를 줬다. 천상병을 제외한 3인은, 네 명이 백만 원씩 나눠 갖는 것보다 가장 돈이 없는 천상병에게 4백만 원을 몽땅 몰아준다. 그래서 천상병으로서는 태어나 처음으로 4백만 원이라는 큰돈을 손에 쥐게 된 것이다. 그 돈을 어떻게 했는가에 대해서는 여러 얘기들이 있는 것으로 전해지는데, 충주 근교에 땅을 샀다는 얘기가 있다. 그게 사실이라면 그 땅이 천상병이 세상을 뜰 때까지, 혹은 지금까지 어떻게 됐을 지가 궁금하다.

4백만 원은 아무래도 천상병과 인연이 깊은 액수의 돈인 것 같다. 1993년 4월 28일 천상병은 '귀천'한다. 장례를 치르고 남은 부의금이 4백만 원이었다. 당시로는 큰돈이다. 이 돈은 그러나 하루아침에 잿더미가 된다. 장모가 도둑맞을 것 같아 숨긴 곳이 하필 아궁이였고, 목순옥이 장례 치르느라 고생한 친정어머니를 푹 주무시게 할 요량으로 불을 땐 곳이 그 아궁이였던 것이다. 돈은 잿더미가 됐지만, 남은 재로 반인 200만 원은 보상받았다. 이승에서 돈과는 무관하게 살았던 천상병이 하늘나라 해서 변했을 리 없다. 4백만 원이 버거웠을 것이고, 그래서 반만 갖고 갔던 것이 아닐까.

'무학舞鶴소주'와 최위승崔渭昇

 마산은 술과 떼어놓을 수 없는 고장이다. 이 책의 여러 부분에서 언급되고 있으니 굳이 술의 도시, 즉 주도酒都라는 말을 새삼 다시 들먹일 필요도 없이 마산은 옛날부터 오늘에 이르기까지 술과 여러모로 엮여져오면서 그를 바탕으로 한 면면에서 따뜻하고 풍요로움을 느끼게 하는 곳이다. 마산에 예향藝鄕이라는 명칭이 보태어지는 것도 일단의 연유가 거기에 있다.

 마산이 술의 고장이라면 마산 술과 관련해 결코 비켜갈 수 없는 술이 있다. 바로 '무학소주'다. 특정업체 상표이긴 하지만 마산과 마산 사람들에게 마산 술 하면 '무학소주'라는 등식은 낯선 것이 아니다. 그만큼 무학소주는 오랜 세월 마산과 마산 사람들에게는 친근하게 자리 잡아 온 술이라는 얘기다. 서민의 술인 소주는 특히 마산과 마산 사람들에게 역사적으로도 친근감이 있다.

역사적으로 한반도에서 소주를 처음 제조한 곳이 마산의 옛 지명인 합포合浦다. 몽골제국 칭기즈 칸의 손자인 쿠빌라이가 일본 원정을 목적으로 한반도의 안동, 합포, 제주도 등지에 전진기지를 두고 병참용의 소주를 이곳에서 많이 빚었다는 기록이 있다. 몽골이 고려와 함께 1274년과 1281년 두 차례 일본을 정벌할 때도 합포에서 소주를 빚었다. 소주를 처음 제조한 나라가 몽골이니, 고려의 합포에서 그 제조법을 이어받은 셈이 된다.

고려사에 따르면 우왕禑王 2년(1376년) 12월, 왜구가 합포를 침범했을 때 방위를 책임질 원수元帥 김진金鎭이 측근들과 밤낮으로 소주를 마시다가 패전했다는 기록도 나온다. 이런 마산 소주의 역사성의 연장선에서 무학소주도 그 한 맥에 이어지고 있지 않나 싶다. 고려시대 마산 소주의 원천이었을, 두척산(무학산)에서 흘러내린 맑고 깨끗한 물이 지금 무학소주의 원천이 되고 있을 터이니까.

무학소주의 역사도 깊다. 상표인 '무학'은 물론 그 후에 지어진 것이지만, 그 전신으로 따지면 일제강점기로 거슬러 올라간다. 1929년 3월 일본의 소주 제조업체 야마무라山邑주조가 조선 시장 수요를 위해 공장입지를 물색하던 중 마산의 매축지역인 창포동에 공장을 지어 소화주류공업사를 설립하고 소주를 만들기 시작한 게 무학소주의 시작이다. 그러니 올해로 87년의 역사를 갖는다. 하지만 마산 소주로서 일본과의 관계를 엄격하게 따진다면, 해방 후인 1947년 소화주류를 넘겨받은 마산양조공업사를 그 원류로 보는 시각도 있다.

마산 술의 역사를 보면 일제강점기 때와 겹쳐진다. 그 시대는 물론 술 회사를 지배층인 일본인들이 경영했었고, 해방 후 일본인 아래에 있던 조선 사람들이 이런 저런 인연과 관계에 따라 회

무학소주 초창기 상표.

사와 공장을 적산으로 인수해 그 명맥을 유지해 온 게 대부분이다. 무학소주의 전신도 이런 측면에서 별반 다르지 않다. 그런 식으로 넘겨진 대부분의 술 회사들은 오래 살아남지 못했다. 하지만 무학소주는 갖은 어려움 속에서도 살아남아 오늘날 마산을 대표하는 술로 자리매김하면서 전통 마산 소주의 명맥을 강하게 이어오고 있다. 마산 술 하면 무학소주라는 등식은 이제서 더 설득력이 있는 것이다.

무학소주의 이런 과정에서 결코 간과하고 지나칠 수 없는 인물이 있다. 오늘의 무학소주를 있게 한 장본인인 최위승崔渭昇(1932-) (주)무학 명예회장이다. 그의 인생은 곧 무학소주의 역사와 궤를 같이한다 해도 결코 지나침이 없다. 그가 바로 무학소주의 역사이고 그 자체이기 때문이다. 최 회장과 무학소주와의 관계는 최 회장이 1965년 무학소주의 전신인 마산양조공업사를 인수하면서부터 시작된다. 10대 중반부터 적수공권赤手空拳으로 갖은 일을 마다하지 않았던 최 회장이 '대흥상사'라는 곡상穀商을 하게 된 게 그 연유다.

최 회장은 당시 부산에 있던 제일제당으로부터 밀가루와 사료를 받아 경남지역을 대상으로 판매하는 영업대리점을 하고 있었다. 초등학교만

나온 그가 1956년 제일제당에 수위로 들어가 제품 출고 일을 맡게 되면서 인정을 받고, 급기야는 하늘의 별따기보다 어려웠던 제일제당의 대리점을 따게 되는 과정은 눈물겹다. 여기에 한 인물이 등장한다. 새벽 5시면 어김없이 출근해 일을 하던 그를 지켜본 사람, 바로 이병철 회장이었다. 좀 알게 된 이 회장에게 청년 최위승이 단도직입적으로 부탁한 게 바로 대리점이었다고 한다. 이 회장의 대답은 이랬다. "니가 돈이 어디 있노?"

아무튼 최 회장은 대리점을 따 신나게 장사를 한다. 사료판매를 주력으로 했는데, 영업망이 확충되고 거래량이 커지면서 사업이 신장된다. 그때 쌀, 보리, 콩의 도정 부산물인 미강, 밀기울, 보릿겨, 싸라기 같은 것들을 매집해 사료로 축산농가에 공급하는 가운데 소주 주정酒精공장과도 거래를 하면서 소주와 소주 사업에 관심이 싹트고 있었다. 이때 맞닥뜨려진 곳이 마산의 주정공장인 유원산업이었다.

유원산업에 납품을 하고 있던 1964년, 유원산업이 운영난으로 부도위기에 놓인다. 납품대금 대신 유원으로부터 주정을 받기 시작한 게 최 회장이 소주회사를 하게 된 직접적인 계기가 된다. 현물로 받은 주정을 현금화하려면 그것을 다시 소주회사로 처분해야 하는데, 여간 복잡한 문제가 아니었다. 차라리 소주주조 회사를 하는 게 나을 것 같다는 생각이 들었다. 그러나 인수가 가능한 소주회사를 찾기가 어려웠다.

그때 마침 한 회사가 나타난다. 소주공장인 소화주류공업사를 1946년 인수해 운영되던 (주)마산양조공업사로, 당시 소주와 함께 도라지위스키로 전국적으로 이름을 날리던 회사였는데, 운영난에 봉착해 매수자를 찾는다는 정보를 최 회장이 입수한다. 이 회사 남병두 사장은 일면식도 없는 사람이었다. 그런 처지에서 벌어진 인수과정을 중재한 사람이 마산의 기업가이자 정치인인 한태일(1909-95)로, 그는 두 사람의 사정을 잘 알고 있었다. 한태일이 식사자리를 세 번 주선한다. 그것으로 인수는 성사된다.

"니 요새 어렵제?" 한태일이 남 사장에게 이렇게 물었다. "어렵지만은 회사 팔 데도 없고…" 남 사장의 대답이 이랬다. 이 틈을 최 회장이 파고든다. "그라모 내가 사볼까요?" 했더니, 남 사장이 "당장 내일이라도 계약하자"고 해 인수가 성사됐다고 한다.

1960년대 사업에 몰두하던 시절의 최위승 회장.

최 회장은 1965년 2월 7일, 인수한 그 회사를 무학양조장으로 사호를 변경해 개업 신고를 하고 새롭게 희석식 소주 생산에 들어간다. 마산의 소주는 그 전까지는 증류식이었다. 하지만 그해 1월 쌀 소비를 줄이기 위한 정부의 양곡관리법 시행으로 모든 소주 생산에 있어 증류식 소주제조가 금지됐기 때문이다.

이런 점에서 마산 무학소주의 실질적인 시작은 최 회장이 무학양조장을 개업해 본격적인 생산설비를 갖추고 희석식 소주를 만들기 시작한 때라고도 할 수 있을 것 같다. 이후 그가 무학소주 경영을 아들인 지금의 최재호 회장에 넘겨준 1994년까지 30년 동안, 최 회장은 무학소주의 오늘

최 회장 회고록
『포기는 없다』.

이 있기까지 경영과 발전에 혼신의 힘을 다한다.

1932년 경남 고성군 대가면의 벽촌마을에서 태어나 어렵던 식민지통치 하에서 겨우 초등학교만 마치고 그야말로 빈손으로 고향을 떠나 기업과 가정을 일으킨 최 회장의 생애는 한 편의 드라마다. 죽음의 위기도 넘겼던 그의 이런 파란만장한 역정의 일대기는 그가 2012년 펴낸 회고록 『포기는 없다』의 제목이 웅변한다. 그는 어떤 어려움이 닥쳐도 결코 포기하지 않고 세상에 도전하는 정신으로 살았다. 회고록 각 장의 소제목도 그렇다. '맨 주먹으로 세상을 향하여', '도전과 실패', '격랑 속에서 살아남기', '위기가 오면 기회도 온다'가 그것들이다.

최 회장은 25세 때인 1957년 제일제당 영업대리점을 따 사업을 시작하기까지, 10대 중반부터 그야말로 안 해본 일이 없었고, 또 하는 일마다 쥐어박았다. 나무꾼도 해봤고 열무장사도 해봤다. 옹기도 팔아봤고 사과장수도 해봤다. 하지만 하는 일마다 실패였다. 그의 표현대로 '연전연패'였다. 그러나 그때마다 그는 결코 주저앉지 않았다. 주먹을 불끈 쥐고 이를 깨물며 다시 일어났다. 그의 인생에 '포기'는 결코 없었던 것이다. 이런 의지는 실패할 때마다 얻어지는 교훈이 있었기 때문이다. 그것은 '신의와 정직'이었다. 이 정신만 있다면 세상 어디서건 살아갈 수 있다는 교훈을 얻은 것이다.

그는 무학소주를 경영하면서도 많은 난관에 부닥친다. 소주는 민생民生이다. 말 그대로 살아가는 민초들의 애환이 담긴 술이 소주다. 민생은 정치의 기본이니, 소주에 관한 국가시책이 시와 때에 따라 조변석개朝變夕改일 수도 있다. 1971년 중소규모 주류업체 통합이나 1973년 소주시장 도단위 1개소 통폐합, 그리고 1976년의 '자도주自道酒 구입제도'와 1996년의 폐지 등 소주를 둘러싼 정부정책이 나올 때마다 전국의 소주회사들은 난리가 났다. 세금이나 폐수처리 등 환경문제와 관련한 정부의 견제와 간섭도 심했다. 1970년대는 주세가 전체 조세 수입의 10퍼센트를 상회하고 있을 때다. 소주회사들의 탈세나 탈루를 국세청장이 팔을 걷고 뒤지고 다닐 때이기도 하다. 이런 정부정책이 아니더라도 전국의 소주회사들 간 판매경쟁은 치열했다. 정부시책은 판매경쟁을 더 부추겼다. 피 튀기는 경쟁이었다.

무학도 어려웠다. 최 회장은 이럴 때마다 정면 돌파를 시도했다. 정부의 탈세 의혹에 대해서는 당시 고재일 국세청장과 직접 담판을 했고, 주정공장 폐수처리 문제와 관련해서도 박준익 환경청장과 만나 해결책을 강구했다. 이 직접 담판으로 고질적인 탈세의 고리를 스스로 끊게 했고, 원칙에 입각한 '1도1사' 소주회사 통폐합과 공정한 주정 배정제 추진, 그리고 폐당밀 수입금지 조치 등을 이끌어 냈다.

이런 과정을 겪어가며 최 회장의 무학은 1966년 국내 최초로 소주 제조의 자동화 시스템을 도입했고, 전국 최초로 한 되짜리 소주병인 '됫병소주'로 전국적인 인기몰이를 했다. 1973년 회사이름을 무학주조(주)로 바꿨고, 경영권을 큰 아들에게 물려준 후인 1998년 (주)무학으로 다시 바꿔 오늘에 이르고 있다.

무학소주는 명실공히 부산, 경남지역의 대표 주류기업으로 자리를 잡

최위승 회장(집무실, 2016. 9).

았다. 1995년 25도 소주의 고정 틀을 깬 23도 '화이트'로 순한 소주시장의 포문을 연 이래, 2006년 16.9도 '좋은 데이' 출시로 또 한 번 소주시장의 트렌드를 선도했다. '화이트'의 일억 병 매출 신화는 아직도 깨지지 않고 있다. 2015년에는 매출 2,783억 원, 영업이익 661억 원을 기록했다. 시가총액 9,462억 원의 무학소주는 2020년까지 수도권 두 자릿수 점유를 목표로 성장을 계속하고 있다.

  최 회장은 2012년 경남은행에서 그에게 봉정한 마산 경남은행 본점 16층의 집무실에서 여전히 바쁜 일정을 소화해내고 있다. (주)무학의 명예회장으로 아들인 최재호 회장의 일을 뒤에서 돌봐주고 있으며, 그 외 다른 계열 회사들도 보살피고 있다. 사회적으로는 경남지역발전협의회 회장으로 지역사회에 대한 봉사와 궂은일을 마다하지 않고 있으며, 1985년 무학소주가 설립한 (재)무학문화장학재단의 이사장으로도 봉직하고 있다. 최 회장은 마산상공회의소 회장직을 세 차례(1977-1988) 역임했다. 그는 또 지난 1989년부터 1995년까지 대한적십자 경남지사장을 역임했으며, 이때 적십자 정신으로 함께 일했던 김상협, 강영훈 두 전 대한적십자사 총재와의 인간적인 인연을 좋은 추억으로 간직하고 있다.

개교 100년을 넘긴 마산여고와
홍순기, 홍은혜 자매

　　　　　　　　　　마산과 경남지역의 숱한 여성인재를 배출한 마산여자고등학교(이하 마여고)가 2015년으로 개교 100주년을 맞았다. 경남도 내의 여고로는 처음이다. 마여고는 일제강점기인 1915년 3월 21일 마산의 미야고마치 2죠메(都町 2丁目)(현 합포구 중앙동 2가 현대아파트 자리)에서 2년제 공립마산실과고등여학교로 개교한 후 1921년 4월 1일 4년제 마산공립고등여학교로 출범했다. 1927년에는 5년제로 승격된 후 1951년 학제개편에 의해 지금의 교명으로 중·고 각 3년으로 인가받아 지금까지 3만 명에 가까운 학생을 배출해 낸 마산의 명문여고다.

　일제강점기 마산 신교육의 터전으로 지금껏 100년을 넘긴 학교는 모두 5개교다. 1901년 개교한 마산공립보통학교(현 성호초등학교)와 1902년

1936년 마산고녀 이전 개교기념식 장면. 현재의 마산여고 자리다.

마산여고 100년을 맞아 펴낸
『마산여고 100년사』.

에 문을 연 마산공립심상소학교(현 월영초등학교) 그리고 각각 1906년과 1913년 개교한 마산창신학교(현 창신중고), 마산의신여학교(현 의신여중)와 마여고다.

　개교 100년을 맞은 마여고는 그동안 많은 여성인재를 길러냈다. 지금도 마여고를 나와 각계에서 일하고 있는 여성인사들이 숱하고 이들을 바탕으로 한 마여고 인맥도 굵다. 100주년 기념행사에 초청된 마여고 출신 인사들의 일부 면면만 봐도 그렇다. 건국시기 해군 창설을 주도한 손원일(1909-80) 제독의 부인으로 해군사관학교 교가를 작곡한 홍은혜(13회), 김영삼 전 대통령 부인 손명순(26회), 시조시인 서일옥(47회), 영국 런던대 정치학박사 윤미량(56회), 헌법재판관 이정미(57회), 인기방송인 최은경(67회) 등이 그들이다.

　이들 가운데 홍은혜는 특히 마여고를 국가적으로 빛낸 인물로 손꼽힌다. 100세를 눈앞에 둔 홍은혜에게 따라다니는 별칭이 있다. '대한민국 해군의 어머니'가 그것이다. 이런 별칭을 얻은 것은 그의 부군이 대한민국 해군을 창설한 고故 손원일 제독이기 때문이지만, 홍은혜 혼자서라도 그런 이름을 얻기에 충분할 만큼 그가 우리 해군에 끼친 공로는 크다. 그는 해군창설 초기 손 제독을 내조하는 가운데 삯바느질을 하며 모은 돈으로 우리나라 최초의 전함인 '백두산함' 구입에 일조했다.

대한민국 해군의 어머니로 추앙받고 있는 홍은혜 여사(2010년 9월).

손 제독은 함정을 구입하기 위해 해군 자체적으로 장병 월급에서 일부를 떼내는 등 모금을 했다. 홍은혜는 해군부인들과 삯바느질을 하고 여러 수제품을 만들어 팔아 돈을 마련했다. 폐품도 모았고, 패물도 내다 팔았다. 손 제독과 함께 그렇게 모은 돈이 6만 달러다. 손 제독이 그 돈을 들고 당시 이승만 대통령에게 찾아가 함정의 필요성을 역설했다. 이에 이 대통령이 정부 돈을 보태 12만 달러로 미국에서 구입한 함정이 '백두산함'이다.

'백두산함'은 6·25 개전 초기 첫 승전을 기록한다. 6·25 다음 날 동해안에서 부산으로 들어오는 북한함정을 격침한 것이다. 이 함정은 또 피란민을 수송하는 데 큰 역할을 했다. 홍은혜는 전쟁으로 인한 부상병과 유족을 돌보는 데 누구보다 앞장섰다. 홍은혜의 수고를 알았던 이 대통령이 그에게 붙인 별명이 바로 '몸뻬바지'다. 전쟁의 와중에 부상병 구호와 유족을 살피는 일을 하면서 그녀가 입고 다녔던 유일한 옷이 '몸빼'였기 때문이다.

홍은혜는 1946년 우리나라 최초의 군가인 「바다로 가자」를 작곡한 것으로도 유명하다. "우리들은 이 바다 위해 몸과 마음을 다 바쳤나니, 바다의 용사들아 돛 달고 나가자 오대양 저 끝까지…"로 시작되는 이 군가는 부군인 손 제독이 가사를 썼다. 이 군가를 통해 부부는 대한민국 해군의 영원한 아버지와 어머니가 됐다.

이화여전 음악과를 졸업해 피아노와 작곡에 남다른 소질이 있었던 홍은혜는 이 군가뿐 아니라 지금 불리어지고 있는 해군사관학교 교가(이은상 시)까지 지었고, 「해방행진곡」, 「대한의 아들」, 「해사 1기생가」, 「해군부인회가」도 만들었다. 그는 마산중학교의 「마중 애교가」를 만들 정도로 고향 마산에 대한 애착이 컸다. 홍은혜의 「마중 애교가」는 지금은 불리어지지 않고 가사와 가락만 전해지고 있다.

한때 이 애교가가 마산고등학교의 해방 직후 교가라는 설이 있었지만, 원로 동문들에 의해 이게 마산중 애교가라는 게 확인됐다. 하지만 이 말도 맞다. 당시는 학제 개편에 따라 마산중과 마산고로 분리되기 전인 6년제 마산중 시절이었다. 해방 전까지 마산중 교가는 일본인 교장이 만든 것이었다. 해방 후 이 교가를 폐기하고 새로 만들어진 것이 「마중 애교가」이다. 그러니까 1945년 해방 당시 마산중 음악교사였던 홍은혜에 의해 만들어진 「마중 애교가」는 1950년 마산중이 중·고로 분리될 때까지 교가를 대체해 불렸다는 얘기다.

마산중·고 교가는 1950년 분리되면서 따로 만들어졌는데, 지금 마산고 교가는 1950년 초대교장으로 부임한 이상철 교장이 글을 짓고 윤이상이 만들었다. "합포라 바닷가의 잔잔한 물결과…"로 시작되는 「마중 애교가」는 홍은혜의 오빠인 홍성은이 가사를 썼다.

1946년 홍은혜와 함께 마산중 음악교사로 재직했던, 마산 출신의 원로 음악가 제갈삼은 이 애교가에 대해 "학생들이 매우 즐겨 부를 만큼 밝고 유려한 선율"이라고 기억하고 있다. 홍성은은 미국 아메리칸대학의 국제정치학 박사로, 해방 후 마산 미군정청 장관의 비서실장을 역임했으며, 매제인 손원일 제독, 동생 홍은혜와 함께 초창기 우리 해군의 발전에도 크게 기여한 인물로 평가되고 있다.

남편인 손 제독을 1980년에 먼저 떠나보낸 홍은혜는 아직도 정정하다. 현재 해군에서 마련해 준 서울 대방동 관사아파트에 살면서 '해군의 어머니'답게 해군을 챙기고 싶편다. 신임 해군참모총장이 부임 후 그에게 따로 '신고'하러 오는 것은 이미 불문율이 됐다. 그만큼 해군에서 아직도 그의 존재가 크다는 얘기다.

홍은혜의 큰 언니가 고故 홍순기다. 그러니까 자매 간인데, 홍순기도 마여고 출신으로 이 학교 100년을 뒤돌아보면서 결코 소홀히 할 수 없는 인물이다. 같은 학교 출신의 한 집안의 자매가 둘 모두 학교를 빛낸 경우도 결코 흔한 예가 아니지만, 마여고 개교 100주년을 맞아 홍순기의 발자취도 새삼 되짚어지고 있다.

홍순기는 마여고 1회 졸업생이다. 1906년 마산 중성동에서 출생한 그는 마산의신여학교에서 수학한 후 1920년 마여고에 입학해 1923년 졸업했다. 그는 마여고 재학 중 교내 영어웅변대회에서 입상할 정도로 영특했다고 전해진다. 홍순기는 졸업과 함께 마산의신여학교 교사로 부임해 1926년까지 근무했다. 당시 동료교사로 노산 이은상이 있었고, 독립운동가이자 정치인인 박순천 여사도 함께 일했다.

재미있는 얘기가 있다. 당시 노산이 홍순기에게 구혼 고백을 한 것으로 홍순기의 장남 차윤이 전하고 있는데, 어머니에게 확답을 받은 바가 없다면서 조심스러워 했다. 어쨌든 이 일로 어머니가 부담을 느껴 학교를 그만뒀다고 한다. 기독교 집안 출신의 홍순기는 이후 신학공부에 몰두했다.

신학을 공부하는 과정에서 홍순기는 함경도 안변 사람인 차장선 목사를 만나 1929년 11월 결혼했다. 차 목사는 정의감과 반일정신이 투철한 강골의 신앙인이었다. 신사참배 강요 등 일제의 만행에 저항하면서 일본 경찰과의 다툼이 다반사였고, 8남매를 낳아 기르면서 이런 남편을 뒷바라지하던 홍순기의 삶은 신산 그 자체였다. 남편 차 목사는 결국 1943년에 투옥되면서 해방될 때까지 극심한 고문으로 신체가 망가진 가운데 이루 형용할 수 없는 고초를 치르게 된다. 이런 어려운 상황에서도 홍순기는 남편 옥바라지를 하면서 8남매를 굳게 성장시켰다.

그는 6·25를 전후해 남편과 함께 용마산 기슭에 개척교회를 설립해 선교사업과 상이군인 및 피난민 구호사업에 전력을 기울였다.

이런 홍순기의 삶과 노력을 모교인 마여고에서 모를 리가 없었을 것이다. 1953년 마여고에 첫 동창회가 결성됐다. 이때 학교는 홍순기를 초대 동창회장에 추대키로 했다. 홍순기는 처음 그 제의를 받고 망설였으나, 잇단 제의와 주위의 격려로 수락했다. 그해 4월 1일 개교기념일에 첫 동창회 결성 기념회가 학교에서 열렸다.

홍순기의 옷차림이 화제가 됐다. 몸뻬만 입고 다녔던 그에게 유행에 맞는 변변한 외출복이 있을 리 없었다. 나들이옷이라 해야 모시적삼과 흰 치마가 유일했다. 그것을 다려입고 참석했는데, 기념회장에서 안내하던 교장과 교감이 좀 당황하는 기색이었다고 한다. 아주 작은 키에 농사 짓느라 햇볕에 검게 그을린 얼굴, 게다가 화장은 고사하고 분도 안 바른 채 모시치마 저고리에 흰 고무신을 신은 전형적인 촌 할머니의 모습이었기 때문이다. 그러나 홍순기는 자신의 모습으로 좀 어색해진 기념회장에 감동의 물결이 일게 했다. 소박한 용모와 말투로 전한 그의 연설 때문이었다.

"… 제가 여기 서서 여러분께 드릴 수 있는 것은 새로운 지식이나 고상한 말이 아닙니다. 제가 여러분에게 드리고 싶은, 또 드릴 수 있는 것은 제가 55년 전 이 아름다운 학교에 첫발을 디뎠을 때, 그때 제가 받은 감격과 감동입니다. 그것을 여러분에게 다시 드리고 싶습니다. 여러분, 지금 고개를 돌려 오른편에 내다보이는 합포바다를 바라보십시오. 저기 저 섬들과 그 사이로 지나가는 배들과 끝없이 펼쳐져있는 수평선이 얼마나 아름답습니까. 여러분은 온 세계에 나가있는 우리 동포들이 조국이 그리울 때마다, 우리가 지금 바라보고 있는 이 합포바다를 노래한 「가고파」를 부르며 얼마나 많은 한국의 혼들이 이 바다를 자기네 고향처럼 가슴에 품고 눈물을 흘리며 노래하는지 아세요? 이제 여러분, 고개를 돌려 왼쪽에 솟은 저 우리의 무학산을 한번 바라보세요. 얼마나 수려합니까. 수려하기만 합니까. 잘 보세요. 살아있는 학이 춤추듯이 저 큰 날개를 펴서 바야흐로 비상하는 저 모습, 여러분의 눈에 보이지 않습니까……."

연설의 한 대목이다. 이 대목을 끝내고 다음 대목에선 학생과 교직원, 동창으로 살아가야 할 덕목을 얘기했다. 그때 교사들이 서 있는 쪽에서 누군가 박수를 쳤다. 그 박수는 물결을 타듯이 학생들 쪽으로 퍼져나가더니 나중에는 마여고 운동장을 뒤엎듯이 울려 퍼졌다.

홍순기는 이후 5년간 동창회장을 역임하면서 마여고 동창회의 초석을 다졌다. 홍순기는 1975년 '훌륭한 어머님상'을 수상했다.

마산 씨름과
김성률 장사 壯士

　우리의 전통적인 민속놀이 겸 운동경기인 씨름이 최고의 인기를 구가하던 시기는 1980년대다. 당시 천하장사 씨름대회가 열리는 날이면 서울의 장충체육관은 입추의 여지도 없이 관중들로 꽉 찼다. 텔레비전의 전국 생중계를 통해 이규황 캐스터와 오경의 해설위원의 구수한 음성과 입담을 아직도 기억하는 팬들이 많을 것이다.
　80년대를 관통한 이런 민속씨름 인기몰이의 장본인은 아무래도 이만기가 아닐까 싶다. 돌풍처럼 나타난 이만기는 1983년 4월 17일 21세의 나이로 초대 천하장사 대회에서 우승을 거머쥐며 천하장사에 등극한다. 당시 한 언론의 표현대로, 그것은 '씨름계의 쿠데타'라 할 수 있는 센세이션 그 자체였다. 힘 씨름에 주로 의존하던 거구의 씨름꾼들을 모래판에

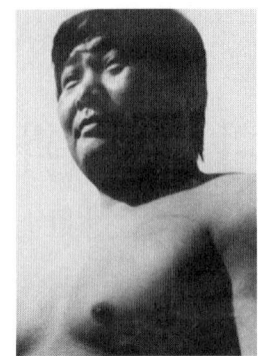

전성기의 김성률 장사와 그가 후배들을 지도하는 모습.

메다꽂는 그의 기술씨름은 씨름의 재미를 배가시켰고, 그 씨름기술과 날렵한 몸매, 잘 생긴 외모에 팬들은 열광했다. 이만기 외에 이준희, 홍현욱, 이봉걸, 이승삼, 손상주 등도 민속씨름 돌풍의 주역이라 할 수 있다.

지금은 그 열기가 많이 시들었지만 당시 민속씨름의 전성기와 관련해 당연히 짚어지는 도시가 마산이다. 이만기도 물론 마산 출신이지만, 전통적으로 우리 민속씨름을 주도하면서 많은 걸출한 씨름꾼들이 나왔고 이들을 통해 경기력 향상과 묘미 그리고 흥행을 꾸준하게 이어온 곳이 마산이기 때문이다. 이들 마산의 씨름꾼들 가운데서 단연코 주목해야 할 인물이 바로 학산鶴山 김성률(1948-2004) 장사다. 이만기가 바로 김성률의 제자로, 둘은 마산중과 마산상고(현 용마고) 선·후배 사이고 경남대학교에서는 사제지간이었다. 이만기에게 김성률은 하나의 '거대한 산'이었고, 자신은 '산줄기'였을 것이다. 이만기는 그래서 스승에 대해 이런 말을 남겼다. "씨름에 관한 한 제가 걸어온 (씨름의) 길은 김 장사님의 길을 그대로 따라온 것입니다." 이만기는 김성률의 제자지만, 무학국민학교에서

씨름을 시작할 때는 김성수에게 배웠다고 한다.

마산 씨름은 여기에 또 90년대를 풍미한 강호동 천하장사와 뒤집기의 명수 이승삼까지를 더해보면 마산이 과연 우리나라 '씨름의 메카'임을 짐작케 한다. 강호동도 마산중, 마산상고 출신으로, 김성률의 영향과 지도 아래 씨름기술과 뱃심을 익혔

이만기 장사.

다. 그러니까 김성률-이만기-강호동으로 이어지는 마산씨름의 정통계보는 곧 한국씨름의 계보에 다름이 아닌 것이다.

마산씨름은 일제강점기 때 다른 어느 지역보다 활발했다. 기록에 따르면 1930년대 마산에서는 '남조선 각희脚戱대회' 등 각종 씨름대회가 열렸다. 씨름은 시대에 따라 각저角抵, 각력角力, 상박相撲 등으로 불리었는데, 각희도 그 한 이름이다. 며칠간 계속된 대회에는 전국 각지에서 온 선수들이 기량을 겨루는 가운데 수만 명의 관중들이 열광하면서 관람했다. 1930년대 말에는 전국 규모의 씨름대회인 전 조선 씨름대회가 열렸는데, 전국 각 지방의 씨름선수 수백 명이 참가했다고 한다.

8·15광복 직후에 '마산씨름협회'가 결성되면서 전 마산 씨름대회를 개최했으며, 1948년 10월에는 제1회 전국씨름대회를 당시 중앙매축지에서 개최했다. 이 대회에는 부산, 대구, 진주, 김천, 김해, 창녕, 마산 등의 씨

름선수들이 참가해 각축을 벌였다. 마산을 대표한 선수들은 박승규, 박명규, 김한식, 조일환, 김기환 등이었는데, 그중 박승규는 당시 전국의 3대 장사에 속한 씨름꾼이었다. 1945년 해방을 전후해 마산의 씨름계는 정팔용, 박명규, 배용찬 3인이 약 10년간 강자로 통했다고 하는데, 특히 정팔용은 해방 이후 마산상고의 씨름부를 맡아 김재기, 김난조 등 유명한 선수들을 지도 육성해 마산상고가 1946, 1947년 전국대회 우승을 차지하게 한 공로자로 꼽힌다.

1960년대 초·중반에도 마산 씨름선수들의 활약과 강세가 대단했다. 1961년 전주에서 열린 전국장사장군씨름대회는 칭호를 부여하는 대회였는데, 마산팀이 우승해 박영식이 '장사' 칭호를, 모희규가 '장군' 칭호를, 그리고 박두진은 '선사選士'의 칭호를 받았다. 모희규 장군이 훗날 마산상고에서 김성률을 지도한다. 이들이 추축이 된 마산씨름대표단은 1962년 5월 서울방송국이 주최한 5·16혁명경축 TV전국장사씨름대회 도시대항경기에서 우승함으로써 마산씨름의 강세를 과시했다.

이후에도 마산씨름은 전국의 각종 대회를 휩쓸다시피 했다. 1964년 8월 김천에서 개최된 전국남녀장사씨름대회를 제패했고, 역시 김천에서 열린 제2회 전국장사씨름대회에서도 단체 도시대항전은 물론 개인전에서도 1위부터 3위까지를 석권했다. 또한 1965년 제2회 천하장사기 쟁탈 전국장사씨름대회에서 1위부터 4위까지를 휩쓸었고, 1966년 11월 서울운동장에서 개최된 제20회 대통령기 쟁탈 전국씨름선수권대회 도시대항전에서도 우승함으로써 전국 최강자의 면모를 자랑했다. 이 시대 마산 씨름을 대표한 장사들로는 김한석, 이판기, 이동률, 박일용, 조용도,

김쌍대, 김성수 등이 있다.

마산씨름은 그러나 1960년대 후반 들어 강세가 주춤해진다. 여러 요인이 있겠으나 행정

김 장사 전성시대 『경향신문』의 한 보도.

적으로 뒷받침할 마산씨름협회 임원진의 약화도 그중의 하나로 꼽히는데, 상부조직인 경남씨름협회가 부산에서 진주를 거쳐 1967년 울산으로 옮겨간 탓이다. 당시 마산씨름을 대표하던 모희규 등이 직장문제로 타 지역으로 옮겨감으로써 생긴 지도력과 경기력의 공백도 마산씨름의 약화를 일부 조장했을 것이란 분석도 있다.

김성률 장사가 나타난 게 이 무렵이다. 어느 날 갑자기 혜성처럼 등장한 것은 아니지만, 그가 침체된 마산씨름에 다시 활기를 불어넣었다는 점에서 이런 표현도 과장된 것은 아닌 것 같다. 김성률은 마산중 시절부터 이미 장래가 촉망되는 씨름꾼이었다. 그가 공식대회에서 부각된 것은 1962년 3·15기념탑 제막을 기념해 열린 전국장사씨름대회였는데, 김성률은 이 대회 중등부 개인전에서 우승을 차지했다. 김성률은 그 후에도 중학생으로 박두진, 정영찬, 김성수 등 대선배들과 함께 김천에서 열린 전국남녀장사씨름대회에 참가해 우승하는 등 남다르게 뛰어난 기량을 선보이기 시작했다.

하지만 이것은 얼마 후 그가 보여준 씨름에 견줘보면 맛 뵈기에 불과한

것이었다. 김성률은 마산상고 씨름부에 들어가면서 정식으로 씨름선수의 길을 걷게 되는데, 그 과정에서 약간의 망설임이 있은 듯하다. 마산 창동에서 태어나 성호국민학교를 나온 김성률은 천부적인 체력과 감각으로 어릴 적부터 각종 운동에 만능이었다. 씨름과 유도를 잘했고 축구도 잘해 마산중 시절에는 축구선수로도 활약했는데, 이런 과정에서 딱히 어떤 운동을 선택할지에 대한 고민이 있었을 것이라는 얘기다. 처음 마산상고에 들어가서는 축구선수를 했다는 점에서 그게 읽혀진다. 그러나 당시 그의 체중이 90kg의 거구였던 데다 날렵한 몸놀림이 씨름부의 눈길을 끌게 되고 자신의 소질을 스스로 발견하면서 비교적 늦게 씨름부에 합류했던 것으로 전해진다.

김성률은 마산상고 씨름 입문과 함께 스펀지에 물 배어들듯 놀라운 속도로 씨름기술을 익히고 실력을 늘려가면서 선배와 동료들을 압도했다. 1964년 고등학생 신분으로 마산씨름대표단에 합류해 전국의 각종 대회에 출전하며 괄목할 만한 두각을 나타냈다. 1965년 8월 김천에서의 제2회 전국장사씨름대회에서 내로라하는 전국의 역사들을 꺾고 3위를 차지한 게 고교시절에 거둔 첫 성적이다. 이어 1965년 11월 제2회 천하장사기 쟁탈 전국장사씨름대회에서는 고등부 개인전 우승과 일반부 4위에 올랐다. 한편으로 마산상고 씨름부는 김성률의 활약에 힘입어 1964년 개최된 대통령배 쟁탈 전국장사선발 및 제18회 씨름선수권대회에서의 우승을 포함, 1966년 제20회 대회에서도 우승하는 등 1960년대 중반 전국 고교 씨름의 최강자로 부상했다.

김성률이 우리나라 씨름의 역사에서 '김성률 시대'를 구가한 것은 마산상고를 졸업하고 당시 마산대학(현 경남대학교)에 들어가면서부터다. 그는 1학년이던 1967년 전국장사씨름대회에서 박두진, 강기영 등 당대의 역사들을 차례로 물리친 뒤 거구와 괴력의 역사였던 경북의 박범조마저 결승에서 제압하고 당당히 한국씨름의 일인자로 등극했다. 군 시절인 1969년 전국장사씨름대회를 제패한 김성률은 그해 개최된 3개의 전국규모 대회를 모조리 석권하는 기염을 토했다. 1970년대에 들어서면서 김성률은 적수가 없었다.

복학한 그해 제7회 대통령기 쟁탈 전국씨름대회 장사급경기에서 우승한 그는 1977년 14회 대회까지 단 한 차례도 우승을 놓치지 않는, 대통령기 8연패라는 전무후무한 기록을 세웠다. 1974년 제3회 전국장사씨름대회에서도 15전 전승으로 우승했으며, 그 후 KBS배 전국장사씨름대회 5연패(1972-76), 전국씨름선수권대회 장사급 4회 우승 그리고 회장기 전국장사씨름대회 장사부 2회 우승 등 70년대 중반까지 모래판의 '김성률 전설'을 일궈냈다. 이 시기 그가 전국의 각급 씨름경기대회에서 부상으로 받은 황소만 130여 마리에 달해, 그 소로 목장을 해도 될 것이라는 우스개가 나오기도 했다.

'무패 신화'를 일궈가는 김성률에게 씨름 팬들은 열광했다. 80년대 민속씨름의 최전성기는 김성률의 씨름으로 그 발아發芽가 마련됐다고 봐도 무방할 것이다. KBS배 등 김성률이 출전하는 장충체육관에는 수많은 관중들이 쇄도해 입추의 여지가 없었는데, KBS에서 그때부터 민속씨름 전국 생중계를 시작한 것만 봐도 그 열기를 짐작케 하는 것이다.

하지만 씨름판에 영원한 승자는 없다는 경구가 김성률이라고 피해갈

김성률 장사를 기리기 위해 매년 개최되고 있는 '학산배' 전국씨름선수권대회.

리가 없었을 것이다. 김성률은 1975년 제27회 전국씨름선수권대회에서 약관 18세의 영신고 2학년생이던 홍현욱에게 패하고 만다. 이어 1976년과 1978년 이준희와 이봉걸에게도 졌다. 체력이 떨어져가고 있었던 것이다. 김성률은 진퇴를 알던 씨름꾼이었다. 체력의 한계를 절감하자 그는 과감하게 명예를 선택하고 모래판에서 내려왔다. 그렇다고 영원한 고향인 씨름판을 떠난 것은 아니었다. 그는 씨름행정과 후진양성을 위한 지도에 전력하려고 은퇴했다. 1983년 모교인 경남대 교수로 들어가 2004년 창창한 나이에 급환으로 별세할 때까지 이승삼, 이만기, 강호동 등 마산의 빼어난 씨름꾼을 길러냈다.

우리의 씨름역사에서 김성률은 그가 쌓아올린 경기성적만으로도 이미 '유의미한 존재'다. 이것뿐만이 아니다. 그가 마산씨름을 포함해 우리의 민속씨름 발전에 노력을 기울인 사실도 결코 간과해서는 안 된다. 그가 혼신의 노력을 기울여 1990년 '마산씨름체육관'을 건립한 것도 그렇고 후학지도와 씨름기술 발전에 크게 이바지한 측면도 다시 한번 평가해봤으면 싶다. 지금 씨름경기에서 널리 사용되는 '덧걸이'가 그에 의해 고안된 씨름기술이라는 것에서 알 수 있듯, 김성률은 항상 노력하고 연구하는 학구적인 씨름꾼이었다. 그의 이런 노력과 연구는 「대학 씨름선수의 체격 및 운동능력 비교」, 「조선후기 민속씨름의 양상에 관한 연구」, 「유도의 안다리 공격에 대한 되치기기술의 연구」, 「씨름경기의 효과적인 지도방법의 연구」 등 그가 남긴 수 편의 학술논문에 고스란히 담겨있다.

　김성률 장사의 우리 민속씨름에 대한 이 같은 노력과 정성에 대해 대한씨름협회는 2004년 최고등급인 '장군' 칭호를 부여했다. 1961년 스승 모희규에 이은 두 번째 장군 칭호다. 또 고향 마산은 그의 이름을 딴 '학산김성률배 전국장사씨름대회'를 2004년부터 열어오면서 그를 기리고 있다. 2016년으로 12회째다. 김 장사는 고향 마산에 대한 사랑이 애틋했다. 그는 은퇴 후 숱한 프로팀 감독 제의를 거절했다. "마산을 연고지로 하는 팀이 창단되면 모를까, 그렇지 않고서는 생각이 없다"라는 말로 감독직을 뿌리쳤는데, 이는 고향 마산의 씨름을 지켜야 한다는 의지의 표현이었다. 대신 그는 마산에서 지도자로 나서 숱한 제자를 길러냈다. 그의 호 학산도 무학산舞鶴山에서 따온 것이다. 그만큼 고향 마산을 아끼고 사랑한 마산의 씨름꾼이었다.

'외교구락부'와 샹하이 박朴
혹은 박치덕

신마산 통술거리 '깡통집' 건너편의 한 건물 1층 통술집에서 나지막이 노래가 흘러나왔다. "황성옛터에 밤이 되니 월색만 고요해/폐허에 서린 회포를 말하여 주노라…" 누군가가 이 노래를 불렀고, 이어 함께 자리를 한 사람들이 하나둘 노래를 따라 부르기 시작했다. 노래는 술집 안을 가득 채우고는 이윽고 거리로 흘러나와 지나는 사람들의 발길을 서성거리게 했다. 이 통술집에 모여 앉은 사람들은 1950년대와 60년대 초반 마산의 문화예술계를 회상하기 위해 모인 사람들이고, 이 술집은 당시 마산의 문화예술계를 꽃피우던 인사들이 드나들던 옛 명소인 '외교구락부'가 있던 자리다. 지난 2009년 2월의 어느 날이다.

김춘수, 김수돈, 이진순, 김남조, 이원섭, 김일규, 정진업, 최백산, 김세익, 김일규, 남윤철, 이광석, 변재식, 이제하, 문신, 강신율, 김해랑, 안윤봉, 조두남, 한하운, 전혁림, 송인식(무순) 그리고 목발 김형윤 등 문학, 음악, 미술, 언론, 사진 등 당시 각계 마산의 문화예술인들의 흔적과 숨결이 녹아있는 곳이 바로 '외교구락부'이고, 이날의 모임은 그 시절을 돌이켜보면서 다시 한번 마산의 문예부흥을 다짐하기 위한 자리였다. 이들 가운데 대부분은 이미 세상을 떴고, 더러는 살아있어도 마산을 떠나있다. 이날 모임에 나온 이들 가운데 당시의 멤버로는 강신율, 이광석, 송인식 등 몇몇이었는데, 송인식도 2013년 별세했다.

이렇듯 마산의 1950, 60년대 문화예술계에서 옛 '외교구락부'가 차지하는 비중은 높다. 당시 마산을 대표하는 문화공간이었던 셈이다. 차를 파는 다방이면서도 고급스런 스탠드바를 겸비해 멋과 풍류가 있었고, 공연과 전시회도 자주 곁들여지던 곳이다. 그리고 2층은 정치, 경제, 문화, 언론계 명사들이 모이는 수준 높은 사교의 장場이었다.

한반도의 끝자락 항구도시 마산에 이런 수준 높은 문화공간이 마련된 것은 한국전쟁에 따른 피난의 도시라는 시대적인 상황이 한몫할 것이다. 하지만 결국 사람이 하는 일이라는 관점으로 보자면 높은 문화적 감각으로 이런 공간을 만들고 가꾼 한 사람의 노력을 도외시할 수 없다. 그가 바로 샹하이 박이라는 닉네임으로 유명한 박치덕(1915-94)이다.

샹하이 박은 1950, 60년대 마산의 문화예술계 어디서나 등장하는 중요한 인물이다. 당대를 함께한 사람은 물론이고 마산의 그즈음 역사에 관심을 가진 마산 사람이라면 그를 알고 기억한다. 그 무렵의 사진에 나타나는 그의 모습 또한 인상적이다. 훤칠한 키에 카이저수염 그리고 깔끔한

'외교구락부'를 운영할 당시 자택에서의
박치덕(라이카 카메라를 목에 걸고 있다).

정장 차림의 모습이 샹하이 박의 트레이드마크다. 그러나 그뿐이라고 할까. 마산의 옛 문화예술계 인사들과 누구보다 큰 교류의 폭을 드리우면서 마산의 문화예술 발전에 크게 기여한 사람이라는 것은 다들 잘 알지만, 샹하이 박이 누구이고 어떤 사람인지에 관해서는 극히 일부분을 제외하고는 알려진 게 없다.

모두들 대충은 안다. 샹하이 박이라는 닉네임에서 뭔가 유추될 수 있듯, 주먹세계에 있던 사람이라는 것, 그러면서 독립운동을 한 협객의 면모를 지녔다는 것, 풍운아로 불리는 김두한과 친분이 있었다는 것, 마산은 피난 내려와 일시적으로 정착하게 되었다는 것, 그리고 문화적 감각이 대단히 뛰어났다는 것 정도다. 이는 대부분 사실이다. 그러나 샹하이 박에게는 이런 속성이 있었다. 자신에 관한 일, 특히 잘한 일, 자랑할 만한 일로 내세워지고 알려지는 것을 극히 꺼려했다는 사실이다. 그의 둘째 아들인 건健을 통해 안 사실이다.

이런 일이 있었다. 한때 의리의 주먹세계를 다룬 영화가 히트를 치던 때, 서울 살던 샹하이 박에게 그의 경험을 바탕으로 영화를 만들자는 제의가 많이 들어왔다고 한다. 그때마다 그는 한사코 거절했다는 것이다. "객기로 한 짓을 뭐하러 만드느냐"며 돌려보냈다는 것.

샹하이 박은 개성 출생으로 어릴 적 서울로 와서 지냈다고 한다. 그리고는 역시 어린 나이에 일본으로 건너갔고, 이어 중국으로 갔다. 샹하이上海의 프랑스 조계지에 살면서 김구 선생을 만난 것으로 전해진다. 김구 선생과의 만남이 곧 그가 독립운동을 한 것으로 엮어지게 되는데, 활동과 관련해 구체적으로 확인된 기록은 없다. 하지만 이는 사실인 것 같다. 김구 선생의 일을 도우면서 맺어진 인연이 후에 김구의 아들인 김신(전 공군참모총장)과도 이어지는 것이 그 반증이다. 김신과는 절친하게 지냈다고 한다. 김신이 출마한 국회의원 선거를 샹하이 박이 돕기도 했다.

주먹세계에 대해서는 아들에게도 구체적으로 얘기하지 않을 만큼 결코 내세우지 않았다고 한다. 그러나 김두한과의 관계는 절친했고 깊었던 것으로 전해진다. 언제, 어떻게 맺어진 인연인지는 알 수 없으나, 나이가 세 살 아래인 김두한은 샹하이 박을 형님으로 깍듯이 모셨고, 샹하이 박도 김두한을 많이 도운 기록이 있다.

김두한이 1965년 제6대 국회의원 보궐선거 당시 용산에서 한국독립당 후보로 출마했을 때, 선거 사무장이 샹하이 박이었다. 이 선거에서 김두한은 당선되는데, 배지를 단지 얼마 안 있다 구속됐다. 바로 '한독당내란음모사건'의 주모로 엮인 것이다. 이때 샹하이 박도 함께 구속됐다. 이 내란사건은 당시 한일협상 반대 여론으로 어려워진 박정희 정권이 궁지를 모면하고자 국가보안법으로 엮은 전형적인 용공조작사건이었다. 하지만 이들은 무죄 판결을 받아 6개월 만에 모두 풀려났다. 샹하이 박의 아들인 건은 당시 어린 나이에 서대문형무소에 투옥돼있던 아버지를 면회 갔던 일을 기억하고 있었다. 이 사건 당시 샹하이 박의 이름은 모두 박치덕으

고급 사교클럽이었던 '외교구락부' 2층의 한때.
서 있는 사람이 박치덕이다.

로 나온다. 공식기록이니까.

샹하이 박은 김두한뿐 아니라 이정재, 임화수, 유지광 등 당대의 주먹들과도 형, 아우 하면서 친하게 지냈지만 사리에 어긋나는 일은 하지 않았다고 한다. 태생적으로 샹하이 박은 그런 일은 꺼려했지만, 의리 앞에서 고민해야 할 일들은 많았던 것으로 전해진다. 김두한과의 인연에서도 드러나지만, 그의 선거를 도운 일과 그 때문에 정치적인 스캔들에 휘말렸던 것이 이를 잘 말해주고 있지 않나 싶다. 김두한을 끝까지 챙긴 것도 샹하이 박이다. 김두한이 말년에 고문으로 인한 후유증에다 중풍까지 겹친 몸으로 가족을 포함해 아무도 거들떠보지 않았을 때도 샹하이 박이 챙겼다. 1972년 11월 김두한이 타계했을 때 장례를 치러준 것도 샹하이 박이다. 그의 이런 의리는 주먹세계에서도 인정하는 바였다. 1975년 그가 환갑을 맞았을 때, 전국의 내로라하는 주먹들이 모두 와 축하해주었다고 전해진다.

샹하이 박은 생전에 자신의 전성시대는 누가 뭐라 해도 마산의 '외교구락부' 시절이었다는 말을 자주 했다고 한다. 그만큼 마산의 그 시절이 좋았다는 것이다. 그가 운영하던 '외교구락부'에는 항시 사람들로 넘쳐

났다. 그는 구락부를 운영하면서 마산항을 드나들던 외국선박의 선장이나 UN군 장교들을 상대로 한 사업에서 적잖은 돈을 벌었다. 당시 구락부의 영어 명칭이 'International Diplomatic Society Club'으로, 지금 봐도 국제적 감각이 물씬하다. 이런 가게 이름을 지을 만큼 영어 감각에도 능통했던 샹하이 박은, 이들 외국

1950년대 외교구락부 건물
(신마산 마산극장 건너편).

인들에게 호방한 성격으로 인기가 많았다. 가난하고 배고팠던 시절, 문인이나 예술가들에게 돈이 있었을 리가 없다. 샹하이 박은 그렇게 해서 번 돈을 마산의 많은 문화예술인들에게 아낌없이 베푸는 데 사용했던 것으로 전해진다. 말하자면 '외교구락부'에는 공짜가 그만큼 많았다는 얘기다. 구락부 당시 샹하이 박은 모친과 장모를 함께 모시고 있었는데, 하루 한 가마니씩의 밥을 모친과 장모가 지어 가난한 문인과 예술가들을 먹였다는 것.

　'외교구락부'에서는 많은 공연과 전시회가 열리기도 했는데, 김춘수 시인이 극본을 쓴 연극 「마의태자」가 초연된 곳이 이곳이고, 조각가 문신이 프랑스 유학에 앞서 가진 첫 작품전이 열린 곳도 구락부다. 이것으로 맺어진 문신과의 인연은 지금 창동문화예술촌 골목에 그림으로 남아 있다.

　샹하이 박의 '외교구락부'는 1959년까지 계속됐다. 그러다 무슨 연유

1972년 위헨리 장례식 때 마산의 문화·예술인사와 함께한 박치덕(뒷줄 왼쪽에서 네 번째).

인지는 모르지만 그해에 구락부를 접었다. 그리고는 자리를 옮겨 지금의 창동 불종거리 코아 자리에 '콘티넨탈 다방'을 열었다. '콘티넨탈 다방'도 '외교구락부' 만큼 마산의 명물이었다고 그 시절을 아는 마산 사람들은 기억한다. 특히 분위기라든가 소품 등의 실내장식이 뛰어나 외지인들이 마산에 오면 필히 거치는 장소로 유명했다. 5·16을 전후한 그 시기에는 군인들, 특히 고급장교들의 출입이 잦았다고 하는데, 이들 가운데는 4·19 직후 진해 육군대학에서 각각 부총장과 총장으로 근무한 10·26의 주역인 김재규와 사건 당시 비서실장이었던 김계원도 있다. 이들과 관련해 전해지는 에피소드 하나.

부산 2군수기지 사령관으로 근무하던 박정희를 중심으로 서로 친하게 지내던 이 둘은 마산으로 와 가끔 술을 먹은 후 '콘티넨탈 다방'에 들르곤 했는데, 어느 날, 거나하게 취한 둘 중의 누군가가 다방에서 서빙을 하던 샹하이 박의 부인을 집적였다고 한다. 이를 본 샹하이 박이 점잖게 타일렀으나 이들의 짓거리가 계속되면서 시비로 번졌고, 이게 격화되는 과정에서 샹하이 박이 누군가에게 주먹을 날렸는데 한 주먹에 그대로 나자빠져 버렸다는 것. 그런데 문제는 주먹을 맞은 둘 중의 하나가 권총을 꺼내들고 노발대발했다는 얘기인데, 사실 여부는 알 수 없지만, 그 무렵을 전후해 둘이 거나해진 상태에서 진해로 가다가 마진터널 못 미친 어느 언덕에서 김재규의 차가 굴러 심한 부상을 입은 것을, 뒤따르던 김계원이 내려가 구해줬다는 얘기가 사실인 것으로 미뤄 당시 상황을 유추해볼 수는 있을 것 같다.

'콘티넨탈 다방'은 1963년까지 그 자리에 있었다. 그러니까 샹하이 박은 1963년 이 다방을 접으면서 마산생활을 청산하고 서울로 올라갔다는 얘기다. 아들 건의 얘기를 들어보면 그 무렵 아버지가 혼자 서울로 올라가는 바람에 가족들이 서로 떨어져 있었다고 한다. 서울로 올라간 것은 앞서 언급했듯 아마도 김두한과의 여러 인연 등에서 유추해볼 수 있을 것 같다. 아들 건은 아버지가 말년에 서울에 있으면서도 마산과 옛 '외교구락부' 시절을 많이 그리워했다고 말했다.

그러나 당시 어린 아들에게 남은 아버지 샹하이 박의 구락부에 대한 추억은 다소 편린적인 것이다. 샹하이 박은 가끔 아들에게 구락부 입구의 글라스로 된 칸막이에 그려진 전혁림 화백의 그림을 얘기하면서 그 시절을 추억했다고 한다.

노동운동과 민간인학살 피해자의 아버지, 노현섭 선생

소담 노현섭(1920-91) 선생을 얘기하기 위해서는 이렇게 시작하는 게 어떨까 싶다. 1960년대 선생의 어렵고 엄혹했던 연금 시절을 가까이서 지켜본 사람의 증언을 통해 들여다보는 것이다. 그 사람은 선생 아들의 동네 친구다. 그 사람의 얘기를 바탕으로 교육과 노동운동, 그리고 민간인학살 피해자를 위해 평생을 헌신한 선생의 어려웠던 생애의 일단을 한번 들여다보자.

"예전, 그러니까 1960년대에 오동동, 지금의 복요리 거리 인근에 노씨 성을 가진 친구 집이 있었다. 친구와는 중학교를 같이 다녔고 후에 고등학교도 같이 다니며 졸업했는데, 그 무렵 선창가 그 친구 집을 자주 들락거렸다. 친구 집은 가난했다. 위로 몇 분의 형님과 아래로 동생을 둔 친

구는 그래서인지 유독 친구들 중
에서 키도 가장 작았고 왜소했다.
기억으로는 그때 친구 집이 상당
히 무겁고 어두운 분위기였다는
것이다.

안방에는 아버님이 계셨는데,
매우 근엄하셨던 것 같다. 그래서
인지 우리들에게 그 방은 들어가
서는 안 되는 일종의 '금지 구역'
이었고, 그 친구 집에서는 떠들면
안 되었던 것으로 기억된다. 친구
아버님을 둘러싸고 수군거림이

1968년 병 보석으로 풀려나왔을 당시의
노현섭 선생.

있었다. 당시로는 듣기에 아주 두렵고 민망한 수군거림이었는데, 그 때문
에 아버님이 집에만 틀어박혀 있다고 했다.

아버님이 계시던 그 방은 밖에서 보기에도 항상 어두웠고, 간혹 아버님
의 가래 낀 기침소리가 들려나왔다. 언젠가 한 번 그 방에 들어가 아버님
에게 절을 올린 적이 있는데, 어느 해 새해 벽두였던 것 같다. 그때 어둠
속에서 본 친구 아버님의 모습도 무척 어두웠다. 남편 수발과 아이들 먹
이고 공부시키기 위해 숱한 고생을 마다하지 않았던 친구 어머님이 갑작
스럽게 돌아가신 것은 그 얼마쯤 후다.

친구 아버님이 어떤 분인지 그때는 몰랐다. 친구도 얘기하지 않았지
만, 뭔가 털어놓고 이야기해서는 안 되는 분위기도 있었다. 그 아버님이

노현섭 선생의 고난의 흔적이 기록된
자필 일기 노트.

어떤 분이고 어떤 일을 하셨는지는 후에 알았다. 지금 생각해보면 참 부끄러운 일이다. 마산의 어른을, 아무리 그때 어린 나이라 하지만 어찌 몰라볼 수 있었을까. 그 어른이 바로 계몽주의와 인본주의 사상을 토대로 마산의 노동운동을 이끌었고, 이승만 정권의 민간인학살 만행을 가장 먼저 폭로해 진상을 세상에 알리고 규명운동을 이끈 노현섭(1920-91) 선생이라는 것을 한참 후에야 알았다."

그 무렵의 노현섭은 박정희의 5·16 군사정부에 의해 강제 가택연금을 당하고 있었다. 강제연금에 앞서 노현섭은 8년에 걸친 옥살이도 겪었는데, 그렇게 한 영어와 감금의 생활이 근 15년이다. 그 세월은 노현섭을 망가뜨리기도 했지만, 자식 등 그 가족이 겪은 피해도 말할 수 없을 것이다. 2010년 이 세상을 이미 뜬 노현섭은 비로소 국가가 그에게 들씌운 멍에를 벗고 국가에 의해 명예회복을 한다.

이른바 '보도연맹' 사건을 중심으로 한 민간인학살 만행의 진상을 파헤치고 피해자의 인권을 되찾기 위한 노현섭의 평생에 걸친 노력은 행동하는 지식인의 올바른 처신이기도 하겠지만 노현섭에게는 어쩌면 운명적인 것인지도 모른다. 그 자신이 이의 피해자였고, 그로 인해 집안이 풍비박산하는 단초가 됐기 때문이다.

"정부는 6·25 당시의 보련(保聯;보도연맹) 관계자의 행방을 알려라! 만일 죽였다면 그 진상을 공개하라!"

　이 통렬한 구호는 노현섭의 것이다. 그는 1960년 5월 24일 이 구호가 적힌 플래카드를 들고 시위에 나선다. 이 몇 마디의 구호가 마산지구의 보도연맹 학살 만행을 밝히고, 가해자를 처벌하고 피해자의 인권을 되찾기 위한 노현섭의 첫걸음이자 공식적인 최초의 흔적이다. 더불어 노현섭의 인권운동가로서의 인생을 결정짓는 단초도 된다. 노현섭은 이에 앞서 4월 말경부터 혼자서 "양민학살 진상규명"이라고 쓴 피켓을 들고 마산시내를 누비는 일인시위를 벌였다고 한다. 이어 5월 30일 노현섭은 신문지상에 다음과 같은 내용을 알린다.

　"6·25사변 당시 보도연맹 관계자로서 행방불명된 자의 행방과 그의 진상을 알고 관계당국에 진정코져하오니 유가족께옵서는 좌기에 의하여 연락하여 주시옵기 자이 경망하나이다./임시 연락사무소: 마산시 중앙동 1가1의 1번지(마산자유노조 사무실내)/신고기간: 자 단기 4293년 5월25일, 지 단기 4293년 5월 31일/필히 인장을 지참하시옵기 바랍니다./단기 4293년 5월 25일 노현섭 謹告"

　노현섭의 이 글이 나간 후인 6월 12일 마산상공회의소 회의실에는 소복을 입은 여인네들과 노인들이 모여들기 시작한다. 모두들 6·25를 전후해 남편이나 아들, 형제를 보도연맹사건으로 잃어 제삿날은 물론 생사여부도 모르고 지내온 피해자 유가족들이다. 이날 노현섭은 매일 쓰던 일기에 "장내는 울음의 바다였다"고 쓰고 있다.

　이날 '마산지구양민학살 유가족회'가 결성되고 노현섭이 회장으로 선출된다. 유가족회는 ▲학살된 자의 법적조치 및 호적정리 ▲학살관계자

마산상공회의소 회의실에서 열린 마산지구 양민학살 유족회 결성식(1960. 6.12). 앞에 서 있는 사람이 노현섭 선생.

의 사법처리 ▲유족에 대한 국가의 보호조치 ▲유골발굴 및 위령비 건립 등 4개항을 결의하고 이를 당시 장면 정부에 건의한다. 이어 8월 27일 마산역 광장에서 1000여 명의 유족들이 참석한 가운데 합동위령제를 연다.

마산지역의 이런 움직임은 전국적으로 많은 관심을 불러일으켰고, 급기야는 10월 20일 전국 규모의 유가족회가 결성됐으며, 노현섭이 회장으로 이 전국 유가족회를 맡아 정부를 상대로 해 사건규명에 나선다. 이 무렵, 마산지역 유가족회는 양민학살에 연루된 자로 전 마산경찰서장 조영운, 전 마산경찰서 사찰형사 구중억, 전 형사 이부종, 전 사찰계장 강상봉 및 정도환, 노장현, 황임규, 전 특무계장 인진영, 전 특무대 상사 노양환 등 11명을 마산지검에 고발한다.

노현섭을 필두로 한 유가족회의 이런 움직임에 대해 당시 장면 정부는 긍정적으로 검토하고 있었다. 노현섭의 아들 치웅은 이와 관련해 "부친이 활동한 유가족회에서 제안한 내용은 당시 정부가 모두 긍정적으로 받아들였다"고 기억한다. 4·19혁명의 분위기는 부당한 국가권력에 의해 저질러진 억울한 민간인학살을 응징하려 했다.

그러나 한 순간 모든 게 수포로 돌아간다. 5·16 군사쿠데타로 군사정부가 들어섰기 때문이다. 군사정부는 노현섭을 정점으로 한 유가족회를 '용공' 단체로 간주한 것이다. 군경이 민간인을 학살한 것은 맞지만, 이를 너무 과대하게 부각시켜 진상을 밝히는 것은 남북대치 상황에서 북한에 동조하는 행위라는 생뚱맞은 내용의 특별법으로 처단코자 나선 것이다. 결국 군사정부는 '특수범죄 처벌에 관한 특별법'이라는, 말도 안 되는 법으로 노현섭과 유가족회 간부들을 군사법정에 세운다. 노현섭은 15년형을 선고받는다. 그리고 8년 정도를 복역한 후 주거가 제한되는 강제연금을 당한다. 감형으로 풀려난 게 1970년대 중반이다. 그러나 옥살이 후유증에 시달리다 1991년 71세의 나이로 세상을 뜬다.

마산시 구산면 안녕리가 본향인 선생은 1944년 일본 중앙대 법과를 졸업했다. 그와 중앙대 동기가 마산고와 제일여고에 오래 봉직하다 2014년 별세한 이봉규 선생이다. 그만한 학벌이면 마음먹기에 따라 시쳇말로 출세의 길로 나설 수 있는 조건을 갖춘 당대의 인텔리였다. 그러나 그는 그런 평안한 삶을 마다한다. 아들 치웅은 그런 아버지에 대해 "부친은 지식인으로서 부채의식이 있었던 것 같다"며 "농·어업 아니면 일이 없는 현실, 제 삯도 못 받는 노동자, 교육도 못 받는 아이들을 위해 할 일을 고민했던 것 같다"고 말한다.

마산으로 돌아온 노현섭은 마산공립상업학교(마산상고, 현 마산용마고)에서 교편을 잡는 한편으로 노동자들과 가난한 학생들의 핍박한 삶에 관심을 갖는다. 특히 바다를 낀 마산은 부두노동자들이 많아 이들을 계몽하고 보살펴야겠다는 생각을 다진다. 그렇게 해서 세운 게 마산고등공민학교(전 마산여상, 현 무학여중)다. 이와 함께 노동자들의 건강을 위한 검진·치료병원인 '노동병원'도 설립해 맡는다.

선생은 그의 학문과 경험을 바탕으로 1950년 본격적으로 노동운동에 뛰어든다. 6·25 이후 3개 부두노조를 통합한 단일지역노조인 대한노총 자유연맹의 마산부두노조 결성을 주도하는 한편으로 마산자유연맹 위원장과 전국자유연맹 위원장으로 마산지역은 물론 전국 노동운동의 주역을 맡아 이끌었다. 그를 두고 마산지역에서 '마산노동운동의 아버지', '마산의 바웬사'로 일컬어지는 것은 이런 배경이 있기 때문이다.

이런 과정에서 6·25의 와중에서 맞닥뜨리게 된 보도연맹 사건은 어찌 보면 운명적인 것이다. 집안의 막내였던 그의 위로 형님과 누님이 계셨다. 형님인 노상도(1911-50) 역시 동래고보와 일본 와세다 대학을 나온 인텔리였다. 노현섭은 중앙대학을 다니던 시절, 형님과 같이 지낸 것 같은데, 그와 관련해 전해지는 기록은 없다. 다만 노상도가 독립운동을 했다는 사실과 노현섭이 그런 형님을 도왔다는 전언은 있지만, 이 또한 구체적인 기록은 없다.

노상도는 귀국 후 마산고등학교 수학선생을 한다. 그러던 중 6·25전쟁이 일어났고, 보도연맹 사건에 동생인 노현섭과 함께 연루된다. 노상도는 처형되는데, 그에 대한 마지막 기록은 당시 사찰당국의 호출로 시민극장에 불려나갔다는 것이고, 그 후 감금된 것밖에 없다. 어디론가 끌려가 처형된 것이다. 노현섭도 그랬다. 그도 트럭에 실려 어디론가 끌려가다가 용케 탈출했고 그래서 처형을 모면하고 살아난 것이다. 노현섭이 보도연맹 사건과 관련한 민간인학살 만행에 분기해 진상규명 등에 앞장서다 그게 빌미가 되어 불행한 삶을 맞은 것은 이런 슬픈 가족사도 함께한다.

선생은 자신이 죽은 후 근 20년이 지난 2010년 6월 법원의 재심으로 무죄를 선고받는다. 그나마 노무현 정부의 '진실, 화해를 위한 과거사정리기본법'이 있었기에 재심이 가능해진 결과였지만, 따지고 보면 부당한 국가권력에 의해 저질러진 범죄에 대한 단죄가 아닐 수 없다. 그러나 너무 오래 걸렸다. 반세기만의 반전 아닌가. 법률적으로 죄가 벗겨졌다 하겠지만, 그가 보낸 그 긴 고통과 고난의 세월이 그로써 보상받을 리가 없다. 그래서일 것이다. 선생을 추모하는 마산 사람들의 마음들이 많이 모여지고 있다. 2010년 '노현섭선생기념사업회'가 결성됐고, 매년 추모식도 열린다. 2014년 10월에는 노현섭 선생이 생전에 쓴 육필일기를 엮어 『민족이여 겨레여』라는 제목으로 책이 나왔다.

"嗚呼! 민족이여 겨레여 암흑의 고통을 잊어서는 안돼/민족이여 겨레여, 어제의 신음을 잊어서는 안돼!/선조들께서 잘못 이어받은 36년간의 어제의 신음을!/우리 후손들에게 물려줄 수 없어, 절대로!" (선생의 1945년 8월 15일자 일기)

싸움과 무도舞蹈의 '달인',
안무중

싸움질을 잘하는 사람이 있다. 두 부류로 나눌 수 있겠다. 타고 난 싸움꾼이 있을 것이고, 꾸준한 연습과 경험의 결과로 싸움을 잘하는 사람이 있을 것이다. 우리나라 주먹계의 타고난 싸움꾼으로는 시라소니로 불렸던 이성순과 김두한이 꼽힌다. 이 두 사람 가운데 누가 더 싸움을 잘했는가를 두고 논란이 있는데, 전해지는 얘기로는 한 판 붙었다는 설과 붙기 전에 쌍방이 그만뒀다는 설 두 가지가 전하는데, 확인된 바는 없다.

드라마「야인시대」에서는 김두한이 싸움을 피한 것으로 나오는데, 사실과는 다르다고 한다. 여러 관점이 있겠으나 일 대 일의 싸움꾼으로는 시라소니가 당대 최고였고, 발차기로 상대를 일시에 제압하는 싸움기술은 김두한을 당할 사람이 없었다고 전해지는데, 싸움은 상대적이라는 것을 감안하면 둘이 직접 겨루지 않는 한 우열을 가리기는 좀 어려운 것이 아닌가 싶다.

해방을 전후한 마산의 그 시절에도 싸움을 잘 하는 주먹들이 많았다. 그 무렵의 주먹은 지금처럼 조직폭력배가 아니라, 혈기방장의 청년학생들이 힘을 가려 우열을 다투었는데, 당시 마산상업학교(현 용마고)와 마산고에 다니던 고등학생들이 그 주역들이다. 지금껏 회자돼 오고 있는 당시의 마산 주먹으로는 5년제 마산중에 다니던 이현만과 권투를 한 조칠성, 김대성(마고 10회), 조일남과 이남 형제, 손성환, 마산상고에 다니던 이형도(별명 '깨도'), 야구선수 출신의 고봉덕, 유도를 한 강선규 그리고 일본에서 태어난 안무중이 있었다. 이들 학생 외에 안호산, 안해원을 비롯해 그 조금 뒤 세대인 구달웅과 박정한도 한 주먹들 한 것으로 전해진다.

그 시대를 그들과 함께 살았던 사람들의 얘기를 종합해볼 때 이들 가운데 가장 센 주먹으로 꼽히는 인물은 누구일까. 이구동성은 아니지만, 제일 많이 거론되면서 최고의 근사치로 꼽히는 주먹이 안무중이다. 현재 경기도 용인에서 구순에 가까운 나이지만 아직도 건강하게 생활하고 있는 안무중은 그의 주먹인생에 버금가게 인생역정 또한 다채롭다.

일본에서 태어난 안무중은 해방과 함께 고향인 함안의 인근인 마산으로 돌아온 귀환동포다. 그의 아버지인 안정익은 아직도 함안 사람들에게 회자되고 있는 사람이다. 고향 함안에 큰 땅을 희사해 함안 사람들이 그 땅으로 과수원과 농장을 경작해 먹고 살게 했으며 지역에 서촌국민학교를 세우는 등 교육사업에도 큰 업적을 남겼다. 함안에 안정익을 기리는 공

안무중 선생.

덕비 2개가 세워진 것도 그의 이런 지역을 위한 선행 때문이다.

안무중은 그때 나이 17세로 마산에 오자마자 학업을 계속하기 위해 5년제 마산상업중(마산상고) 2학년에 편입하는데, 그 때부터 그의 주먹이 슬슬 빛을 발하기 시작했다. 그 무렵은 해방공간에서 이념적으로 좌·우가 대립하던 시절이라 주먹도 그런 포맷으로 양분되는 양상을 보였는데, 안무중은 우익 편에 있었다고 한다. 안무중이 얼마나 싸움을 잘했는지는, 당시 그가 벌인 싸움에서 한 번도 패한 적이 없어, 학교에서는 그를 모르면 그 학교 학생이 아니라는 말이 나돌 정도였다는 데서 알 수 있을 것 같다.

안무중은 일본에서 복싱을 좀 익힌 탓으로 학교에 편입하자마자 권투부에 들어갔는데, 복싱도 그 나름의 독특한 자세였지만, 워낙 싸움 솜씨가 좋아 권투부 선배들도 함부로 다루질 못했다고 한다. 그는 링에서 스파링이나 연습게임을 할 때도 본류 권투보다는 자유형의 싸움권투로 일관해 사람들을 웃겼다.

그가 마산에서 학생주먹으로 날리던 시절은 그리 길지 않다. 학교를 3년간 다니다 다시 일본으로 돌아간 탓이다. 그러나 짧은 시간이었지만, 그는 싸움 하나로 마산의 당대 주먹을 제압함으로써 강한 인상을 남겼다. 당시 마산에서는 각 학교의 주먹들이 누가 센지를 다투는 일 대 일의 싸움이 간혹 벌어지곤 했는데, 이 싸움에서 안무중은 단 한 번도 패한 적이 없을 정도로 주먹이 강하면서 빠르고 날렵했다.

안무중은 해방 직후 마산의 학생권투계를 주름잡고 있던 마산고의 대표급 주먹인 김 모를 신마산의 장군교로 불러내 30분간의 혈투 끝에 KO로 제압하기도 했고, 마산고 야구선수 출신의 고 모와도 한판 대결을 벌인 끝에 일방적으로 승리, 항복을 받아내기도 했다. 또 마산 당대의 씨름꾼인 박 모를 당시 마산 동東병원 앞 골목에서 때려눕히는 등 당대 마산 주먹세계의 일인자로 부상했다.

그는 또 싸움꾼에 걸맞은 성격의 소유자였다. 불의를 보면 참지 못하는 성격이 다분했었기도 하지만, 묘한 구석도 있었다. 이를테면 누구의 힘이 좋고 싸움 솜씨가 대단하다는 소문을 들으면 어떤 계기를 마련하건 기어이 일전을 치러 승부를 내곤 했다는 것. 그래서 그의 이런 성격과 싸움 솜씨는 마산뿐 아니라 인근의 진주, 부산, 대구 등지까지 알려졌었다고 한다. 그가 싸움을 얼마나 잘 했는지는 그가 당시 좌·우 학생대립 속에 좌익주먹이 득세한 마산고에 이영도와 함께 '전략 전학'을 해 그들을 제압한 사실에서도 잘 드러난다. 그러니 그는 마산상고와 마산고를 동시에 다닌 학력이 있는 셈이다.

안무중은 1955년 일본에서 학업을 마쳤다. 일본대학 예술학부를 졸업한 그가 전공한 것은 아이러니컬하게도 싸움꾼과는 전혀 어울리지 않는 '춤'이다. 당시 일본서 붐을 타던 볼룸댄스(댄스 스포츠)를 전공한 것이다. 볼룸댄스는 일반 사교춤과는 구분되는 '경기 무도competition dance'의 주류를 이루는 춤이다. 그는 싸움과 함께 춤에도 천부적으로 타고난 소질을

안무중이 건전 춤 보급 30년과 관련해
『동아일보』와 가진 인터뷰기사(1983. 4. 29).

가진 것으로 보인다.

일본대학을 졸업한 후에도 안무중은 일본 볼룸댄스의 유명한 지도자를 찾아다니며 춤을 익히는 한편으로 각종 대회에도 참가해 이 분야에서 명성을 쌓아갔다. 안무중은 일본에서 볼룸댄스를 배우고 익혀 '전 일본 무도경기선수권대회'에서 1종목 우승과 '일본학생무도경기선수권대회' 준우승 등 각종 볼룸댄스 경연대회에서 입상하면서 일본 무도계에 이름을 떨쳤다. 1970년대에 한국으로 돌아온 그는 당시로서는 국내에 생소했던 볼룸댄스를 알리고 발전시키는 일에 종사했다. 그럼으로써 그는 싸움과는 벽을 쌓는 일종의 변신을 꾀한 셈인데, 그렇다고 그의 싸움 솜씨가 어디 갈 리가 없다. 그로부터 직접 전해들은 아래의 싸움 이야기에서 귀국 후에도 그의 싸움 솜씨가 녹슬지 않았음을 알 수 있다.

1960년대 초 안무중은 잠시 서울 남대문시장에서 살았다고 한다. 시장에서 주전부리와 술을 파는 어느 좌판가게의 아주머니와 알고 지냈다. 어느 날, 시장상인들을 상대로 못된 짓을 일삼는 양아치 서너 명이 아주머니의 좌판가게에서 무전취식을 하면서 행패를 벌이고 있었다. 그 소식을 전해들은 안무중이 나타났다. 체구도 조그만 안무중은 누가 보더라도 덩치 큰 양아치들의 상대가 될 수 없었다. 그러나 단 3분 만에 승부가 났다.

양아치들 중 두 명은 큰 대짜로 뻗었고, 나머지 두 명은 혼비백산해서 줄행랑을 놓았다. 이 싸움으로 안무중은 남대문시장에서 널리 알려졌으나, 결국 그 때문에 남대문을 떠났다고 한다.

  그 이후로 안무중이 싸움을 벌이거나 싸움에 뛰어든 적은 없었던 것으로 보인다. 그는 인생의 중·후반부를 오로지 건전한 볼룸댄스를 보급하고 발전시키는, 그의 말마따나 '외로운 일'에 전념했다. 한국에서 그는 '한국예술무도협회' 결성을 주도하면서 심사위원 등을 맡아 맹아萌芽 수준의 우리나라 댄스 스포츠를 육성하고 대중화시키는 노력을 경주했다.

  그가 이 일에 종사하면서 가장 중점을 뒀던 부분은 볼룸댄스를 가르치는 지도자의 국가 자격검정의 필요성이었다. 건전한 볼룸댄스를 온 국민이 즐기고 수준을 높이기 위해서는 난립하는 비리 투성이의 사설단체를 배제하고 영국이나 일본 등 선진국처럼 국가에서 법과 기준에 따른 검정제도를 관장하면서 지도자를 배출해야 한다는 주장이다. 이를 위해 안무중은 관계당국을 상대로 많은 노력을 기울였다. 이와 함께 신문과 방송을 통해 볼룸댄스의 대중화와 함께 건전한 춤의 중요성을 알리면서 춤에 대한 인식을 바로잡기 위한 방안 등을 줄기차게 제시해왔다.

  이런 측면에서 안무중은 싸움과 무도舞蹈의 달인이랄 수 있을 것 같다. 하나는 격투고 하나는 예술이라는 차원에서 이 둘은 전혀 다르다. 하지만 둘 다 몸을 움직인다는 관점에서 보면 관련이 전혀 없는 것만은 아닌 것 같다. 안무중의 체구는 그리 크지 않다. 나이 구십을 목전에 둔 노인이지만 아직도 그는 날렵해 보인다. 장년의 그의 모습에 관해 오래전 마산상고 교지校誌『용마』에 안무중에 관한 글이 나온다. 그때는 장년의 나이였을 것이다. 그의 용모와 관련해 "코가 좀 큰 편이고 눈망울이 역시 크고 서글서글하여 호남으로 보인 보통 키의 다부진 몸매"라고 언급하고 있다. 지금 현재 그의 모습과 별반 차이가 없다.

안무중은 그의 전력과 그를 지켜본 사람들의 증언으로 미루어 타고난 싸움꾼으로 보이지만, 그렇게 싸움을 잘한 배경에는 '비결'이 있었다. 그가 말한 그 비결은 바로 '연습'이었다.

"연습의 결과입니다. 매일매일 연습을 했었지요." 싸움을 위한 그 연습은 거친 일본생활에서 터득한 하나의 기본이었다. 조선인으로 일본에서 태어나 거친 차별의 일본사회를 살아가려면 자신을 지키는 자기방어 수단으로서의 힘과 싸우는 주먹기술이 필요했을 것이다. 그래서 초등학교 때부터 밥 먹는 것과 잠자는 시간을 빼고는 한시도 쉬지않고 몸과 주먹을 단련시키는 연습에 매달렸다는 것이다. 그렇게 단련된 몸과 주먹으로 도쿄, 신주쿠 등에서 일본 건달들과 거의 매일 결투를 벌여 싸움기술을 쌓아 나갔고 그게 한국으로 돌아와 '빛'을 발했다는 얘기다.

노년의 안무중은 그러나 자신의 싸움에 관해서는 말을 아낀다. 그게 무슨 자랑거리냐는 얘기다. 이즈음 그의 관심사는 첫째도 둘째도 볼룸댄스다. 노년의 나이지만, 이 일에 관한 한 아직도 그는 '청년'이고 할 일이 많다.

안윤봉安允奉을
아시나요?

1945년 해방 이후 마산 근·현대사가 거론되는 행간에 자주 등장하는 인물이 나온다. 안윤봉(安允奉, 1926-83)이라는 이름이다. 특히 문화예술분야에 많이 나타난다. 그 시대를 살았던 마산의 몇 안 되는 나이 지긋한 분들에게 물어보면 안다는 사람과 잘 모른다는 사람 반반이다. 안다는 사람들도 반반으로 나뉜다. 좋게 보는 이와 부정적인 시각이 그것이다. 이들이 안윤봉에 대해 하는 말은 대충 이렇다. 마산의 문화와 예술을 위해 일한 사람이라는 것. 그리고 술 좋아하고 음악 좋아했던 사람이라는 것.

안윤봉에 대한 공식적인 기록도 물론 있다. 통합 창원시에서 내놓은 자료에 그는 '마산의 문화예술 발전에 헌신한 인물'로 나와 있다. 지역매체

들도 이를 확인하고 있다. 안윤봉은 1950년대 마산지역 문화단체의 결성을 주도, 1970년대 후반까지 '마산문화 부흥기'를 이끈 사람들 중 한 명으로 평가 받는다고 한다.

안윤봉은 1955년 마산의 문화예술을 발전시키기 위한 '마산문화협의회'를 만들어 초대와 2대 회장을 지낸다. 이 시기 국내 최초의 지역문화연감인 『마산문화연감』을 두 차례(1956, 1957년) 발간했으며, 1956년 10월에는 마산종합문화제(항도제)를 사비로 충당해 개최한다. 그는 또 그 무렵 클래식음악 전문의 '비원 음악감상실'을 손수 운영하면서 클래식음악을 마산에 널리 전파한 인물로도 꼽힌다. 경남민예총이 지난 2009년 '마산의 문화인물 1호'로 선정해 문예아카데미를 개최한 것도 그의 이러한 마산 문화발전에 끼친 공로를 감안한 것이 아닌가 싶다.

이런 측면과 함께 안윤봉을 술수가 매우 능한 정치적인 인물로 보는 시각도 있다. 이런 시각은 그에 대한 일종의 부정적인 측면인 셈이다. 그리고 그가 "잔재주가 많고 머리가 비상해" 오래 경리과장으로 근무한 동양주정에서 돈을 많이 벌었고, 그 돈을 향유하는 과정에서 음악과 미술 등 마산 문화예술의 일정 부분에 기여했다는 증언도 나온다. 이런 시각은 안윤봉이 원래 문화예술인이라기보다는 정치이념에 관여했으며, 어떤 시련에 부닥치고 이를 나름 극복하는 과정에서 불가피하게 변신한 게 아닌가 하는 추측을 낳게 한다.

그의 이런 행적은 곳곳에서 감지된다. 경남 의령의 천석지기 집안에서 태어난 안윤봉의 최종학력은 경성고등상업학교로 나와 있으니, 지금 서울대 상대의 전신이다. 1943년 마산공립상업학교(마산상고)를 졸업하고 진학한 이 학교에서 졸업은 하지 못하고 귀향한 것으로 전해지는데, 아마도 집안 문제 때문이었던 것으로 보인다. 그가 마산으로 내려와 첫 직장으로 잡은 곳이 조선식산은행 마산지점이고 이곳에서 그는 주임으로 근무한다.

여기서 안윤봉은 노조결성을 주도했다는 증언이 있다. 일제가 노조를 좌익이념의 결성체로 보고 단속하던 때다. 아마도 이 무렵 안윤봉은 좌익이념에 경도돼 있지 않았나 싶다. 조선식산은행에서의 그의 행적은 딱 이 한 부분밖에 전해지지 않지만, 이를 유추해 그를 좌익계열로 보는 시각이 생겨나는 단초가 된다. 그렇다고 그가 공산당 등 정당 활동에 적극적으로 관여했다는 기록은 알려진 게 없다.

그는 조선식산은행에서의 노조결성 주도로 일제의 감시대상에 올랐을 것이고, 이 자료는 해방 후 고스란히 미 군정청과 경찰에 이첩됐을 것이다. 이로 인해 그는 큰 곤욕을 치른다. 수배자 생활도 했다고 한다. 일제 강점기 때의 좌익 활동은 해방 후 남로당과의 연계로 이어지는 의심을 받을 시기이고 정국이다. 안윤봉이 보도연맹과 연계된 것도 아마 이 때문일 것이다. 6·25전쟁 발발 후 마산지역의 보도연맹 양민학살사건에서 안윤봉도 곤욕을 치른다. 이 과정에서 구사일생으로 살아남는데, 동생이 그를 대신해 죽었다는 얘기도 있고, 일본인으로 행세해 죽음을 모면했다는 설도 있다. 아무튼 그는 그 지옥 같은 학살현장에서 살아남는다.

안윤봉은 이렇게 구사일생으로 살아남는 과정에서 어떤 형태로든 사상전향의 고백을 했을 것이다. 이렇게 추측되는 것은 그 후 그의 행로다. 그의 행로는 좌익 활동으로 인해 자신에게 부과되는 여러 형태의 시련,

말하자면 '레드 콤플렉스Red Complex'를 극복해 나가는 여러 역경으로 점철돼 있다. 이런 관점에서 그의 집권세력에의 집착이나 문화예술 활동, 그리고 말년의 우익활동 등도 그의 레드 콤플렉스 극복의 일환일 수도 있다는 것이다.

안윤봉은 6·25 후 자유당 정권에 참여한다. 1952년 4월에 자유당 마산시당부 결성준비위가 구성되는데, 이에 뜻을 함께하다 54년 김종신이 위원장이 된 연차대의원회의에서 문화부장으로 선임된다. 이 무렵 그는 동양주정공업주식회사에 몸담고 있었는데, 이 회사의 사장이었던 김봉재와 중역이던 정현모 등과 함께 참여한다. 그리고 이어 1956년 11월에는 자유당 경남도당 조사부장 및 문화부장, 그리고 1958년 9월에는 조직부장을 역임하는 등 당시 이승만 권력의 총산인 자유당에 계속 복무한다.

자유당 시절인 1960년 1월 어느 날의 『동아일보』에 이런 기사가 나온다. 안윤봉이 자유당 간부를 폭행했다는 것이다. 안윤봉이 오동동 '마산별장'에서 자유당 시 간부 십여 명과 회합 중 당 간부인 박계진과 언쟁을 벌이다 박계진을 구타, 전치 3주의 부상을 입혔다는 것인데, 그만큼 안윤봉의 자유당 경남도내의 위세가 셌다는 반증이 아닌가 싶다.

이 무렵, 그의 좌익경력 논란이 제기된다. 이 대목에서 안윤봉의 남로당 연계경력이 약간의 설득력을 갖는다. 1959년 4월 안윤봉이 민의원인 손영수를 명예훼손으로 고소한 것인데, 『경향신문』 4월 6일자는 안윤봉이 자신을 남로당계열이며 (자유)당을 공산당화하려고 책동했다는 발언을 한 손영수를 고소했다고 보도하고 있다. 이 고소가 어떤 형태로 귀결됐는지는 알 수 없지만, 아무튼 안윤봉의 사상 전력을 둘러싼 논란은 계속 그를 레드 콤플렉스의 궁지로 몰아간 것만은 확실해 보인다.

레드 콤플렉스의 행태는 궁극적으로 권력집단에의 추파다. 권력에 빌붙어야 살아남을 수 있다는 절박성의 한 표현이다. 안윤봉의 이런 행태는 자유당정권이 붕괴된 후 들어선 박정희의 5·16군사정권, 그리고 이를 바탕으로 한 공화당정권으로까지

1970년대 안윤봉 모습.

이어진다. 1963년 1월 옥종수, 한태일, 김학득 등 마산의 지역유지들과 함께 '5·16군사혁명정권 지지성명'을 발표한다. 그러나 그가 공화당에 참여했다는 기록은 없다.

이 무렵 그는 서울로 올라가 서울신문에 몸담았다는 기록이 있다. 직책은 총무국장으로 나온다. 그 무렵 사장으로 있던 마산 출신의 김종규가 불러 올렸다는 전언이 있는데 확실치는 않다. 안윤봉이 아마도 서울신문에 계속 있으면서 서울에 머물렀다면, 마산과의 인연은 그로써 끝이 날 수도 있었을 것이다. 그러나 그런 팔자가 아니었던가 보다. 그는 다른 일반회사 한 곳을 거친 후 다시 마산으로 내려온다. 1970년인데, 경남매일신문사에 입사한 것이다. 그의 나이 44세 때이니 늦은 나이에 고향의 신문사로 내려온 것이다. 그가 고향의 언론사로 내려온 게 자의에 의한 것이 아니라는 얘기가 많다. 안윤봉 생전 시 누군가 들은 얘기와 전해지는 얘기로는, 당시 마산의 실력자인 박종규가 마산의 매스컴을 장악하면서 그럴듯한 중앙 언론인을 물색하던 중 안윤봉을 찍었다는 것이고 그래서

안윤봉은 1951년 6월에 출범한 한국예술문화단체총연합회
(예총) 마산지부 결성과 활동에도 적극 관여했다.

거진 반강제적으로 내려오게 됐다는 것이다. 여기서 다시 레드 콤플렉스의 어두운 그림자가 한몫했을 것이란 생각이 든다. 권력자에 빌붙어야 살아남는 것이니 권력자가 시키는 대로 해야 한다는 것 아니겠는가.

마산에서 언론인으로 생활하면서도 그의 레드 콤플렉스는 계속됐을 것이다. 신문사에서 주는 쥐꼬리만 한 월급으로 생활은 여유롭지 않았다. 술 좋아하고 사람 좋아하니 호주머니에 돈이 남아 있을 리 없었다. 그라고 왜 넉넉하고 안온한 삶을 꿈꾸지 않았을까. 그러나 현실은 그렇지 못했다. 빚이 쌓여가는 상황에서 급기야는 애지중지하며 평생을 모아온 1만여 장의 레코드판까지 처분하는 지경에 이른다. 그리고 또 그만한 분량의 장서도 그 무렵쯤 해서는 좁은 집만 못쓰게 만드는 애물단지로 전락해가고 있었다.

1977년이면 그가 마산서 다시 생활한지도 얼마간의 시간이 지난 시점이다. 그 무렵 신문사에서 그를 만나 가깝게 지낸 사람이 있다. 그에 따르면, 안윤봉은 마산 사람으로서의 문화예술적인 면모와 함께 좌익전력에 따른 레드 콤플렉스의 슬픈 모습을 함께 나타내며 살았다고 한다. 음악과 문학, 정치 등에 대한 해박함에선 호방한 모습이었지만, 권력기관에 있던 사람들 앞에서는 꼬랑지를 내리는 이중적인 태도가 안윤봉의 이를테면 트레이드 마크였던 셈이다.

당시의 권력기관이라면 중앙정보부나 반공연맹 등이다. 그곳 마산분실에 근무하던 사람들은 안윤봉을 아무렇게나 대놓고 하대했다고 한다. 아무리 농담이고 재미로 하는 것이라고 하지만 보기에 그 도가 심했던 모양이다. 그로 인해 그 사람이 동석한 자리에서 안윤봉 편을 들면서 그들과 시비가 붙기도 했는데, 그때마다 안윤봉은 그의 따귀를 때리는 등으로 무섭게 질책했다고 한다.

신문사에서 기획실장으로 있었지만, 신문에 글도 많이 썼다. 흘러간 외국영화를 해설한 '흑과 백'은 인기리에 읽혀진 연재물이었다. 가끔 사설이나 칼럼도 썼는데, 주로 북한을 비난하는 반공反共 성향의 글을 전담했던 것 같다. 아무리 사상전향을 했다고 하지만, 쓰기 싫은 글이었을 것이다. 그래도 안윤봉으로서는 써야만 하는 처지가 아니었던가 싶다. 당시 그 사람이 그를 보고 느낀 것은 사상과 이념에 있어 완전한 전향이 있을 수 있을까 하는 점이다. 사상과 이념은 궁극적으로 양심에 기반하는 것이라는 점에서, 사상전향이라는 것은 행정적인 용어가 아니겠냐는 것이다. 말하자면 사상과 이념은 아무리 전향을 했다고 하지만 그 속내는 어떤 지점에서 문득문득 드러내어지는 속성이 있을 수 있다는 관점에서다.

이와 관련해서 언젠가 이런 일이 있었다. 안윤봉이 잘 다니던 월남다리 옆 화신순대집에서 함께 술을 마시는데, 엉겁결에 그 사람이 무슨 말끝에 '이스크라Iskra'라는 말을 꺼냈다가 사단이 났다. 얼큰해져있던 그가 갑자기 "아, 불꽃, 불꽃"이라며 소리쳤다. 이스크라는 러시아말로 불꽃이라는 뜻인데, 러시아공산당 기관지의 명칭이 이스크라였고, 그걸 무슨 얘기 중에 입에 담은 게 안윤봉의 뇌리를 때렸던 모양이다. 그 말 한마디로 그는 완전히 다른 사람이 돼 있었다. 러시아공산당과 레닌에 관한 얘기가 그의 입에서 실타래 풀리듯이 흘러 나왔다고 한다.

안윤봉의 말년도 철저한 '반공 투사'로서의 모습이었다. 1978년 국회도서관의 의뢰를 받아 「북괴의 문화예술정책」이라는 글을 썼고, 1970년 말 신문사의 '통일문제연구소'를 맡아 북한의 정책을 비판하는 글을 소개하고 발표한다. 1980년대 초인가 그 사람이 안윤봉과 주고받은 편지에는 그가 당시 통일원의 무슨 프로젝트를 맡아 일한다고 했는데, 역시 주제는 북한의 정책을 비판하는 것이었다. 안윤봉이라고 북한의 정책을 연구하고 비판하는 일을 하지 말라는 법은 없다. 그러나 그의 이런 작업에는 뭔가 묘한 페이소스가 느껴진다. 사상전향자로서의 레드 콤플렉스가 느껴지는 어떤 그림자 같은 울적함이다.

이에다 경제적으로도 무척 궁색했던 것으로 전해진다. 형편이 어려우니 자연 빚도 많이 지게 됐다. 자산동 집에 있던 많은 장서와 레코드판은 그때 이미 빚값으로 모두 내다 팔렸고, 처와 자녀들도 어려운 생활을 영위했다고 한다. 거기다 말년에 얻은 병은 안윤봉을 쓸쓸한 죽음으로 몰아갔다. 그가 인곡 공원묘지에 묻힌 사실도 근자에 그에 대한 재평가가 일면서 알려졌다.

영원한 마산 '춤꾼' 김해랑

마산은 '예향'이다. '예향'이라 함은 문화예술의 고향이자 터전이라는 뜻이다. 그 터에 문화예술을 꽃 피우고 아름다운 향기를 풍기게 한 예인들 또한 예향의 범주에 마땅히 속해야 하는 것은 불문가지일 터. 마산은 특히 이런 문화예술인들이 많았고, 지금도 많다.

문학에서 이은상, 김상옥, 김춘수, 정진업, 천상병, 이제하 등의 문인들이 문향의 숲을 이루고 있고, 음악에서는 조두남, 이수인 등이 그 빛을 발하고 있다. 미술에서는 문신이 우뚝하게 추산동 언덕배기에서 그 그림자를 짙게 드리우고 있다.

여기에 한 분야와 한 사람을 보태보자. 우리 춤과 현대 춤, 이를 포괄하여 한국무용의 기틀을 잡은, 한국무용의 선구자로 꼽히는 김해랑(1915-

김해랑 선생(1915-69).

69)도 마산 사람이고, 마산의 출중한 예인으로 결코 빠질 수 없는 인물이다. 그는 육십을 못 채운 일생을 오로지 춤 하나에 온몸을 던져, 춤만을 보고 살아온 예술가의 진실된 풍모를 지녔던 인물이다.

그가 세상을 뜬 1969년 7월, 그의 장례가 예외적으로 마산 시민장으로 치러진 연유가 어디에 있겠는가. 김해랑은 한국 무용의 선구자였지만, 마산을 누구보다 아끼고 사랑했다. 그의 이른 죽음에 마산 시민이 발 벗고 나서 초상을 치른 것은 그 때문이다.

오로지 춤만 보면서 그 한 길을 살아온 그는 우리나라 현대무용의 선구자였으나, 그가 추구해온 춤의 경향은 어디까지나 민족적 정서를 담은 우리 고전 춤이 바탕이다. 그가 즐겨 추었고, 그의 대표작으로 꼽히는 「아리랑」은 우리의 민족적 정서가 깃든 우리 춤에 민족적 울분을 더한 작품으로, 김해랑이 춤을 통해 나타내고자 하는 정서를 단적으로 표현하고 있는 걸작이다. 1957년 강남극장에서 이 춤을 춘 김해랑은 일본 유학시절 느꼈던 민족의 울분과 한을 풀듯 춤을 추었다고 한다.

김해랑의 집안은 대대로 마산에서 살아온 토박이다. 1915년에 태어난 그는 어릴 때부터 춤추기를 좋아했다고 전해진다. 선창가 부잣집의 1남2녀 외아들인 그는 부모의 기대를 담뿍 받으면서 큰다. 완고했던 부모는 해랑이 춤에 재능이 있다는 것을 알았지만, 그 방면으로 나가는 것을 원치 않았다.

　마산공립보통학교(현 성호초등학교)를 졸업한 해랑이 부산의 동래고보로 진학한 것은 부모의 그런 기대감을 반영한다. 그러나 해랑은 춤을 멈출 수 없었다. 그래서 일본으로 유학을 떠난다. 부모에게는 아마도 다른 공부를 하러 간다며 속였을 것이다. 뒤늦게 이를 알고 그의 막내 삼촌 김준영(초대 마산어업조합장)이 가족회의 결정에 따라 세 번이나 일본으로 건너 가 데려오려 했으나 그의 뜻을 끝내 꺾지 못했다.

　이런 와중에서 해랑이 일본에서 니혼日本대학 예술과를 다니면서 그 무렵 일본 최고의 현대무용가 이시이 바쿠石井漠와 다카다 세이코高田聖子를 만난 것은 그의 운명을 결정짓게 하는 단초가 된 게 아닌가 싶다. 해랑은 이들의 문하생이 되어 현대무용을 배우는데, 아마도 물 만난 고기처럼 춤을 익혔을 것 같다. 그는 동래고보를 다닐 적에 이미 동래야류 덧배기 춤 등 우리 춤의 전통가락이 몸에 배인 상태라, 이를 바탕으로 익혀가는 현대무용은 스펀지에 물 스며들 듯 했을 것이다. 또한 해랑은 같은 문하생이었던 최승희의 춤에 대한 열정과 기량에 매료돼 그녀로부터도 춤을 배운다.

　김해랑은 1939년 귀국한다. 그 과정에서 그의 '춤꾼'으로서의 처지, 그리고 이를 바탕으로 한 생활과 관련해 가정적으로 불화와 좌절을 겪는다. 해랑은 가족들의 이런 실망과 냉대를 온몸으로 겪어야만 했다. 그의 아버지 김두영은 마산 어시장에서 객주로 큰돈을 번 사업가였고, 동생들인 한영, 기영, 준영도 모두 부자였으니 장손인 해랑에 대한 기대가 컸을 것이다. 그러니 '춤꾼 장손'에 대한 아버지와 삼촌들의 실망이 오죽했을까. 해랑이 1939년에 귀국한 것도 아마 자의보다는 타의에 의했을 가능성이 크다.

한국으로 돌아온 김해랑은 그래도 오로지 춤이었다. 모든 게 어려웠지만 귀국을 함으로써 오히려 모국이라는 자리가 펼쳐진 셈이라고나 할까. 모국으로 돌아오면서 김해랑의 춤 인생은 본격적으로 시작된다. 귀국 그해 서울 부민관에서 열렸던 전국무용경연대회에 출전해 「애수의 선자」라는 작품으로 고전무용 부문 특별상을 수상하면서 그 재능이 국내적으로 크게 알려지게 된다.

해랑은 이어 고향 마산에서 '김해랑무용연구소'를 차린다. 자신의 연습 공간 확보와 함께 제자들을 양성하기 위해서다. 이 무렵 후에 중견무용가로 명성을 떨치는 최현(전 국립무용단장), 정민(일본에서 활동) 등이 제자로 들어온다. 이후 그는 1950년 한국전쟁 발발까지 서울과 마산을 오가며 무용 활동과 후진 양성에 주력한다.

이 무렵 그는 잠시 영화에도 뛰어든다. 마산영화인들에 의해 만들어진, 마산을 배경으로 한 극영화 「삼천만의 꽃다발」 제작을 적극 지원한다. 그의 스토리텔링을 바탕으로 정진업 시인이 시나리오를 썼고, 제자인 최현 등 당시 그의 무용연구소 멤버들이 영화 제작과 캐스팅의 주축이 된다. 휴전되던 해인 1953년 남도로 피난 왔던 예술인들과 함께 다시 서울로 올라와 김동리, 윤봉춘, 이해랑, 최연현 등과 함께 '문총' 발족에 참여해 중앙위원으로 활동하다 그의 주도로 '한국무용예술인협회'를 창설해 초대 이사장으로 추대된다. 그리고 서울음대와 이화여대, 조양체대(당시)에 출강하며 후진을 가르친다.

1955년과 1956년 8·15광복 10, 11주년에는 기념 합동무용예술제를 기획, 개최해 많은 호응을 받는다. 이들 공연에는 강선영, 임성남, 송범, 김진걸, 김백봉, 한순옥, 주리, 최현, 조용자, 김문숙, 이인범, 조광, 김백초, 박금실 등 당시 한국 무용계를 주도하던 무용인들이 출연해 최승희의 월북, 조택원의 미국행으로 침체된 한국 무용계에 활력을 불어 넣었다는 평가를 받았다. 여기까지가 김해랑의 서울 생활이다. 김해랑은 이들 공연을 끝내면서 불현듯 솟구치는 고향 마산에 대한 그리움과 함께 무용예술의 지방 확산의 중요함을 깨닫는다. 이게 마산행으로 이어져 1956년 다시 마산으로 내려온다.

　마산에 정착한 김해랑은 기존의 '김해랑무용연구소'를 토대로 한 무용예술 활동을 적극 벌여나간다. 추산동 대자유치원에 무용연구소를 두고 지역 무용계의 도대를 뛰는 한편으로 후진 양성에 주력한다. 이러한 노력을 바탕으로 1961년 한국무용협회 경남지부를 창설했고, 그 이듬해에는 마산지부를 만들어 초대 지부장을 맡아 지역의 무용 활성화에 앞장선다.

　1964년 8·15광복 19주년 합동무용예술제를 마산에서 개최해 송범, 임성남, 주리, 최현, 한순옥, 김학자, 김행자 등 제자를 포함한 중앙의 중견 무용가들과 함께 춤을 추면서 지역 무용계의 지평을 넓혔다. 이와 함께 마산여고, 제일여고 등에 강사로 나가 무용을 지도했다. 이런 공로로 김해랑은 1962년 경남문화상과 1966년 제3회 한국무용협회 공로상을 수상한다.

　자신의 무용연구소와 학교 출강을 통해 후진 양성에 많은 노력을 기울인 김해랑답게, 그는 1960년대뿐 아니라 지금까지도 가장 많은 문하생을

김해랑 선생의 공연 모습.

갖고 있는 예술인이라는 평가를 받고 있다. 그의 문하생이자 제자는 최현, 정민, 한순옥, 신영자, 김행자, 이남주, 권여성, 김송자, 김신덕, 박기선, 김태순, 이우철, 이점석 등 헤아릴 수 없이 많고, 이들은 모두 우리나라 무용계의 중진으로 활동했거나 아직도 활동하고 있다.

김해랑은 그리 길지 않은 춤 인생이지만 많은 작품을 남겼다. 대표작으로 꼽히는 「아리랑」을 비롯해 「애수의 선자」, 「번뇌와 참선」, 「회심」, 「춘향전」, 「여양춘」, 「운임지」, 「춘우」, 「호동왕자와 낙랑공주(자명고)」, 「습작」, 「항가리안 댄스」, 「세레나데」, 「오리엔탈 댄스」, 「화랑무」, 「봉선화」, 「독서」, 「꼭두각시 놀음」, 「사랑의 흐름」, 「영의무」, 「시집가는 날」, 「환희」 등이 있다.

김해랑은 1969년 7월 24일 한창 일할 나이인 55세에 아쉽게도 병환으로 별세했다. 장례는 앞서 언급했듯 마산 시민장으로 치러졌으며, 그의 춤 인생의 시발지라 할 수 있는 부산 동래에 안장됐다. 그는 딸 선영과 아들 기석의 1남1녀를 남겼다.

김해랑이 별세한 후 그의 춤과 정신은 계승되고 있을까? 그가 세상을 뜬 후 그는 한동안 잊혀졌다. 김해랑이라는 마산의 '춤꾼'이 새롭게 조명된 것은 한참 후인 1994년이다. 그해 '김해랑 춤 세미나'가 창원대 무용학과 주최로 개최된 것이다. 그리고는 또 한참의 세월이 흐른 후인 2004년 한국무용협회 주최로 '김해랑선생 추모공연'이 마산에서 개최되는데. 이를 기반으로 2007년 '김해랑기념사업회'가 발족되면서 정양자(록파무용단 단장)가 회장을 맡으며 추모공연을 주관해 왔으며, 이와 함께 2008년부터는 김해랑의 춤을 기리는 '명무전'도 열었다.

이 과정에서 약간의 잡음이 일었다. 어찌 보면 마산 무용계, 더 나아가서는 김해랑 춤의 정통성과 관련한 논쟁인데, 김해랑 춤의 정통성을 누가 이어받아 계승하고 있느냐는 문제였다. 이 정통성은 또 누가 김해랑의 예기를 이어받은 진정한 제자인가와도 연관되는 사안이기도 한 것이다.

이와 관련해 김해랑의 유족들은 추모공연과 '영무전'을 주관하는 측의 공연은 김해랑 춤의 복원보다는 오히려 맥을 끊고 있다는 주장을 제기했고, 이에 대해 기념사업회 측에서는 그동안 사명감을 다한 일이 비난받았다며 반발했다. 기념사업회 측은 김해랑 춤의 복원보다는 기본 춤사위를 기반으로 창작품을 내놓는 게 예술인의 도리라는 것이다.

결국 김해랑 추모공연은 김해랑의 사위인 강영우와 김해랑의 제자인 박기선이 주축이 돼 발족한 '김해랑 춤 보존회'에서 맡기로 했고, 기념사업회 측은 김해랑 추모 공연에서 손을 떼는 것으로 결말이 났다.

2015년은 김해랑 탄생 100주기가 되는 해였다. 어떤 논리와 명분 그리고 이를 앞세운 논란이든 김해랑 춤을 계승해 이어나가자는 정신이 마산 무용계의 바탕이 되어야 했다는 안타까운 여론이 많았다. 이런 여론 속에

11월 24일 마산에서 김해랑 100주년을 기념하는 '김해랑, 춤의 아리랑' 추모공연이 김해랑의 제자들이 전원 참여한 가운데 '김해랑 춤 보존회' 주최로 성대하게 개최됐다.

  마산 시민들의 오열 속에 마산 시민장으로 치러진 김해랑의 장례식 날, 그의 죽음을 누구보다 안타까워한 오랜 친구 정진업의 조사는 지금 읽어 보아도 마산의 '춤꾼' 김해랑의 생애를 너무 명료하게 표현하고 있다. 이 조사의 끝 한 귀절로 이 글을 맺고자 한다.

  "…과학도 위대하지만 예술은 인간을 창조하는 신의 사도들의 것이기에 위대한 것이다. 그대는 달의 비밀을 알고는 갔겠지. 암스트롱이란 이 방인은 달을 밟고 왔지마는 한국의 김해랑은 무용의 신이 되어 하늘에 좌정하였느니 춤을 추어라. 빙글빙글 돌면서 바람이 되어 하늘 높이 날아올라라. 바다의 사나이."

'피 대신 간장이 몸에 흐른다'는 몽고간장 김만식金萬植

마산 사람 치고 몽고간장을 모르는 사람은 없다. 몽고간장을 안 먹고 살아 온 마산 사람 또한 없을 것이다. 그만큼 몽고간장은 마산과 마산 사람들에게 익숙한, 오래되고 대표적인 향토기업이다. 그 연륜이 100년하고도 10여 년을 더 넘겼으니 우리나라를 통틀어서 이만큼 오래 된 기업은 드물다. 창업 111년의 기나긴 역사 가운데는 물론 일제강점기 때가 포함된다. '야마다山田 장유공장'에서 해방 후 몽고간장으로 간장의 '주권'을 잡아 오늘에 이르게 된 것인데, 이에는 김홍구(金洪九, 1914-71)와 그의 아들 김만식金萬植의 힘과 노력이 그 바탕을 이뤘다. 1905년 일본인 야마다 노부스케에 의해 간장공장이 만들어졌고, 이것을 해방 후 공장장이던 김홍구가 인수하면서 몽고간장으로 다시 태어난 것

1950년대 몽고장유 양조장.

이다. 이 점을 감안하면 몽고간장의 역사는 정확하게는 2016년 현재로 71년이 된다.

인수한 간장공장에 왜 '몽고'라는 이름을 달았는지를 모르는 마산 사람도 없을 것이지만 다시 한번 환기해보자. 지금은 창원 팔용동으로 공장과 회사를 옮겼지만, 원래 공장이 있던 자산동 119번지는 두척산 줄기인 환주산 아래로, 바로 곁에 문화재인 '몽고정蒙古井'이 있어 간장 이름을 거기서 땄다.

몽고정은 고려 충렬왕 원년(1281년) 몽고군이 일본 정벌을 위해 고려와 연합군을 편성, 지금 마산시 정수장 일대의 환주산에 군사를 배치하고 주둔했을 때 병사들의 식수용으로 판 큰 우물이다. 이 우물을 수원水原으로 해 담근 게 바로 몽고간장이었다. 이 우물물은 가뭄과 홍수에도 물이 줄거나 늘지 않았으며, 특히 칼슘 함량이 많아 양조에는 더 없이 좋았다고 한다. 자산동 몽고정 외에도 두척산(무학산)을 중심으로 십여 군데에 몽고정이 있었다고 전해지나 지금은 이곳, 자산동 것만 남아 있다.

몽고간장은 1988년 창원으로 공장을 옮긴 뒤부터는 공장 뒤 천주산에서 분출되는 지하수를 사용하고 있기는 하지만, 몽고정에 깃든 이런 이유 때문에 '몽고'라는 명칭은 버리지 않고 간장공장의 근간으로 지금까지 쓰고 있고 앞으로도 계속 유지할 것이다.

지금의 몽고간장은 아버지 김홍구와 아들 김만식이 이뤄낸 부자父子의 결실이다. 야마다 장유를 인수한 김홍구가 그 기틀과 기술력을 만들었다면, 발전과 성장은 김만식의 몫이었다는 얘기다. 아버지를 이은 김만식은 맛을 내는 기술력뿐 아니라 특유의 마케팅 전략으로 오늘의 몽고간장을 마산뿐 아니라 전국적으로도 높은 명성의 반열에 올려놓은 것으

몽고간장 창업자 김홍구 선생(1914-71).

로 평가된다. 그래서 마산에서는 '몽고간장 하면 김만식, 김만식 하면 몽고간장'이라는 말이 자연스럽게 회자된다.

김만식과 몽고간장은 어찌 보면 운명적인 관계다. 아버지가 간장을 했기 때문에 어릴 적부터 보고 듣고 맛본 게 간장이었기 때문이다. 김만식이 아버지가 하는 간장공장 일을 처음 대한 것은 일제 말엽인 그의 나이 5살 때쯤이다. 태평양전쟁에서 전세가 불리해진 일본은 마지막 광기를 드러내면서 조선인들을 유린했다. 배급제로 나오는 식량은 그야말로 목숨만 부지할 수 있는 양이었다. 환주산 아래에 살던 만식의 가족도 마찬가지였다. 끼니는 아버지가 함께해야 때울 수 있었다.

추운 겨울의 어느 저녁 무렵, 아버지의 귀가가 늦어지고 있었다. 배고픔을 견디지 못한 만식은 집에서 100미터 남짓 떨어져 있는 간장공장에서 일하고 있던 아버지를 찾아갔다. 만식은 거기서 처음으로 아버지가 일하는 간장공장을 보게 된다. 아버지는 그 추운 날씨에 자기를 찾아온 어

몽고간장 명예회장 김만식.

린 나이의 만식이 기특해 보였을 것이다. 아버지는 기특한 만식을 데리고 공장 안으로 들어가 언 몸을 녹여주며 갓 삶은 콩을 먹였다. 그때 만식은 "우리 아부지가 여기서 일하는구나" 하는 자부심과 함께 "아버지 작업복에 밴 시큼한 장 냄새가 달콤한 향내처럼 느껴졌다"며, 이것이 몽고간장과의 첫 조우라고 당시를 회고한다. 그때 공장에서 야마다의 며느리 데리코를 만나게 되는데, 당시 춥고 배고픈 자신을 따뜻하게 보듬어주던 데리코를 잊지 못해 그 후로도 연을 계속 이어갔고, 지난 2005년 몽고간장 창업 100주년 때에는 마산으로 직접 초대하기도 했다.

김만식이 몽고간장 경영에 나선 것은 1971년 아버지 김홍구가 갑작스럽게 타계해 가업을 물려받게 되면서부터다. 그때 그의 나이 서른둘로 동국대학 경영학과 3학년에 재학 중이었다. 장남으로서 가업을 이어받는다는 것은 자연스러운 일이었지만, 워낙 갑작스럽게 다가온 것이라 그도 무척 당황스럽고 부담스러웠다고 한다.

만일 그때 아버지의 갑작스러운 타계가 없었으면 어떻게 됐을까. 김만식이라고 다른 꿈을 꾸지 말라는 법은 없다. 그는 원래 사학과에 진학하고 싶었다. 고서나 역사에 취미가 많아 그쪽 방면의 일도 고려하고 있는 중에 선친의 죽음을 느닷없이 맞게 된 것이다. 이런 점에서 김만식과 몽고간장의 운명적인 관계가 다시 한번 반추되는 것이다.

그러나 그렇다고 아버지가 자신에게 준 가업을 나 몰라라 하고 그냥 두고 볼 일은 아니지 않은가. 김만식이 고심 끝에 내린 결론은 이랬다. '운명이라면 부딪쳐보자. 온몸으로 부딪쳐 처음 하는 초심으로 일을 익히는 방법밖에 없다.' 그리고 그는 몽고간장 서울영업소에서 장사와 영업을 익혔다. 당시 명동, 무교동 일대의 고급 일식집치고 그의 발길이 닿지 않은 곳은 없었다. 영업방식도 독특했다. 투박한 그의 표현처럼 몽고간장을 공짜로 디밀기도 했고 어쩌다 돈으로 쳐준다 해도 요리를 달라고 해 먹었다. 말하자면 간장과 음식을 물물교환식으로 바꾼 것인데, 그로써 몽고간장의 맛과 이미지를 강하게 심어주자는 전략이었다.

음식점뿐 아니라 몽고간장의 맛과 전통을 알고 있는 유명인들로부터는 주문을 받아 직접 배달하는 판매방식을 구사하기도 했다. 이 과정에서 숱한 에피소드가 생겨나는데, 한번은 영화배우 김동원으로부터 배달주문을 받았다. 김동원은 6·25전쟁 피란 당시 마산 창동에서 '동원다방'을 하면서 마산과 인연을 맺었으니 몽고간장 맛을 익히 알고 있었을 것이다. 주문을 받고 김만식은 허겁지겁 바쁜 마음으로 배달을 간다. 벨을 눌러 김동원의 집으로 들어가는데, 현관에서 뛰어나온 큰 셰퍼드에게 물려 오랫동안 고생을 했다고 한다.

김만식은 당시 서울뿐 아니라 전국의 20여 개 모든 대리점을 직접 발로 뛰는 방식으로 관리에 나섰다. 일주일에 며칠은 차에 간장을 싣고 지방으로 가 유명하다는 식당에 모두 들렀다. 세일즈만 한 것은 아니다. 음식 맛은 장맛이다. 이를 직접 시현하듯 지방의 맛있다고 소문난 유명 음식점에 가서 음식을 직접 먹으며 장맛도 분별해 익히는 나름의 장맛에 대한 공부와 함께 판촉활동도 열심히 벌였다. 김만식의 이런 독특하고 전력을 다하는 영업과 판촉활동으로 몽고간장은 꾸준히 고객과 판로를 확보해 나갔는데, 이게 몽고간장을 오늘의 몽고식품그룹으로 성장케 한 원동력이 아닐까 싶다.

몽고간장의 원천은 좋은 물로 빚은 맛이다. 이게 100년이 훨씬 넘게 사람들의 입에 질리지도 않고 오르내리게 하는 이유다. 몽고간장은 마산과 경남뿐 아니라 전국적으로도 그 맛을 자랑한다. 여기에 한 가지, 몽고간장 맛이 전국적인 반열에 오른 계기가 된 한 이야기가 전하는데 그 가운데 박정희 전 대통령과 육영수 여사가 있다.

박정희가 육영수와 결혼해 신혼살림을 마련한 곳은 대구다. 그 당시 몽고간장은 대구에까지 잘 알려져 있었다. 육영수도 신혼살림의 밥상 마련에 몽고간장을 썼을 것이다. 육영수는 그 맛을 잊지 못했다. 청와대로 들어간 육영수는 결국 청와대 납품 간장을 몽고간장으로 바꿨다. 그러자 청와대 사람들이 마산에 내려와 대뜸 공장을 둘러보자고 했다. 당시 화학간장이 많아 의심의 눈초리를 보낸 것. 하지만 이들은 연구실 문을 열어 보고 비로소 고개를 끄덕이며 돌아갔다. 부글부글 끓고 있는 간장을 직원들이 직접 작대기로 젓고 있는 모습을 본 것이다. 청와대에 납품되는 간장이라면 전국 최고의 간장이 아니겠는가. 자연 몽고간장은 '전국구'가 됐다. 이때 청와대로 납품되던 몽고간장이 '송표간장'이다. 이 간장은 아직도 몽고간장의 최고급 브랜드로서 그 맛을 자랑하고 있다.

김만식의 몽고간장은 1988년 공장을 몽고정이 있는 마산에서 창원으로 이전하며 제2의 창업기를 맞았다. 넓은 부지를 마련해 현대적 자동화

시설 등 최첨단 시스템을 갖춰 다양한 제품을 생산하는 증산체제에 들어가기 위한 결단이었지만, 이와 관련해 몽고간장의 원천인 '물'이 연계되고 있었던 점 또한 간과할 수 없는 중요한 요소였다. 마산이 산업화, 공업화의 물결을 타며 물이 차츰 오염되어가고 있었던 것이다. 옮겨간 창원 팔용동에는 천주산이 있다. 이 산줄기의 지하수에 주목하면서 수질을 파악키 위한 노력을 경주했고, 결국 이 산의 지하수가 좋다는 판단을 한 것이다. 현재 몽고간장은 천주산 지하 410미터에서 퍼올린 물로 담그고 있다.

아무리 몽고간장이라도 승승장구만 할 수는 없었을 것이다. 어려울 때도 있었고 위기도 있었다. 그의 경영권 인수 초기 때도 어려웠지만, 특히 IMF 외환위기 때는 대리점의 연쇄부도로 자금압박이 가중되면서 최대의 위기를 맞기도 했다. 그러나 그때마다 김만식은 특유의 끈기와 노력으로 이를 견뎌냈다.

2015년 말 운전기사 폭행으로 야기된 김만식의 이른바 '갑질 처세'에 따른 논란은 그와 몽고간장의 존립마저 흔들리게 하는 사건이었다. 이 사건으로 김만식은 마산뿐 아니라 전국적으로 몽고간장과 함께 여론의 호된 뭇매를 맞았다. 하지만 이 사건은 한편으로 김만식과 몽고간장으로 하여금 살을 도려내고 뼈를 깎는 자성自省의 계기가 되기도 했다. 이를 통해 몽고간장은 김만식의 것이 아니라 소비자, 특히 마산과 마산 시민의 향토 국민기업으로 거듭 태어나줄 것을 바라는 여론이 많았다.

김만식은 자신을 스스로 '야생마'로 자처한다. 야생마 특유의 끈기와 노력은 곧 그의 경영철학으로 직결된다. '한 우물을 판다'가 그 첫째, 둘째가 '신용을 지킨다', 그리고 '인간 존중에 근거한 장인정신'이 그 셋째다. 그중에 몽고간장의 역사에 견주어 가장 공감을 주는 것은 '한 우물을 판다'가 아닐까 싶다. 곁눈질하지 않고 오로지 한 길을 묵묵히 걸어와 남다른 결실을 이뤘기 때문이다. 김만식은 아버지처럼 몽고간장의 경영권 전반을 장남인 김현승(몽고식품그룹 사장)에게 넘겨 또 다른 100년을 준비 중이다. 그는 이후 명예회장을 맡아오다 지금은 그마저 내놓았다.

김만식이 몽고간장과의 운명적인 관계에 빗대 곧잘 하는 다소 '엽기적'인 말이 있다. "내 몸에는 피 대신 간장이 흐르고 있다"는 것. 이는 곧 간장을 잘 만들겠다는 '장인정신'을 풀어서 하는 말로 들린다. '한 우물을 판다'에 '장인정신'까지 곁들여졌으니, 몽고간장의 맛이 안 좋을 리 없다. 몽고간장의 맛은 곧 마산의 맛이자 대한민국의 맛이 되고 있는 이유가 여기에 있다고나 할까.

3부
마산 정신은 살아있다

3·15의거는
마산에 무엇인가?

'마산 하면 3·15, 3·15하면 마산'이라는 등식은 나이든 대한민국 사람이라면 누구나 갖고 있는 보편적 인식이다. 그만큼 이 등식은 3·15와 마산을 떼어놓을 수 없는 관계로 규정하는 한 잣대이면서 마산 사람의 자부심을 드높이는 요소이기도 하다. 3·15의거는 반세기를 훌쩍 넘긴 과거의 역사적인 사건이다. 그러나 마산과 마산 사람들에게는 여전히 살아서 머물고 있는 현재형의 그것이다. 3·15의거에 깃든 그 정신의 계승 문제도 그렇지만, 진상 등과 관련해 아직도 많은 얘깃거리와 자료들이 나오고 있는 '살아있는 역사'인 것이다.

3·15의거는 이미 잘 알려져 있듯이 자유당 이승만 정부하에서 자행된 '3·15 정·부통령선거'에서의 상상을 초월하는 부정선거가 그 직접적인

김주열 열사의 시체가 발견되었다는 소식에 시내 중심가에
마산 시민들이 모여들고 있다.

촉발 요인이다. 이 부정선거는 마산에서 유독 그 양태가 심했다. 사전투표, 3인조 공개투표 등 갖가지 부정투표가 자행된 것이다. 이 가운데 사전투표는 정말 악랄하고 지독한 것이었다.

선거날인 3월 15일 마산의 장군동 제1투표소에서는 선거 시작시간인 아침 7시 전에 사전투표가 발각된다. 당시 이 투표소 참관인으로 배석한 민주당 마산시지부 부위원장 겸 선거대책위원장인 정남규의 부인 안맹선이 선거에 앞서 투표소 점검을 요구하는 과정에서 투표함 하나를 발길로 힘껏 밀어 넘어뜨렸는데, 그 함 속에서 전날 밤 미리 집어넣은 투표용지가 무더기로 쏟아져 나온 것이다. 이를 목격한 정남규가 소리를 지르고 격렬하게 항의하면서 경찰에 강제로 연행된다. 이에 앞서 자유당정권하의 선관위는 민주당 지지 기미를 보이는 유권자들에게 투표를 할 수 있는 번호표를 투표일 아침 10시까지 주지 않았다. 또한 투표당일까지 47개 투표소 중 44개소에 민주당 참관인이 거부된 상태였기 때문에 민주당은 전날 밤 9시, 당 건물 앞에서 수백 명의 시민유권자들을 대상으로 부정선거 규탄을 위한 시위를 종용하고 있었다. 결국 민주당 마산시당은 선거당일 오전 10시 반 시당위원장인 강선규에 의해 선거포기를 선언했고 경찰에서 풀려난 정남규 등을 중심으로 가두시위에 나서게 된 것이

1960년 4월 12일 다시 거리로 뛰쳐나온 마산의 남녀 학생들.

다. 선거포기는 이에 앞서 당시 민주당 핵심인사로 고문을 맡고있던 민영학의 집에서 대책회의를 갖고 민 고문과 정남규, 강선규 등을 중심으로 결정된 것이다.

 전국에서 가장 악랄했던 부정선거가 마산 3·15의거의 도화선이고, 그 불을 지핀 게 민주당인 것은 사실이지만, 민주당의 시위는 정치적인 관점에서 어디까지나 '정치행위'인 것이다. 말하고자 하는 것은 민주당의 이 시위가 3·15의거의 하나의 근인으로 그 계기를 이루기는 했으나 그 본질은 아니라는 얘기다. 좀 더 넓게 보아 마산 시민들을 총궐기하게 만든 것은 독재정권에 대한 염증과 함께 당시 마산이 가지는 구조와 성격 때문으로 보는 시각이 많다.

 독재정권 아래 50년대 중반부터 누적된 타락한 권력과 천민자본주의가 그 바탕이다. 부와 권력을 쥔 이용범, 김종신, 허윤수, 최재형 등 토호세력의 발호와 서득룡(부산지검 마산지청장), 손석래(마산경찰서장), 서복태

1960년 3·15 밤, 경찰의 무자비한 발포로 무학국민학교 담벼락에 난 총탄자국.

(마산세무서장), 강상봉(마산경찰서 사찰계장), 노장현(마산경찰서 사찰계 형사주임), 박종표(마산경찰서 경비주임) 등 권력 끄나풀들의 전횡에서 비롯된 제반 부조리가 지역사회를 오염시켰고 이에 대한 일종의 반발감이 시위를 의거로 승화시킨 측면이 강하다는 얘기다. 시위가 특히 중·고등학교 학생들과 노동자 등 젊은 기층민을 중심으로 그 폭발력을 더했다는 것이 이를 대변한다. 3·15의거에서 희생된 영령들의 면면은 더욱 이를 뒷받침한다.

3·15의거에서 숨진 희생자는 후의 사망자를 합쳐 모두 15명으로 집계된다. 김평도(38)는 포목점 점원이었고, 총상을 입고 치료를 받다가 숨진 조현대(20)와 김동섭(20)은 무직이었다. 김종술(16)은 마산동중 2학년생이었으며, 강융기(18)는 마산공고 2학년생, 그리고 17세로 순사한 김주열은 마산상고 합격생이었다. 김영준(19)은 마산고 졸업생으로 무직이었으며, 김용실(18)은 마산고 2학년생이었다. 김효덕(18)은 공장 노동자였고, 오성원(21)은 남성동 보리수다방의 구두닦이였다. 전의규(18)는 창신고를 졸업한 무직이었고, 김영호(18)는 마산공고 2학년, 김영길(19)은 직공이었다. 그리고 김삼웅(17)은 창신중을 졸업한 후 무직상태였다(괄호 안 숫자는 당시 나이). 정치인 희생자가 딱 한 사람 있다. 40대 후반으로 3·15의

거 첫날 정남규 등과 함께 가두시위에 나섰다가 연행돼 고문후유증으로 숨진 강경술이 그 주인공이다.

구두닦이 오성원의 죽음은 3·15의거를 더욱 숙연하고 슬프게 하는 얘기다. 그는 시위대열에 앞장섰다가 총에 맞아 죽었다. 시체는 고려병원에 안치됐다. 전쟁고아인 그에게는 유족도 없었다. 선창가의 동료 구두닦이들이 그의 시체를 메고 시내를 한 바퀴 행진해 돈 뒤 병원 뒷산에 아무렇게나 묻었다. 1968년에서야 마산시의 주선으로 마산 교외 천주산 애기봉에 마련된 3·15의거 희생자 공동묘소에 이장된다. 그 묘지는 당시 마산시민들이 도저히 찾아갈 마음이 내키지 않을 만큼 외진 곳에 있었다.

"길가는 나그네여, 여기 잃은 민주주의를 찾으려다 3월 15일 밤 무참히도 떨어진 21년의 꽃봉오리가 누워있음을 전해다오."

당시 오성원의 묘비에 새겨진 글이다.

오성원과 같은 구두닦이들이 3·15의거에 많이 나섰다. 1950년대 자유당 독재정권은 직업소년학교라는 것을 만들어 구두닦이들을 경찰관의 관할 아래 놓아둠으로써 관제데모라든가 폭력동원에 이용한 일이 많았는데, 3·15의거와 김주열의 시체 발견으로 촉발된 4.11시위 때에는 정반대되는 일들이 일어났다. 오성원이 시위에서 민주를 부르짖다 산화한 것을 계기로 4.11시위 때는 이들이 누구보다 앞장을 섰다. 4월 11일 중앙부두 앞바다에서 눈에 최루탄이 박힌 처참한 모습으로 발견돼 건져올려진 김주열 열사가 도립병원으로 옮겨졌을 때 누구보다 먼저 앞장서 시위대를 이끈 게 구두닦이 소년들이 다니던 마산직업학교 학생 20여 명이었다.

3·15 1차 의거에서 4.11 2차 의거로 이어지는 과정에서 마산 사람들

은 약 1천 명이 체포돼 심한 곤욕을 치른다. 이들 가운데 67명이 소요죄로 기소되는데, 이들의 면면이 무직 18명, 노동자 15명, 학생 14명, 공업 4명, 행상 3명, 창녀 3명, 회사원 2명, 이발사 2명, 기타 간호원, 요리사, 식모, 상업, 세탁업으로 분류되고 있는 데서도 알 수 있듯, 마산의 3·15의거는 이들 기층민들과 학생들이 주류를 이루고 있다.

이들 면면들 가운데 창녀와 식모가 한 카테고리로 분류되는 게 눈길을 끈다. 천대받고 가난한 이들의 사회적 존재감이 드러나는 대목인데, 이와 관련해서 남성동 한 집의 식모로 있던 옥희라는 소녀의 얘기가 전해진다. 경북 금릉의 가난한 집에서 도저히 먹고살 수가 없어 열댓 살 무렵 식모살이하러 온 게 마산이었다. 어리고 약한 몸이었지만, 주인집의 배려로 마산생활에 순응하며 잘 살던 옥희는 3·15의거가 일어난 후 어느 날 저녁 갑자기 사라져 버린다. 안 그래도 불안한 상황에서 마음을 졸이던 집주인이 옥희의 모습을 발견한 것은 『동아일보』에 실린 사진에서였다. 시민들에 의해 파괴된 남성동파출소 앞에서 시위대가 환호하는 모습을 담은 사진에, 맨 앞에 서서 깃발을 흔드는 옥희가 있었던 것이다. 옥희는 왜 그 시위에 가담했던 것일까.

옥희는 그날 밤 집으로 와 주인으로부터 호된 질책을 받는다. 그 얼마 후 대구 등에서 학생들이 트럭을 타고 마산의 학생시위를 지원하기 위해 내려와 남성동 길거리에서 밥과 물을 원하고 있었다. 그때 누구보다 먼저, 그리고 가장 많이 밥과 물을 나른 것은 옥희였다. 주인은 그런 옥희를 또 질책한다. 후과後果가 염려됐기 때문이다. 그러나 옥희는 그날 밤 아무 말 없이 그 집을 나가 버린다. 그 후의 소식은 알 길이 없었다고 한다.

옥희가 어쩌면 기소자들 중 한 사람일 수도 있다.

이들 기층민들은 일정한 계층으로서의 유대감이 존재하는 것은 아니지만, 빈곤과 불평등, 그리고 부정부패 등 당시 마산사회가 감당할 수 없었던 제반 사회적 문제에 대한 염증과 불안감이 있었을 것이고, 이게 독재정권의 부정선거라는 계기를 기화로 촉발되어 자발적이고 능동적으로 시위에 나선 것으로 분석된다. 시위의 또 하나의 주역으로 학생들이 많이 희생된 것은, 학생들 나름의 의분감이 작용한 것이겠지만, 이들 기층민들과 연계시켜 볼 때, 조직화되지 못한 이들을 계도하는, 말하자면 기층민 중의 대변자로서의 역할을 자임하면서 그 일익을 담당했을 것이라는 측면으로도 읽혀진다.

제2의 3·15의거를 촉발해 독재정권의 무릎을 꿇게 한 도화선이 된 주역은 김주열 열사다. 남원에서 마산으로 와 마산상고 입학을 코앞에 둔 상태에서 시위에 참가해 참혹한 죽음을 맞은 김주열 열사에 대해서는 여러 가지 이야기들이 있었다. 시위에 나서고 죽음을 맞게 되고 처참한 시신으로 발견되는 과정은 누구도 부인할 수 없는 사실이다. 그러나 그가 시위에 뛰어든 의도를 두고서는 단순히 호기심 차원에서 나갔다가 어쩌다 그런 변을 당했다는 수준의 시각들도 있어온 게 사실이다. 그러나 이는 김주열 열사의 뜻을 왜곡하는 잘못된 것이다. 그는 시위에 나서기 며칠 전 어머니 권찬주 여사에게 한 통의 편지를 남겼다. 김주열 열사는 편지에서 민주주의를 위한 동료학생들의 노력과 투쟁을 '피'라는 강한 말로 강조하면서 시위에 나서려는 자신을 책망하지 말라고 어머니에게 당부했다. 그리고 죽음을 예감하면서 이런 말로 편지를 맺는다.

"저는 이 데모에서 분노와 슬픔에서 자유를 외치다 죽은 후 이 나라의 자유와 행복을 위하여 저승에서 천년이나 만년이나, 두고두고 울어주는 종이 되겠습니다."

1980년대 말인가, 3·15의거로 부상을 당한 한 상이자는 자신을 '분재盆栽의 처지'로 표현하면서, 3·15의 주역이면서도 "당국에서 꼬고 비틀고 하는 대로 살아왔던 것에 대해 진정 할 말이 없다"고 토로한 적이 있다. 자신을 '분재'에 빗댄 것이지만, 궁극적으로는 3·15의거 자체가 '분재'라는 말에 다름이 아니라는 얘기다. 분재는 자연의 꽃나무들을 사람이 쉽게 관리하고 가꿔가기 위해 만들어낸 자연의 대체품이다.

3·15의거 이래 계속된 독재정권은 민주주의를 수용할 의지도 능력도 없었다. 당연히 마산 사람들이 3·15의거를 통해 표출한 민주주의적 갈망의 '의분'을 불편스러워했을 것이고 그 정신을 배척했다. 겉으로 그저 '의거'를 역사적으로 기리는 척했을 뿐이니, 3·15의거에 깃든 그 정신은 뭉개져버리고 그 외양만 관리되면서 그들이 바라는 일정한 크기에 머물도록 강제하면서 분재로만 남았을 뿐이라는 얘기다. 부끄러운 얘기지만 마산과 마산 사람들도 그에 순응한 측면이 있다. 3·15와 박정희 정권을 무너뜨린 10.18 부마항쟁을 주도한 대한민국의 대표적인 야당 도시였으면서도, 이제는 여당 도시로 전락한 게 작금 마산의 정체성이다.

3·15의거의 발상지인 마산이란 지명을 끝까지 지켜내지 못하고 없어지게 한 책임으로부터도 누가 과연 자유로울 수 있을까. 마산이 창원으로 통합되는 과정에서 지역 정치인들이 엮어간 짓거리들은, 3·15의거의 한 발단이 된 동양주정 강제 매각사건을 연상케 한다. 당시 마산의 집권당

정치인들이 지역의 헤게모니를 놓고 서득룡 등 권력의 끄나풀들을 동원해 정적을 죽이고자 한 정치적인 암투에 의해 빚어진 이 사건으로, 당시 마산지역 최대의 기업체가 하루아침에 사라져버렸다. 이 사건은 마산 시민들을 분노케 했고, 결국 자유당정권을 무너뜨리는 3·15의거로 이어지는 한 요인이 됐다.

3·15의거는 문민정부가 들어선 이래 정부가 몇 차례 바뀌면서 지금은 많이 달라졌다. 3·15의거가 국가기념일로 제정도 됐고, '3·15국립묘지'도 조성됐다. 그러나 외양만 번듯해지고 사람 좀 우대해준다고 될 일이 아니다. 문제는 정신이다. 우리 사회에 만연한 경제적 불평등과 부정부패, 지배 권력의 반민주·반민중적인 행태, 그리고 국민을 도외시하면서 제 밥그릇 챙기기에만 바쁜 정치상황 등 어디서건 불의와 반민주에 맞서 싸웠던 3·15의거의 정신을 찾아볼 수 없는 게 지금의 현실이다. 3·15의거의 주역으로 영령이 된 젊은 학생들과 노동자 등 기층민중의 희생이 그래서 더 아프다.

마산중 반일反日 '독서회' 사건과 '인공기人共旗 게양' 사건

　　　　　　마산중학교는 수많은 인재를 배출한, 지역의 전통 있는 명문학교이다. 일본의 식민통치하에 개교한 마산중학교(당시 마산공립중학교)는 일제 통치와 독립, 해방을 거치면서 전국의 여느 다른 명문학교가 그랬듯 이념 논쟁과 투쟁 속에 학생들이 겪게되는 피해가 많았던 곳이다. 이 과정에서 급우 혹은 선·후배 간 인생과 진로의 명암이 극명하게 엇갈리는 경로의 단면도 보게 된다.

　마산중학교에서 일어난 사상과 이념을 바탕으로 한 대표적인 사건으로는 일제하 반일투쟁을 모의한 '대한학생독립당' 사건과 민족해방 공간에서 일어난 '인공기 게양' 사건이 있다. 이 두 사건은 일제하와 해방 후라는 시·공간적 차이가 있지만, 기실은 불과 몇 년의 시차를 두고 일어난 사건으로, 그만큼 당시의 식민과 분단이라는 민족적 아픔을 혈기방장한 마산의 젊은 학생들이 지역적인 관점에서 어떻게 받아들이고 저항하고 대처했느냐를 가늠해보는 하나의 잣대가 될 것이다.

'대한학생독립당' 사건은 마산중학교에 이 조직이 구축돼 일어난 일련의 사건을 말하는 것으로, 어느 전언에는 좀 더 구체적으로 '마(산)중독립당' 주도하에 일어난 사건이라고 전해진다. 당시 마산중학교의 조직은 3학년인 김학득이 이끌고 있었으며, 한 해 아래인 박후식, 박기병, 감영재, 구용현 등이 조직원으로 활동했다.

독립을 한 해 앞둔 1944년 학교를 발칵 뒤집어놓는 사건이 발생한다. 물론 '마중독립당'이 주축이 된 사건이다. 이들 조직원들 간에 사회주의 사상과 반일 내용 등의 이른바 '불온서적'을 돌려가며 읽고 독회를 가진 '독서회'가 발각된 것이다. 이 독서회 역시 김학득이 주도했으며 박후식 등을 포섭해 이루어진 단체였다.

이들은 독서모임을 통해 항일 민족의식을 고취하는 한편으로 독립을 위한 다각도의 행동강령을 논의하다 같은 학교 학생의 밀고로 들켜버렸다. 밀고자는 함안에서 학교를 다니는 통학생으로 아버지가 일본경찰의 고등계 형사였다고 한다. 이들은 일망타진된 후 전원 마산경찰서로 이첩된다.

이후 이들의 신상은 엇갈리는데, 박후식 등은 나이가 14세인 미성년인 관계로 형사처벌 미결상태로 남겨진다. 대신 한 살 위인 김학득만 구금돼 배후를 추궁당하면서 고문 등 심한 고초를 겪게 된다. 김학득은 당시 내서초등학교 교사였던 아버지로부터 임시정부와 김구 주석, 그리고 김일

1906년 월영동에 건립된 마산심상고등소학교.
이 학교의 고등과가 나중에 마산중학교가 된다.

성 활동 등 적잖은 국내외 상황 등을 듣고 이를 독서회에서 얘기한 것으로 조사된 만큼 아버지가 위험한 처지였다. 그러나 그는 아버지 대신 당시 이미 고인이 된 담임선생을 거론함으로써 더 큰 화를 면할 수 있었다는 것. 하지만 결국 사상범으로 투옥돼 복역하다 해방 후 석방된다.

김학득이 사상범의 죄목으로 투옥된 뒤에도 마산중학교에서의 항일운동은 간단없이 이어진다. 해방을 목전에 둔 1945년에도 한 사건이 발생한다. 본관 서쪽 학생 화장실에 누군가 왼손으로 쓴 '대한독립만세'라는 한문구호가 발견되면서 또 한 차례 소동이 인다. 그러나 경찰의 수사에도 불구하고 글씨를 쓴 장본인은 끝내 밝혀지지 않아 미결로 처리된다. 이 글씨를 쓴 사람은 해방 후 밝혀지는데, 역시 '마중독립당'의 멤버였던 감영재였던 것으로 드러났다.

이들 '마중독립단' 멤버들은 1945년 해방이 되어서도 적극적으로 활동했다. 해방과 함께 남한과 북한이 충돌하는 사상과 이념투쟁은 마산중학교라고 피해 갈 리가 없었다. 연일 학교에서는 좌익과 우익단체로 나뉘어져 충돌이 이어졌다. 이런 소란의 와중인 1947년 2월 어느 날 마산중학교 교정에 북한의 국기인 '인공기'가 게양되는 사건이 일어난다. 이른바 '마산중 인공기 게양사건'이다. 이 사건의 전말은 이렇다.

현재의 마산중학교 정문.

　당시 마산중학을 비롯한 각 학교에는 남로당에서 이른바 세포책으로 심어놓은 교사들이 있었다. 이들에게 2월 7일 아침 7시를 기해 일시에 봉기하라는 지령이 남로당으로부터 하달된다. 학교뿐 아니라 철도와 마산 전체 각 공장 등에도 지령이 내려갔다. 남로당의 지령대로 마산 일원의 봉기는 부분적으로 일어난다. 하지만 당국의 즉각적인 대처로 조기에 수습된다. 그런데 유독 '마산중 인공기 게양사건'이 거론된 것은 그날 북한의 평양방송이 "현재, 마산중학교에는 성스러운 혁명의 깃발, 인민공화국기가 펄럭이는 가운데 전교 학생들이 떨쳐일어나 동맹파업에 들어가고 있습니다"라는 선동방송이 나왔기 때문이다.

　평양방송대로 마산중학교에 인공기가 걸린 것은 사실이다. 그러나 만인 환시리에 게양된 것은 아니다. 잠시 걸렸다가 곧 내려져 본 사람이 거의 없다는 것이 팩트다. 이를 제일 먼저 발견한 사람은 학교 허드렛일을 하는 사람으로 당시 소사라고 불렀다. 그 사람이 이른 아침 해가 뜰 무렵 운동장 청소를 하고 있는데, 운동장 국기게양대에 뭔가 이상한 깃발이 걸려 있어 확인해 봤더니 그게 인공기였다는 것. 소사는 즉시 숙직선생에게 보고한 후 인공기를 내리려는데 사다리가 없어 하지 못하고 마산경찰서에 신고를 했고, 경찰서는 특무대에 보고해 인공기를 내렸다는데, 등교 이전 시간이었으니까 학생들 대부분이 보지 못했다고 한다.

이 사건 후 경찰과 특무대가 수사에 들어가 범인을 잡는다. 범인은 당시 5학년생인 박기병인 것으로 밝혀진다. 박기병이 누구인가. 일제시대 '독서회' 사건에 연루됐던 '마중독립당'의 핵심멤버였던 것이다. 그는 항일사상과 함께 사회주의 좌익사상에 물들어 있었다. 그러나 같은 멤버였던 박후식과 김학득은 우파에 서서 박기병 등 좌파학생들과 싸웠다. 일제의 엄중한 시기에 같은 조직의 멤버로 피를 나눈 동지였던 이들이 해방정국에서 결국 좌와 우로 우정마저 등지는 처지가 된 것이다.

이 사건 후 학교는 좌파세력 분쇄라는 이름하에 일대 청소가 이뤄진다. 마산중학교 세포책이던 김상환 교사가 체포됐고, 당시 구중회 교장은 좌파학생 설득에 혼신의 힘을 다한 것으로 전해진다. 이 무렵 마산 주둔 23연대 김종원 부연대장이 마산중학교를 찾아와 학생 전원을 모아놓고 정신무장을 강조하는 일장 훈시를 한다. 그가 바로 후에 '백두산호랑이'로 악명을 떨쳤던 인물이다.

박기병은 체포된 후 행방불명된 것으로 전해진다. 마중 세포책인 김 교사는 풀려난 후 마산고등학교로 갔다가 한국전쟁 때 자진 월북했고, 구중회 교장도 전쟁의 와중에 납북됐다. 박후식은 대학에 진학한 후에도 활동을 계속해 1952년 결성된 재경마산학우회의 초대 회장이 됐다. 그는 감영재의 여동생과 결혼해 단란한 가정을 꾸렸으나, 만년의 삶은 그다지 안온하지 못했던 것으로 전해진다.

이제하의 「태평양」과 이상철 교장

이제하李祭夏는 마산이 배출해 낸 걸출한 문인이자 화가다. 시인이자 소설가, 화가로서 그가 걸어온 길은 다채롭기도 하지만 그의 작품 하나하나에 드리워져 있는 문학적, 예술적 그늘은 짙고 깊다. 1950년대 초, 마산에서 고등학교를 다닐 때 학생잡지 『학원』에 게재된 그의 「청솔그늘에 앉아」라는 시는 6·25전쟁 후 피폐해진 청년학생들의 마음을 정화시킨 글로 지금까지 회자되고 있는 명문이다. 조영남이 불러 잘 알려진 「모란동백」도 이제하가 노랫말을 짓고 곡을 붙인 노래다. 이 노래 외에도 그가 직접 만든 곡은 적지 않은데, 이 노래들을 직접 불러 취입하기도 할 만큼 전방위적인 문화예술 활동을 즐긴다. SNS를 통한 활동도 다양하다. 페이스북을 통해 그가 매일이다시피 올리고 있는 글과 그림은, 그 자체로 하나의 작품으로 평가되면서 수많은 팔로워가 이제하를 좋아하고 따른다.

1959년 『현대문학』과 『신태양』 잡지에 각각 시와 소설로 동시에 등단한 이제하는 이태 후인 1961년 고향 마산과 그가 다녔던 고등학교 그리고 마음 속으로 존경해왔던 스승을 주제로 한 소설을 낸다. 「태평양」이 그것이다. 이 소설은 6·25전쟁이라는 망가진 역사적 상황 속의 고향 마산과 학교를 무대로 한다. 어두운 그늘 속에서 조숙해진 이제하를 포함한 당시의 소년들과 이들의 시대적 불안과 반항심리를 나무라면서도 감싸 안으며 올바른 가치관을 심어주고자 했던 한 스승과의 만남을 그린 자전적 성장소설이다.

소설 속의 스승은 이제하가 다녔던 마산고등학교에 1950년부터 6년 동안 봉직했던 이상철李相喆 교장이 모델이다. 물론 소설 속의 에피소드는 픽션이 가미된 것이지만, 상황 설정은 사실에 가까운 것이다. 이제하가 이 소설을 쓰게 된 배경은 학교 다닐 적에는 시대적 상황과 맞물려 잘 몰랐지만, 사회에 나가 커갈수록 크게 느껴지는 스승으로서의 이상철 교장을 어떤 형태로든 그리고 싶었던 데서 비롯된 게 아닌가 싶다.

실제로 이상철 교장이 당시 마산고등학교에 봉직하면서 남긴 업적과 영향은 다대하다. 교육에 대한 엄격한 가치관과 윤리관을 바탕으로 학생들을 가르쳤고, 준엄한 벌로 다스리기도 했다. 하지만 혼낸 뒤에는 학생들을 감싸주는 따뜻한 인간미를 보여준, 교육의 '전형'이었다는 평가를 받고 있다. 그가 재직한 6년은 이 학교가 전국적인 명문으로 발돋움하는 계기였다.

마산고등학교 구 본관 건물(1936-2002).

　소설은 한국전쟁으로 아들을 잃은 교장과 폭격으로 부모를 잃은 학교 악장(밴드 부장) 백영기의, 어떤 한 사단을 둘러싼 대립과 갈등을 메인 줄거리로 하면서, 고통스럽게 각자 자기 상실의 아픔을 드러내 보이는 과정을 거쳐 화해와 결속에 이르는 과정을 그리고 있다.

　철저한 교육과 함께 학생들의 용모에도 엄격한 교장은 대학입시를 앞둔 3학년 학생 전원의 머리를 깎도록 한다. 그러나 백영기는 그가 처한 개인 사정을 들어준 국어선생과 수학선생의 배려로 삭발에서 빠진다. 백영기는 학비를 벌기 위해 밤이면 신사복으로 갈아입고 술집에서 트럼펫을 불고 있었다. 이를 알게 된 교장은 백영기를 불러 질책하는 과정에서 반항하는 영기를 때렸고, 영기는 달아난다.

　교장은 이에 영기를 퇴학 처분하고 교사에게도 징계를 내린다. 이에 학생들이 스트라이크를 일으킨다. 학교 대대장이 교장을 찾아가 부당성을 강조하기 위해 혈서를 쓰려 하는 과정에서 교장이 먼저 서랍에서 칼을 꺼내 "안 된다. 지켜야 할 것은 지켜야 한다"며 자기 팔을 그어 내린다. 이에 대대장 등 학생들이 교장을 말리며 함께 울부짖는다. 그리고 교장은 영기의 등교를 허락한다. 그러나 백영기는 조회시간에 교가 합창을 지휘하면서 또 용모로 말썽을 일으킨다. 교장은 단상으로 올라가 다시 영기를 나무라는데 영기는 또 반항했고, 교장은 다시 영기를 때리기 시작한다. 영기는 단을 내려와 달아나더니 건물 옥상으로 올라가 난간에 매달린다. 교장은 통곡과 함께 내려오라고 애원했으나, 영기는 끝내 몸을 던진다.

소설의 이런 줄거리는 앞에서도 언급했듯이 픽션이 가미된 것이다. 하지만, 머리를 깎게 한 일과 이에 반항하는 학생들과의 갈등 그리고 학생들을 감싼 교사들의 얘기는 사실이다. 악장으로 나오는 백영기도 실제의 인물이다. 학생들 편에 섰던 교사가 국어를 맡았던 서은주였는데, 이의 모델은 김남조 시인이고, 수학은 이무수 선생이다.

한국전쟁 당시 마산고등학교에는 이름난 문인을 포함해 진국직으로 실력 있고 알려진 교사들이 많이 재직하고 있었는데, 대부분 이상철 교장이 몸소 나서 모셔온 분들이다. 김남조 시인을 비롯해 김춘수, 김상옥, 이원섭 시인들이 국어를 맡았었고, 조필대(독어), 강홍열(영어), 이종억(음악) 선생 등이 있었다. 이무수 선생에게서 후에 세계적인 핵물리학자가 된 故 이휘소 박사가 수학을 배웠다. 서울 경기고에 다녔던 이휘소가 전시 위탁생으로 공부했던 곳이 마산고. 당시 그의 수학 실력은 엄청 뛰어나 가르치던 이무수 선생을 놀라게 했다는 일화가 전한다.

"태백의 정기 서려/마재에 맺고/남해의 푸른 물결/합포에 치니…"로 시작되는 마산고등학교 교가의 가사도 이상철 교장이 직접 지은 것이다. 이 교장은 이 글을 당시 마산에 있던 고향친구 윤이상에게 가져가 곡을

「태평양」이 수록된 이제하 소설집 『초식』(1997년).

부탁해 교가를 만들었다. 이상철 교장은 통영 출신이다. 그러나 마산을 아끼고 사랑했다. 교가 가사에 나오는 '마재'라는 말은 마산을 포괄적으로 나타내는 말인데, 당시 어원을 바탕으로 그 말을 교가에서 쓰면서 마산을 강조한 것은, 마산과 마산고 그리고 제자들에 대단한 애정이 없으면 붙일 수 없는 말이라는 후문이 지금도 회자된다.

이제하의 소설「태평양」과 별도로 이상철 교장이 마산고등학교에 있으며 남긴 에피소드가 꽤 많이 전한다. 이 교장은 당시 문교부의 정책도 못마땅해 했지만, 학생들로부터 잡부금 걷는 것을 매우 싫어했다. 하지만 이게 과해 학생들의 반감을 산 일도 있다. 학생들을 중심으로 당시 정기적으로 발간되던 교지『무학』을 중단할 것을 지시한 것이다. 발간비용을 빌미로 잡부금을 학생들로부터 받는다는 이유 때문이다. 이에 당시 김영재(16회, 변호사) 학생회장이 교장을 찾아가 따지는 등으로 학교가 시끌해지는 한바탕 소동이 일었다.

김 변호사는 이와 관련해 이 교장이 교육의 원칙과 이를 지키려는 자신의 입장을 어떤 경우 권위로 나타내는 과정에서 생긴 소동이라고 회고한다. 김 변호사는 그러나 "이 교장은 그러면서도 학생들을 어떻게든 잘 가르치려는 열정과 학교와 학생들을 사랑하는 마음만은 순수한 것으로 간직하고 있었다"라고 말했다. 김 변호사는 이 교장의 이런 교육정신과 함께 그의 청빈함도 들고 있다.

당시 학교에 재직할 때 제공되던 관사는 그 학교를 떠날 때는 싼 값으로 불하받는 게 관례였는데, 이 교장은 이를 마다했다고 한다. 넉넉하지 않았던 처지에 관사 불하는 재산을 가지는 중요한 수단이었을 터인데 그렇게 하지 않은 것은 그의 원칙적인 교육관에 입각한 올바른 정신 때문이었을 것이라는 얘기다.

이 교장은 유명 문인들을 학교로 초청한 것에서 보듯 문학을 좋아하면서 글쓰기를 즐겼다고 전해진다. 교가를 직접 작사한 것도 그런 맥락에서 이해된다. 이 교장은 당시 국어국문학회 마산지회장을 맡고있기도 했다. 이 교장은 문학과 함께 스포츠도 좋아했다. 그중에서도 농구를 특히 좋아했는데, 그 이유는 마산공립중학교(현 마산중학교) 교장 당시 전국대회 우승을 차지했으며, 마산고도 준결승까지 올리기는 괘기를 보이면서 학교의 위상을 높였기 때문이다.

이와 관련해 전해지는 에피소드 하나.

농구부 학생들이 어느 날 밤 학교 인근의 옥수수밭에 들어가 옥수수를 서리하다 주인에게 들킨다. 주인이 이 교장을 찾아가 항의를 하면서 조치를 취해줄 것을 요구한다. 이 교장은 이에 주인 보는 앞에서 학생들을 나무랐다. 하지만 주인이 가자 학생들에게 어떻게 하면 주인에게 들키지 않고 서리를 잘 할 수 있나를 가르쳐주면서 오히려 학생들을 감쌌다. "앞으로 할 적에는 재를 갖고 가거라. 옥수수를 딸 적에 재를 묻혀 따면 소리가 안 난다." 학생들은 옥수수를 삶고 있는 상황에서 불려왔었다. 이에 이 교장은 학생들에게 마지막 말을 던졌다. "하나 묵자. 갖고 와 봐라."

마산고등학교에 6년을 봉직한 이 교장은 1956년 경남도 학무과장으로 전직한다. 그 후 경남여자고등학교 교장으로 재직하다 병으로 타계한다. 1961년 그의 나이 47세 때다. 그는 늦게 결혼을 했다. 그러니까 마산고에 재직 중이었을 때는 총각이었다는 얘기다. 부산 있을 때 결혼을 하는데, 신부는 경성사범고등과를 졸업한 재원이었다고 전해진다. 그가 죽은 후 이 교장의 미망인이 장성한 아들과 함께 당시 부산에서 검사생활을 하던 김 변호사를 한 번 찾아왔다고 한다.

　이제하의 「태평양」은 졸업을 한 그 다음 해 백영기를 포함한 제자들이 마산 바닷가의 동창회에서 이 교장을 만난 장면으로 결말을 향해 내닫는다. 교장은 그때 학교를 그만두고 집에서 정양 중이었는데, 제자들은 교장을 에워싸고 환성을 지르고 박수를 치며 교장과의 재회를 반기고 기뻐한다. 그때 제자들 중 누군가 "선생님, 바다입니다"하고 앞바다를 가리킨다. 그리고는 좀 싱거웠는지 "태평양입니다"라고 덧붙인다. 이에 교장은 "태평양이지. 자, 들어가서 헤엄들 치라"라고 말한다.

　그 이듬해에 다시 만날 것을 약속하고 장소와 날짜까지 잡지만, 제자들은 교장이 영면했다는 부고를 받는 것으로 끝을 맺는다. 교장이 제자의 말에 바다를 가리키면서 "태평양이지. 자 들어가서 헤엄들 치라"라고 말한 것은 마산의 작은 바다를 태평양으로 삼고 마음껏 꿈과 기개를 키우라는, 사랑하는 제자들에게 남긴 마지막 당부였을 것이다.

마산지역 '보도연맹' 사건의 피해자와 가해자들

'국민보도연맹'의 마산·창원지역 민간인학살을 다룬 한 권의 책이 얼마 전에 나와 새삼 당시 학살만행의 참상을 되새기게 한다. 박영주 경남대 박물관 비상임연구원이 쓴 책의 제목은 『그 질로 가가 안 온다 아이요』다. 짙은 경상도 사투리 제목 속에서 이 지역 민간인 피학살자 수가 다른 어느 지역보다 많았고 그 유가족들의 고통이 어떠했던가를 절감케 한다.

이승만 정권 초기에 만들어진 '국민보도연맹(이하 보도연맹)'은 사상범 통제가 주목적이었다. 1948년 남한만의 단독정부 수립으로 정통성 문제에 대한 시비가 야기되던 상황과 더불어 부정부패로 나라 안팎의 좋지 않은 여론을 호도하면서 이를 통해 정권을 유지하기 위한 방편으로 결성된,

반공을 기치로 한 전국적 조직의 관변단체가 바로 보도연맹이다. 이는 일제가 사상보호단체라는 명분의 '대화숙大和熟'을 설치해 사상범을 무조건 가입시키고 이후 이를 '사상보국연맹'이란 기구로 만든 식민정책 수단과 비슷한 것이다.

보도연맹은 당초 과거 공산주의 활동으로 좌파 낙인이 찍힌 사람들을 가입 대상으로 했으나, 후에 사상과는 아무런 관련이 없는 민간인들까지 무작위로 끌어들이면서, 6·25전쟁의 와중, 국가에 의해 자행된 민간인학살이라는 비극의 단초가 된다. 좌익경력자가 연맹 가입에 순순히 응할 리가 없었을 것이니, 당초에 의도했던 조직 확대가 이뤄지지 않았다. 이에 전국의 지역별로 할당을 주어 회유나 협박 등 갖은 방법으로 무분별하게 가입시킨 결과 그 수가 33만 명에 이르렀다. 이들 중의 대부분이 6·25전쟁 발발 후 '예비검속' 등의 조치를 당하는 과정에서 군·경에 의해 적법한 재판절차도 없이 죽임을 당한 것이 보도연맹 민간인학살 사건이다.

마산지역의 보도연맹원 수가 얼마였는지에 대한 구체적인 통계는 없다. 이승만 정권과 5·16 군사정부가 보도연맹에 관한 자료를 대부분 없애버렸기 때문이다. 겨우 남아 있는 1960년의 국회조사록이나 피해자 가족 증언 등으로 유추해 부산·경남지역의 연맹원 수가 3-4만 명 수준이었을 것이라는 추산을 토대로 할 때, 최소한 2천 명 이상은 됐던 것으로 보인다. 마산에서 보도연맹이 결성된 날은 1949년 12월 7일이다. 이날 부림극장(전 강남극장)에서 서정균 당시 부산지검 마산지청장과 조영운 마산경찰서장 등이 참석한 가운데 창립식이 진행됐으며, 서정균이 위원장, 김종규가 사무국장에 선출됐다고 당시 마산에서 발간되던 『남조선민보』는 전하고 있다. 이어 1950년 3월 25일 보도연맹을 개편, 간사장에 정인수, 보도부장에 김순정, 사업부장에 문삼찬, 재정부장에 김순명 등을 임명한다.

충격적인 것은 마산의 보도연맹에는 지역 각급 학교의 나이 어린 청소년들도 대거 참가하게 하는

1960년 4·19 이후 마산지역 일간지에 보도된 민간인 피학살자 명단.

데, 이들도 후에 학살 피해자가 됐다는 사실이다. 이 같은 사실은 마산 보도연맹이 1949년 12월 24일 보도부장 집에서 마산상고(현 용마고), 마산중, 마산여중 교감과 연석회의를 갖고, 이들 학교에서 보안법 위반으로 중퇴당한 300여 명의 학생 전부를 보도연맹에 가입시키면서 복교조치 하기로 합의했다고 『남조선민보』가 12월 28일 보도하고 있는 데서 드러난다.

신문은 이들 학생들의 보도연맹 가입이 "일시적인 모략책동에 현혹되어 공산당 계열에 가입하여 본의 아닌 과오를 범한 나머지 퇴학 처분을 당한 학생들이 마상, 마중, 마여중만 해도 300여 명에 달하고 있어 이들의 사상 선도와 아울러 과오를 청산하고 복교함으로써 재생의 길을 열어 주기" 위한 것이라고 전하고 있다. 이와 관련해 마산여중의 경우 48년과

49년 각각 159명과 122명이 제적 또는 자퇴한 것으로 학적부상에 나타나고 있는데, 이들 중 적지 않은 학생이 보안법 위반으로 경찰에 구속됨으로써 학교에서 제적된 것으로 기록돼 있다. 그러나 마산중과 마산상고의 경우 6·25를 전후해 퇴학당한 학생들은 상당수 있었으나, 마산상고의 박 모(당시 19세) 씨 등 두 명만이 사상문제로 퇴학처분된 것으로 학적부에 기록돼 있을 뿐, 나머지는 장기결석 등 제적사유가 추상적으로 기록돼 있는 것으로 나타났다. 하지만 학생 수십 명이 등교 전 집에서 끌려 나가 학살당했다는, 1950년 당시 마산상고를 다녔던 김 모씨의 증언이 있다.

이에 앞서 당시 문교부에서는 11월 보도연맹 조직 확대책의 일환으로 실시 중인 '좌익 자수 강조기간'과 함께 '학원 반성 강조주간'을 2주일간에 걸쳐 설정, 학원 내의 좌익학생과 그 부화뇌동자의 과오반성과 사상 순화 선도를 위한 캠페인을 전개할 예정이라고 11월 18일자 『동아일보』가 보도하고 있는데, 이는 각급 학교 청소년을 대상으로 한 보도연맹 가입이 전국적으로 추진되고 있었음을 시사하는 대목이다.

보도연맹원에 대한 대규모 학살은 6·25전쟁이 발발한 후 북한군에 밀리던 시기인 1950년 7월과 8월 사이에 집중적으로 자행되는데, 마산의 경우 피해자 수가 1,681명이라는 구체적인 증언이 있다. 4·19 후인 1960년 6월 5일 국회의 진상조사 과정에서 증인으로 출석한 '마산피학살자유족회' 간부였던 김용국 씨가 밝힌 숫자다. 증언에서 그는 "경찰, CIC(군 특무대), 민간 우익단체 등이 1950년 7월 15일 맹원(보도연맹원)들을 마산시민극장에, 마산 외곽 창원군 등의 경우 파출소나 면사무소로 소집한 뒤 모두 마산형무소에 가두었다. 그리고 1-2주가량 형무소에 갇혀있다

CIC의 분류작업을 거쳐 (이들은) 마산 앞바다에 수장되었으며, 피학살자 수는 1,681명이다"라고 말했다. 좀 다른 증언도 있다. 역시 마산유족회 일원인 한범석은 마산형무소에 수감돼 있던 보도연맹원들을 몇 차례에 걸쳐 부산형무소로 이감시켰다는 사실을 전언 형태로 말했는데, 이들 이 감자들은 부산형무소에서 처형됐을 가능성이 높기 때문에 마산지역 피학 살자 수에 약간의 차질이 있을 수 있다는 얘기로도 볼 수 있다.

마산지역 보도연맹원들에 대한 학살은 시발점이 시민극장이고 이어 마산형무소 그리고 마산 앞바다 등으로 그 동선이 이어진다. 김용국의 증언과 함께 1960년 6월 2일자 마산일보는 좀 더 구체적으로 1950년 7월 15일 시민극장에서 시작된 학살 만행을 다음과 같이 전하고 있다. 그날 마산 보도연맹은 시국강연회를 개최한다는 '미명'으로 보도연맹 가입자들을 시민극장에 집합시킨다. 함안, 고성, 의령, 창녕 등 마산 외곽의 연맹원들에게는 이에 앞서 "길 닦으러 간다"라는 명목하에 삽과 괭이를 지참케 해 불러 모으고는 트럭에 실어 그대로 마산형무소에 수감해버린다. 시민극장으로 불려온 연맹원들도 전원 마산형무소에 가둔다. 그리고는 이들을 얼마간의 기간 동안 분류작업을 거친 뒤 일주일간에 걸쳐 진해 앞바다, 북면 뒷산, 진해고개, 39사단 등지에서 당시 HID, CIC, 경찰 등이 기총사격으로 학살했다는 것이다.

군·경은 처형과정에서 이들이 달아나지 못하도록 앞뒤 사람의 허리를 나일론 줄로 묶었고, 양손도 결박했다. 얼굴에는 짚으로 만든 벙거지를 씌웠다. 그리고는 모두 총살했고 수장했다. 이들 가운데 살아남은 사람도 더러 있다. 돈을 주고 풀려난 경우다. 당시 마산경찰서 사찰계장 정도환

1960년 피학살자 유족회 결성식장에서 오열하는 유족들.

및 사찰계 형사 노장현 그리고 형사 황임규 등은 자백을 강요하면서 고문하는 가운데 석방을 구실로 가족들에게 금품을 강요했으며, 실제로 30만 원을 주고 석방된 사람도 있었다는 보도(『마산매일신문』, 1960년 10월 23일자)가 있다. 이들 경찰뿐만 아니었다. 마산의 군특무대CIC 상사인 노양환 등도 연맹원 수십 명의 가족들로부터 금품을 받고 석방해 줘 막대한 돈을 챙겼다는 것은 공공연한 사실로 지금껏 전해지고 있다.

보도연맹에 가입한 3백여 명에 이르는 청소년 학생들의 운명은 어떻게 됐을까. 이에 관해서도 재소자 명부와 인적사항 등의 기록이 사라져버려 구체적인 내용은 파악할 수 없으나, 대다수가 처형을 면치 못했을 것으로 보인다. 2009년 12월 '진실화해위원회'가 조사해 확인한 어느 지역의 희생자 77명 가운데, 당시 마산중 4학년이던 송규섭과 창원군 진전면의 이양순 등 10대가 몇몇 포함되고 있는 것으로 보아도 그렇다. 이와 관련해 마산상고에 재학 중이던 한 학생은 좌익성향의 학생동맹에서 부탁한 포스터를 그려줬다는 혐의로 퇴학당한 후 보도연맹에 가입돼 무참히 학살당했다는 여동생의 증언도 있다.

1960년 국회의 진상조사에서 김용국은 마산지역 보도연맹 관련 민간인 피학살자 수가 1,681명이라고 증언했지만, 명단은 250명의 것밖에 제출하지 못했다. 때문에 1,681명이라는 숫자도 액면 그대로 받아들이기에는 문제가 있다. 더구나 아직도 마산지역에서는 학살 당시 집단으로 매장된 피해자들이 발견되고 있기 때문이다. 지난 2002년 8월 31일 태풍 루사 때 엄청난 양의 폭우가 몰아치면서 그 여파로 9월 5일 매장지가 드러난 마산시 합포구 진전면 여양리의 학살 현장도 그중의 하나다. 그곳 여양리의 산태골을 발굴한 결과 163구의 피해자 유골이 처참한 모습을 드러낸 것이다.

보도연맹 민간인 학살은, 이승만 정권하에서 반공검사로 이름을 드날렸고 보도연맹을 입안해 추진하는 데 앞장섰던 오제도조차도 이승만 정권의 '큰 과오'라고, 죽기 전인 1999년 11월 한 시사잡지와의 인터뷰에서 인정했듯이 국가가 국민을 상대로 자행한 명백한 만행이다. 이 사건이 이승만 정권의 큰 과오라고 했으니, 오제도는 이 사건의 최고 수준의 가해자로 이승만을 지목한 것이다. 이에 더해 이승만이 직접적인 가해자임을 구체적으로 지목한 증언도 있다.

보도연맹 사건 당시 헌병대 간부였던 김 모 씨가 2007년 민간인학살 진상규명 충북대책위 기자회견에서 "남로당 계열이나 보도연맹 관계자들을 처형하라"는 이승만 대통령의 지시가 있었다고 증언했다. 또한 보도연맹 민간인 집단학살에 헌병대가 깊숙이 개입했다는 사실도 고백함으로써 보도연맹원 학살이 국가의 치밀한 계획하에 이뤄졌음을 말해 준 것이다. 궁극적으로 이 사건은 반공을 정권유지의 수단으로 삼은 이승만이 사상전향 조직인 보도연맹과 연맹원들 그리고 사상과 무관한 국민을 국민은커녕 적으로 삼아 학살을 자행한 국가범죄였다는 결론이 나온다.

이승만이 최고 수준의 가해자라면 그의 뜻에 생각과 판단 없이 맹종한 하수인 격의 가해자, 특히 마산지역의 그들은 누구일까. 이승만의 주구 노릇을 한 김종원을 우선 들 수가 있겠다. '백두산호랑이'로 불렸던 김종원의 마산과의 인연은 깊다. 1948년 10월 국군 14연대가 반란을 일으킨 여순반란사태 때 김종원은 5연대 1대대장으로 마산에 주둔하면서 반란군 진압작전에 참전해 그 공로로 1949년 마산에서 창설된 16연대의 부연대장이 된다. 6·25 발발 후 23연대장으로 경북 영덕지역의 보도연맹원 학살을 주도한 후, 1950년 7월에서 9월까지 자행된 마산과 부산형무소 재소자 학살을 지휘한 주모자격인 인물이다.

마산지역의 보도연맹 학살만행을 진두에서 지휘한 군 관계자로는 특무대의 이우정, 이진영, 노양환이 꼽힌다. 당시 마산 특무대 대장은 허태영이었고, 헌병대 대장은 박진석이었는데, 이들 책임자보다는 오히려 노양환 상사 등 실무 기관원들의 횡포와 악행이 더 심했다. 경찰들로는 마산경찰서장 조영운, 사찰형사 구중억, 형사반장 최익주, 형사 이부종, 사찰계장 강상봉, 정도환, 노장현, 황임규 등이 꼽힌다. 이들 외에 '한청(한국청년단)' 등 극우단체도 학살만행에 가담했다. 이들은 1960년 4·19 이후 조직된, 노현섭 회장을 중심으로 한 '마산지구 양민학살 유족회'에 의해 고발된다. 1950년 7월에서 10월 사이 마산형무소 등에 예비검속되어 있던 보도연맹원들을 바다와 야산으로 끌고 가 학살한 혐의다. 하지만 5·16 군사쿠데타와 함께 유족회가 탄압을 받으면서 이들에 대한 처벌은 미미한 수준에 그쳤다. 가해자들에 대한 처벌이 이러니 학살 사건이 제대로 규명될 리가 없다. 보도연맹 민간인 학살사건은 이런 점에서 미완의 상태로 아직도 역사 속에서 꿈틀거리고 있는 진행형의 그것이다.

"어느 날인가, 내 저녁 때 일찍이 와서 소 찾으러 가꾸마, 이러대. 그런데 소 찾으러 오지도 않고… 그 질로 가가 안 온 다 아이요."

한국군의 민간인 학살장면. 미군이 지켜보고 있다.

박영준의 책에서 보도연맹에 가입했다 65년째 돌아오지 않고 있는 남편을 아직도 기다리고 있는 이귀순(89) 할머니의 증언은 울부짖음이다. 이런 유가족들이 아직도 마산, 창원지역에 즐비하다. 정의는 말로써 하는 거창한 게 아니다. 이들의 맺힌 한을 풀어주는 것에서부터 정의를 운위하고 실천해야 한다. 진상을 철저하게 규명해 밝히고 가해자들을 끝까지 심판해야 하는 당위성이 여기에 있다.

재경마산학우회의 추억

재경마산학우회가 지금도 있는지 모르겠다. 이 모임은 서울에서 대학을 다니는 마산 출신 학생들로 구성된 단체로, 그 연원은 오래됐다. 1957년 '마산문화협의회'에서 펴낸 『마산문화연감』에 따르면 재경마산학우회는 1952년 결성됐다. 초대회장은 마산고 8회 졸업생인 박후식이, 2대 회장으로는 현 동서식품 장학재단의 이홍희 이사장이, 그리고 3대 회장은 마산상고 출신의 박수복이 맡았는데, 이홍희는 재경마산학우회 결성 당시 회칙과 조항을 만들었다. "悠悠한 天壤과 遙遙한 古今의 眞理를 探究하여 諸先輩가 築造한 偉大한 勳業을 繼承發展시키고져…"로 시작되는 회칙 전문은 아직도 회자되는 명문으로 전해진다.

초창기 학우회의 활동과 관련해서 『마산문화연감』은 1955년 8월에

'문학강좌'를, 9월에는 '자작시평회'를 개최했다고 기록돼 있다. 또 다른 옛 자료에 따르면 1957년 8월 신마산 제일극장에서 '시민위안의 밤'이 열렸는데, 이를 학우회가 주최했다는 짤막한 글이 하나 나온다. 이후 학우회에 관한 기록은 찾아보기 힘들다. 이홍희 이사장에 따르면, 패기있게 결성된 학우회는

재경마산학우회지 「남도」 창간호(1975. 2).

1950년대 후반까지는 그런대로 활동을 지속해 나갔으나, 그 후 경비부족 등 제반 사정으로 그 활동이 위축됐다는 것이다.

이후 재경마산학우회가 다시 부각돼 모습을 드러낸 시기는 1965년이니, 아마도 그 전에는 학우회가 있기는 있으되 유명무실한 상태로 그 명맥을 유지하다가 이 무렵 다시 재결성된 것이 아닌가 싶다. 1975년 2월에 나온 학우회지 『남도』 창간호에 따르면, 1965년 11월 30일 재결성을 위한 창립총회가 열려 회장에 조남규(전 한나라당 경남지부 사무처장)가 선임됐다고 나오는데, 이때를 기준으로 학우회 기수가 다시 정립된 것으로 보인다.

이 무렵 학우회가 다시 결성된 것은 아마도 시대적인 상황에 따라 대학생들의 역할이 요구되던 시기와 맞물려진다. 그 당시는 군사정권 아래 우리나라의 산업화가 시작되면서 농촌을 떠나 도시로 인구가 집중되고 있을 때다. 먹고살기 힘든 때였으니 대학진학률도 높지 않아 대학생들이

'대접' 받았고 대학생들은 자연히 자부심이 강했다. 그런 만큼 대학생들 스스로도 정치. 경제. 문화 등의 분야에서 사회를 계몽해야 한다는 의식들이 있었다. 이런 배경으로 전국 각 지역마다 재경학우회가 생겨나는 추세 속에 마산도 포함된 것이다.

이때 재결성된 마산학우회는 1975년 11대 집행부까지 이어져 왔는데, 그 이후 기수에 관한 기록은 좀 불투명하다. 학우회지『남도』의 경우 창간호를 포함해 4호까지만 전해온다는 점에서 아마도 이 시점에서 학우회 활동이 활발하지 못했을 것이란 추측을 낳게 한다.

아무튼 11기까지 이어진 재경마산학우회의 활동과 성격을 놓고 보면 확연하게 갈리는 부분이 있다. 조남규 회장의 1기부터 오창환 회장의 9기까지가 재경마산 대학생들의 선·후배 간 친목을 도모하는 한편으로 애향심을 바탕으로 고향의 발전을 위한다는 취지로 활동을 한 것이라면, 그 이후인 1974년 한철수 회장의 11기부터는 물론 친목과 고향발전이라는 전제는 깔고 있지만, 이와 함께 군사독재 철폐와 민주주의 회복을 위한 학생운동의 흐름을 탄 이념적인 색채가 짙어지는 특색을 갖는다. 말하자면 그때를 기점으로 학우회가 진보적인 성격으로 개편됐다는 얘기다.

10대 집행부는 이에 따라 이전의 학우회 활동과는 사뭇 다른 모습을 보이게 된다. 집행부 결성과 함께 제일 처음 시도한 게 학우회지인『남도』를 재발간한 일이다. 이를 위해 별도로 5명의 편집위원회(편집장 박진해)를 구성했는데, 이들은 이 회지가 "이 고장(마산) 젊은 지성의 대변지가 될 것임을 자부한다"고 편집후기에서 밝히고 있듯, 회지를 통해 정치체제에 대한 비판과 노동자·농민 등 소외계층의 실상을 소개하는 등 사회성이 짙은 진보적 색채를 띤 글을 게재했다.

이 회지에는 서울대생이었던 서익진의 "「경제적 측면에서 본 후진국 민주주의」 등 두 편의

제6회 '학우제' 문학의 밤(1971. 2).

논문과 연세대생이었던 박진해의 3·15정신의 부활을 주장하는 칼럼과 수출자유지역의 열악한 근로조건 등 문제점을 지적한 글 등이 실려 있다. 이 회지는 후에 이들 10기 집행부가 주축이 돼 발간한 무크지 『마산문화』에 영향을 줬다는 평가를 받고 있다.

10기 집행부에 이은 11기 1975년의 집행부는 서익진이 회장이 되면서 그 색체가 더 강했다. 그해 8·15 광복절을 맞아 '일제 식민지사관의 비판과 그 극복'이라는 주제로 심포지엄을 열었고, 76년 1월에는 연세대 한태동 박사를 초청, '민족문화 창조를 향한 새 가치관 모색'을 주제로 학술강연회를 개최한다.

이 학술강연회는 이후에도 계속되는데, 77년에는 고려대 강만길 교수, 78년에는 한완상 당시 해직교수를 초청해 '청년과 청년문화'라는 강연회를 가졌다. 당시 이 모임을 중심으로 별도의 소모임을 가지기도 했는데, 주요 멤버로는 74년 민청학련 사건으로 검거돼 군에 징집됐던 주대환(서

울대)과 역시 군에 징집됐던 황성권(한국외대) 등이 있었다.

이 소모임은 학술강연을 중심으로 연극·탈춤의 문화운동, 진보서적 읽기의 양서조합운동으로 맥을 이어가면서 한석태 당시 경남대 교수를 중심으로 경남대 최초의 이념동아리였던 '사회과학연구회'를 낳았고, 이같은 운동의 자양분이 궁극적으로 1979년 10월의 '부마민주항쟁'으로 이어진 것으로 보는 시각도 있다.

이념으로 경도된 것으로 보이는 이런 재경마산학우회의 활동에 대한 비판적인 시각도 만만치 않았다. 11기 집행부 이후 학우회 활동이 소강상태를 보이면서 시들해진 것에 그런 시각도 작용했을 것이라는 진단이 있지만, 어디까지나 추측이다. 글 모두에서 지금도 학우회가 있는지 모르겠다고 언급한 것은 11기 이후 학우회와 관련한 어떤 움직임도 포착되지 않고 있기 때문에 그런 추측을 해본 것이다.

앞에서도 언급했지만, 재경마산학우회의 역대 활동 중에 또 다른 비중을 차지하고 있는 것은 애향심을 담은 지역에서의 문화와 학술 활동이다. 1950년대 중반, 학우회가 태동되던 시기부터 이 활동은 학우회의 메인 이벤트였다. 재결성된 1965년부터의 학우회 활동도 그랬다. 이때를 기점으로 '학우제'가 개최되는데, 1회는 1967년 2월 5일부터 일주일간 열렸다.

당시 학우제는 초청학술강연회를 비롯해 음악회, 미술전, 시화전, 연극회 그리고 체육대회 등 다양한 활동이 펼쳐져 마산 시민들의 많은 호응을 받았다. 학우제의 전성기는 1971년 이감열 회장의 6대 집행부 때가 아니었나 싶다. 1971년 2월 3일부터 6일까지 진행된 6회 학우제에는 학생들뿐 아니라 수백 명의 시민들이 참석해 대성황을 이뤘다. 문학의 밤과 음악회, 연극회 그리고 '우리가 보는 한국사회'를 주제로 한 심포지엄에도 많은 사람들이 몰렸다.

겨울밤 한성예식장에서 열렸던 문학의 밤을 추억으로 간직하고 있는 사람들이 많다. 이 행사에 나는 음향을 맡았다. 서라벌예대 문창과를 다니던 이상철 시인의 절규에 가까운 시낭송이 있었는데, 나중에 알고 보니 소주 한잔을 걸친 상태에서 자작시를 울부짖듯 낭송한 것이었다. 서울대 정치학과를 다니던 한석태의 「장진주사將進酒辭」 해석과 낭송은 백미였다.

"군불견君不見/황하지수천상래黃河之水天上來/분류도해불복회奔流到海不復廻 그대, 알지못하는가. 황하의 물이 하늘에서 내려와 도도하게 바다로 흘러들어가면 돌아오지 못한다는 것을…" 주은래를 닮은, 특히 짙은 눈썹을 쏙 빼닮은 한석태 특유의 청아한 목소리는 청중들의 넋을 사로잡고 있었다. 여기에 해석이 일품이었다. 「장진주사」를 원문 그대로 해석하면서 여기에 현대적인 관점으로 글을 재창조한 것인데, 그 후로도 그런 해석으로 「장진주사」를 읊는 사람은 한 명도 못 봤다.

이 무렵 지역신문의 학우회를 상대로 한 필화사건도 학우회 활동과 관련해 빼놓을 수 없는 대목이고 추억이다. 당시 행사를 위해 모이던 곳은 다방밖에 없었다. 남성동 대광예식장 지하의 '미라보다방'이 집행부가 모이던 곳이다. 아마도 남녀 학생들이 매일 모여 죽치고 앉았는 게 꼴사나워 보였던 모양이다. 지역신문의 어떤 논설위원이 "남녀 학생들이 매일 하는 일 없이 모여앉아 노닥거리고…" 운운하며 학생들을 꼬집는 칼럼을 쓴 것이다.

지금은 고인이 된 그 논설위원은 고등학교 때 국어를 가르친 은사로 익히 잘 알고 있던 분이다. 모두들 발끈했다. 집행부는 결국 신문사와 그 논설위원의 중성동 자택을 항의방문하기도 했다. 며칠 후 그 신문에 학우회 집행부의 입장이 반영된 사과형식의 칼럼이 게재되는 것으로 일단락됐다.

이후 윤창득 회장의 8대 집행부부터 학우제 행사의 색채가 좀 달라진다. 학술과 문화라는 기존의 행사기조는 유지됐지만, 이에 예능적인 요소가 더해진 특색을 갖는데, 아마도 그 당시 유행하던 통기타와 청바지문화를 반영한 것이 아닌가 싶다. 이 무렵 서울서 인기가 높던 포크송 가수를 초청해 공연을 가지기도 했는데, '현경과 은혜', 이은실 등이 그때 처음 마산에 와서 경남대 강당 무대에서 노래를 불렀던 기억이 있다.

1974년 오창환 회장의 9회 집행부 때도 그랬다. 당시 창원의 39사단에 군종사병으로 있던, 후에 「너」를 불러 유명해진 이종용이 처음 학우회 행사에 모습을 나타냈던 시기인데, 그해 1월의 8회 학우제 때는 윤형주, 김세환 등을 초청해 공연을 가졌다. 양희은 대신 어니언스가 온 이때 공연의 사회가 바로 강삼재 전 의원이다.

1974년 오창환 회장의 9기에 이어 등장한 게 앞서 언급한 한철수 회장의 10기로, 운동권 학생들을 중심으로 학우회가 개편된 게 이때부터다. 이런 체제로 개편된 데에는 학우회 활동이 학우회의 기본취지와는 달리 너무 예능 쪽으로 치우쳐간다는 비판에 따른 것이라는 지적은 어떤 측면에서는 타당한 것이라 볼 수 있다. 그러나 그렇게 개편된 학우회 또한 이념 쪽에 너무 경도된 것이 아닌가 하는 지적이 있다는 점에서 학우회가 그 활동에 있어 너무 한쪽으로 치우치면 안 된다는 교훈을 남겨준 것이라고 생각된다.

    재경마산학우회가 아직도 있기는 있을 것이고, 그렇기를 희망한다. 마산 학생들의 재경대학 진학률이 높은 만큼 이들을 중심으로 한 구심체가 없을 수 없을 것이다. 나름 연륜과 전통을 갖고 있는 재경마산학우회가 다시금 마산 사람들 앞에 활기찬 모습을 나타냈으면 하는 바람을 가져본다.

옥기환·명도석 가家의 며느님들

마산을 상징하고 대표하는 두 가문의 며느리들이 있다. 한 분은 남전 옥기환藍田 玉騏煥 선생의 셋째 며느리인 구귀선(1924-) 여사, 또 한 분은 허당 명도석虛堂 明道奭 선생의 큰 며느리인 이정희(1925-) 여사다. 옛 마산과 그를 바탕으로 한 오늘의 마산을 얘기하면서 큰 그림자를 드리운 옥기환(1875-1953)과 허당 명도석(1885-1954) 선생을 빼놓을 수는 결코 없을 것이다.

그만큼 두 분은 마산을 위해 평생을 교육과 독립운동에 헌신했고, 국난의 시기 자산가들이 가져야 할 행동을 몸소 실천한 노블리스 오블리제의 표상들이다. 두 선생이 이를 통해 근대 마산에 끼친 공헌과 업적은 지대하다.

두 분의 활동과 업적은 이미 잘 알려진 것이지만, 몇 년 전 두 분 며느님을 뵙고 다시 한번 두 선생을 반추할 수 있었다. 그 무렵 80대 후반의 기품 있는 두 며느님

옥기환(1875-1953) (좌), 명도석(1885-1954) (우)

은 시아버지들을 또렷이 기억하고 자랑스러워 했다.

주지하다시피 옥기환은 무엇보다 마산교육의 오늘이 있게 한 장본인이다. 암울한 일제강점기 민족의 각성을 촉진하고 지역의 발전을 꾀하기 위해서는 다른 무엇보다 교육이 중요한 것임을 일찍 간파하고 이 방면에 열정을 쏟아 교육지사로서의 큰 족적을 남겼다. 한국 최초의 노동야학인 '마산노동야학교'를 개설하고 교장에 취임한 게 한 세기도 훨씬 전인 1907년이다. 또한 선생은 현재의 성호초등학교와 마산중학교, 그리고 마산상업고등학교(현 용마고) 설립의 중심이기도 하다. 선대로부터 물려받은 재산과 자신의 사업으로 축적한 부를 바탕으로 마산 지역사회의 경제적 토대를 마련했으며, 이를 통해 독립운동에도 기여했다는 평가도 따른다. 이런 업적에 따라 마산 사람들의 그에 대한 신뢰와 존경심은 컸다. 선생이 해방 후 미 군정청에 의해 초대 마산부윤(시장)으로 추대돼 역임한 것도 이런 바탕이 있었기 때문이다.

명도석 선생은 옥기환 선생보다 나이가 아래지만, 같은 시대를 살면서 행동으로써 마산의 자존과 민족정신을 강하게 표출했던 선구적인 민족운

명도석 선생의 며느리 이정희(좌),
옥기환 선생 며느리 구귀선 여사(2010년 10월, 마산 불로식당).

동가다. 그의 삶은 한 치의 흐트러짐 없이 교육과 독립운동 그리고 지금의 관점에서 보자면 남북통일의 정신으로 매진했다. 마산 선창가 객주 출신의 건어물상으로 큰돈을 번 선생은 이를 바탕으로 평소의 소신이던 교육과 민족운동에 뛰어든다. 옥기환과 함께 '마산노동야학교'를 만든 이도 명도석 선생으로, 부교장을 맡아 민족정신이 투철한 교사들과 함께 학생들을 가르친다. 이와 함께 독립운동에도 적극 뛰어든다. 1919년 3·1운동 때는 야학을 함께했던 이형제, 나인환 등과 마산의 독립시위를 주도한다. 옥기환과 함께 설립한 '원동회사'를 독립운동의 자금통로로 활용하는데도 주도적인 역할을 했다. 1920년에는 일경에 체포돼 옥고도 치른, 마산의 대표적인 항일운동가로 평가되는 인물이다. 마산에 '허당로'가 있고, 그의 생가터 표지석과 기념비가 세워져있는 것도 이 때문이다.

이렇듯 마산의 대표적인 인물로 꼽히는 두 분은 같은 시대를 앞서거니 뒤서거니 하면서 협력을 아끼지 않았다. 언급했듯이 한국 최초의 노동야학인 '마산노동야학교'를 같이 만들어 교장과 부교장을 역임했고, 마산에서 조선인이 설립한 최초의 주식회사로, 마산경제 역사에 중요한 한 지점으로 평가되는 '원동상회'도 둘이 함께했다. 이 뿐만 아니라 두 분은 집안끼리도 교류와 협력이 많았다.

두 분은 우리 민족이 가장 암울하고 고통스러웠던 시대를 살았다. 나라가 일제에 의해 강점된 식민지 시대를 거치니 남과 북의 분단이 기다리고 있었다. 이 와중에 맞은 한국전쟁도 고스란히 온몸으로 맞았으며 그 여파에 따른 시련의 시기도 보냈다. 그럼에도 두 분은 식민시기 민족정신을 앞세운 교육과 독립운동이라는 지난하고 고단한 일에 앞장섰다. 이런 과정에서 집안과 그 식솔이 온전했을까. 그럴 리 없다. 식솔도 많은 고초를 당했고, 그 여파에 따른 슬픈 역사도 있다. 명예로우면서도 슬프고 안타까운 집안의 역사라 거론하기가 좀 저어스런 면이 없지 않지만, 두 며느님을 통해 이를 옮겨보는 것도 그 나름 의미 있는 것이라는 생각이 든다.

두 분은 이 어르신들을 모시고 한 평생 가문의 영복을 함께한 며느님들이다. 선각자들은 원래 그렇다. 빛이 크고 밝으면 그림자도 더 길고 어둡다. 옥기환, 명도석 두 선생이 독립과 교육사업, 특히 향리인 마산에 쏟은 열정과 노력은 지대한 것이다. 그에 따라 두 선생과 가족들이 받은 고초도 이루 말하기 어려운 것이었다. 식민시기를 거쳐 해방공간 그리고 동족상잔으로 이어지는 이념대립의 부산물까지를 온몸으로 고스라니 짊어진 것이다.

며느리의 입장에서 두 며느님이 겪었던 고초는 무엇이었고 무엇으로 남았을까. 한이 될 수도 있을 것이다. 그러나 그 한은 시아버님에 대한 절절한 그리움과 고마움으로 승화되어 있었다.

"큰사람의 풍모는 조그만 행동에서도 그 본本이 나타나기 마련입니다." 시아버님을 회상하며 두 분 며느님이 앞서거니 뒷서거니 하면서 하는 말이다. 두 선생의 며느리에 대한 사랑은 지극했다. 이런 관점에서 두 며느님을 살펴보았더니 서로들 남이 아니다. 이정희 여사의 백모, 그러니까 큰어머니가 옥기환 선생의 장녀였으니 말이다.

구귀선 여사에 따르면 옥기환 선생은 슬하에 5남매(4남1녀)를 두었다고 한다. 구 여사는 셋째 아들 정수의 부인이다. 구 여사는 1943년 스무 살에 진해에서 옥 씨 가문으로 시집을 왔는데, 시아버지인 옥 선생으로부터 많은 사랑을 받았다고 한다.

구 여사는 시아버지에 대해 "훤칠하게 잘 생기셨고 기골이 장대했고 참 훌륭하신 분"이라고 회고했다. 무슨 일을 하는지 대강은 알고 있었지만, 시집와 시아버지를 뵙게 되고 집을 드나드는 사람들의 면면과 주변에서 얘기를 듣게 되면서 더 존경하는 마음이 생겼다고 한다. 구 여사가 시집올 당시 옥 선생의 집은 남성동 113번지(지금의 대신증권사옥이 들어선 자리)였는데, 골목 안 큰 대문의 한옥으로, 동네에서 '옥부잣집'으로 불리던 집이다.

이 여사는 명도석 선생의 큰며느리다. 장사도 하고 교육사업도 벌이고, 독립운동도 하는 시아버지를 모신 대갓집의 큰며느리 생활이 오죽 어렵고 피곤했겠는가. 이 여사는 결국 이를 견디지 못하고 친정으로 가 친정아버지에게 하소연하는 지경에까지 이른다. 이 소식을 명 선생이 들었다. 지체 없이 사돈집으로 어려운 발걸음을 했다. 그리고는 사돈 앞에서 며느리에게 말했다.

"아가야, 아가야, 니가 가는 곳이면 어디든 나도 가야 하는 기라…." 어려운 사돈 앞에서 한 이 말은 무슨 뜻인가. 며느리 가는 곳이면 어디든 같이 간다고 한 것은, 죽어도 같이 죽고 살아도 같이 살아야 하는 가족으로서 아끼고 사랑하는 며느리에 대한 최상의 정언情言아니겠는가. 지엄한 시아버지의 그런 말에 토를 달 며느리가 어디 있을까. 이 여사는 군말 없이 시아버지를 따라 시댁으로 돌아왔다.

구귀선 여사는 풍채 좋고 덕망 높았던 시아버지에 대한 기억이 새롭다면서 그에 얽힌 얘기 한 토막을 들려준다.

"마산 장날인 5일과 15일엔 우리 집 앞에 사람들이 줄을 섰었지요. 저 잣거리의 걸인들은 물론이고 지나가는 사람들까지 줄을 이어 섰었지요. 그날은 바로 '옥부잣집 밥 먹는 날'이었습니다. 그날이면 가족들이 총출동해 밥 한 주걱에다 찐 전갱이 한 마리 얹어 누구든 대접했지요. 시아버지는 그런 방법으로 어렵고 배고픈 사람들을 위해 베푸시는 분이었고, 사람들은 밥 한 끼 얻어먹기 위해 줄을 섰지요."

또 가족들로 하여금 한 달 중 하루는 굶게 했다고 한다. 못 먹고 가난한 사람들을 생각하는 차원에서 이를 몸소 경험하게 했다는 것이다.

옥기환 선생은 슬하에 네 아들을 뒀다. 구 여사는 셋째인 정수의 부인인데, 둘째인 상수가 좌익에 연루되는 바람에 많은 고초를 치른다. 특히 6·25 후 상수가 월북하는 바람에 집안은 풍비박산 난다. 이때 선생과 막내아들 용수는 마산형무소에 투옥되고, 용케 피신해 투옥은 면했던 큰아들 종수는 후에 붙잡혀 부산에서 고문을 받기도 했다. 상수의 좌익행적을 빌미로 선생 집을 서북청년단원들이 무단 점거해 갖은 행패를 부리기도 했다. 옥기환 선생과 그 가족들은 또 선생의 일제시기 일부 친일행적 논란과 관련해 고초를 겪기도 했다.

　명도석 선생은 슬하에 아들 둘과 딸 넷을 뒀다. 이 여사는 장남인 주환의 부인이다. 마산에서 국회의원을 지낸 한태일과 김춘수 시인 등이 사위다. 손자로 인호와 인갑이 있는데, 이 둘이 할아버지의 유업을 계승하는 일에 앞장서고 있다. 지난 2005년 세워진 명도석 선생의 기념비도 그 일환으로 마련한 것이다.

　명 선생도 노후에 그다지 편한 생활을 보내지 못했다. 선생은 강직하고 청렴했다. 해방 후 선생의 권력을 알고있던 미군정청이 선생을 중시했고, 이에 따라 미 군정의 일을 맡으면서 영향력이 세졌다. 많은 사람들이 일본사람들이 남기고 간 적산재산을 불하받게 해 달라고 달라붙었다. 선생은 자신이 거처하는 방에 도끼를 걸어두고 이들을 엄정하게 대했다는 일화가 전한다. 선생은 그러나 해방 후 몽양 여운형의 '건준(건국준비위원회)'에 관여, 마산시위원장직을 맡게 되면서 좌우대립의 해방공간에서 좌익으로 몰려 심한 고초를 겪기도 했다.

　구 여사는 손자인 대필 씨와 진해에서 산다. 진해가 고향이기도 하지만, 일본 와세다 대학을 나와 진해에서 사업을 했던 남편 정수의 흔적이 남아 있는 곳이기도 하다. 올해 92세인 구 여사는 아직도 동네에서 예절교육을 할 정도로 정정하다. 한 살 아래인 이 여사는 장남인 인호와 함께 마산에서 살고 있는데, 현재는 병원에서 요양 중이라고 한다. 얼마 전까지도 건강했는데 지금은 많이 쇠약해졌다는 것이 막내아들 인갑의 전언이다.

'추구회追九會'의 60여 년 우정 이야기

'연조戀釣'라는, 옥편에도 없는 한자어가 있다고 한다. '사랑을 낚는다'는 뜻으로 풀이할 수 있을 것이니, 말하자면 '사랑이 이뤄진다'라고도 해석할 수 있지 않을까 싶다. 하지만 다시 한번 말하지만 옥편에는 안 나오는 조어식의 단어다. '연조'라는 이 단어에 얽힌, 어떤 마산 사람의 아름다운 우정 이야기가 아직도 회자되고 있어 옮겨보고자 한다.

1950년대 초반, 마산에서 같은 고등학교를 다닌 어떤 친구 사이의 얘기다. 두 사람은 모범생이었고 공부를 잘해 둘 다 서울대학교에 입학한다. 한 친구는 문리대 정치학과, 또 한 친구는 공대 화공과다. 비록 대학에서 이과와 문과로 나뉘었지만, 둘의 우정은 계속됐고 깊었다. 문리대와 상대에 다니는 타 지역 출신의 학생들이 둘 주변에 모여들면서 이들은 조

그만 모임을 만든다. 그게 아홉 명이 모였다 하여 '구인회九人會'로 정했고, 별칭하여 '블루베인Blue Vein'으로 불렀다 한다. 이 별칭은 청년의 푸른 맥을 영원히 이어가자는 의미로 지어졌다. 이들은 거의 매일 만나 문학과 예술을 얘기하고 정치를 논하고 미래를 설계한다.

대학을 졸업하고 이들은 각자의 길을 걷는다. 정치학도는 학교에 남아 교수의 길을 걷고 있었고, 화공과 학생은 유수의 독일계 회사에 취직했다. 다른 친구들도 언론계와 기업들로 각각 진출한다. 이들은 사회에 나와 각자의 길을 가면서도 대학에서의 우정을 그대로 간직한 채 '청맥'을 이어 나간다. 그러던 중 한 친구가 사고로 유명을 달리한다. 너무나 이른 요절이었다. 바로 화공과를 나온 친구였다.

친구의 갑작스런 죽음으로 이들은 큰 충격을 받았지만, 그 친구와의 우정은 잊을 수가 없었다. 비록 세상엔 없지만 그 친구와의 우정을 영원히 이어가기 위해 한 가지 대안이 나온다. 바로 죽은 친구의 막냇동생을 '구인회'에 가입시키기로 한 것이다. 막냇동생은 방학 때마다 마산의 집으로 내려오는 형의 친구들과 알고 지내 이미 친숙한 상태였고, 서울에서도 모임에 자주 나갔기 때문에 자연스럽게 형을 대신할 수 있었다. 동생은 고려대학을 나와 서울의 한 언론사에 기자로 재직하고 있었다.

세월이 지나면 아무리 그리운 사람도 잊게 된다지만, 이들은 그렇지 않았다. 중견 사회인이 되어서도 이들은 먼저 간 친구를 잊을 수 없었다. 그 친구를 영원히 기억하자는 의미에서 모임의 명칭을 바꾼다. '추구회追九會'라고 했는데, 먼저 간 친구의 끝 이름이 '九'라 그렇게 이름을 붙인 것으로, 멤버는 대학시절의 친구들 그대로였다. 이 모임은 수십 년이 지난 지금까지도 친구의 생일이나 기일이면 함께 만나 친구를 그리면서 대학 시절 청운의 꿈을 이루고자 의기투합했던 그 시절을 추억한다.

'추구회'를 통해 만나면서 이들 친구들은 죽은 친구를 위한 어떤 일을 도모하고 있었다. 결혼도 못하고 죽은 친구에게 사랑하는 여인이 있었다는 사실은 같은 마산 출신인 정치과 교수를 통해 이미 알고 있었다. 그 여인을 찾아보자는 계획을 세운 것이다.

그 여인은 요절한 친구가 마산고에 다닐 적에 제일여고를 다니고 있었는데, 친구는 그 여학생에게 연모의 마음을 갖고 있었다고 한다. 하지만 그 연모의 마음은 그렇게 적극적이지 못했고 그저 살짝 얼굴 한번 보고 헤어지는 수준이었다. 모범생 소리를 듣고 있는 주제에 아무래도 집안 어른 등 주위의 시선을 고려하지 않을 수 없었을 것이다. 때문에 어쩌다 얼굴을 보기는 해도 직접 사랑의 표현이니 말은 전하지 못했다. 그래서 편지로 안타까운 사랑의 마음을 전했다. 그게 유일한 수단이었던 것이다. 그때 편지에 자주 쓴 말이 바로 '연조'였다는 것. 그 표현으로 자신의 애틋한 사랑의 마음을 나타냈다는 것이다.

수줍던 청춘의 시절, 만나기는 해도 그런 연애편지를 직접 전하기가 수월치는 않았을 것이다. 그래서 그 편지를 전하는, 이를테면 메신저가 있었다. 그 메신저가 바로 정치과 교수 친구였는데, 이쯤에서 실명을 밝히자. 바로 노재봉 전 국무총리가 그 역할을 했던 것으로 전해진다. 다른 친구들은 김성우, 신동호 등 한국일보와 조선일보에 몸담았던 언론계 중진들이고, 동생은 배효진 전 스포츠TV 사장이다. 이 이야기를 들려준 사람은 동생인 배효진이다. 배효진은 이 이야기를 하면서 '연조'를 '연작'으로

'추구회追九술'의 60여 년 우정 이야기 277

'추구회' 60년 우정에 대해 증언하는 전 스포츠TV 사장 배효진.

발음했다. '연조'로 쓰고 '연작'으로 읽는다는 것이다. 그게 맞는 말인지는 알 수가 없다.

죽은 친구의 옛 여인을 찾는 일은 쉽지가 않았다. 마산의 학교와 옛 주소를 통해 수소문해보고, 그 여인의 지인을 통해서도 알아보았지만, 그 여인이 한국에 없다는 사실 한 가지 외에는 알 수가 없었다. 그렇게 해서 수년이 흘러갔지만, 이들 친구들은 포기하지 않았다. 그러다 결국 그 여인의 행방을 알아낸다. 그게 지난 2004년이다. 그 여인은 1970년대에 캐나다로 이민을 가 그곳에 살고 있었던 것이다. 어떻게 어떻게 해서 그 여인과 연락이 취해진다. 그러나 그 여인은 마산 제일여고 시절 알고 지냈던 그 옛 마산고 연인을 잘 기억하지 못했다. 자초지종을 들려주고, 특히 편지를 통해 전달됐던 수줍은 사랑의 마음이 담뿍 담긴 '연조'에 얽힌 얘기도 했지만, 아쉽게도 옛 연인에 대한 기억이 별로 없다고 한다. 이미 50여 년이 지난 먼 기억 속의 추억을 되살려내기가 어려웠을 것이다.

'추구회' 친구들은 그러나 낙심하지 않고 그 여인을 이듬해인 2005년 한국으로 초대한다. 그리고 함께 만나 좀 더 구체적으로 얘기하면서 요절한 친구의 애틋한 사랑의 마음을 전한다. 한참을 듣고 있던 그 여인은 그

제서야 기억을 되살려낸다. 그리고는 뒤로 돌아서 눈물을 지었다고 한다. 기억에 가물가물하지만 '연조'라는 아름다운 사랑의 마음을 전한 그 연인과 비로소 다시 만나는 자리였다.

먼저 저 세상으로 간 친구의 옛 연인을 찾아준 이들 '추구회' 친구들은 또 한 사람, 유명을 달리한 친구를 그리워하고 있다. 죽은 친구는 1969년 세상을 떠들썩하게 했던 북한의 대남 지하당조직인 통일혁명당 사건에 연루돼 사형선고를 받았으나, 전향해 생명을 이어가다 1972년 7·4남북공동성명 후 사형당한 김질락金瓆洛이고, 그의 사후 그 가족들에 대해 궁금해하고 있다. 문리대 정치학과를 다닌 김질락도 '구인회'의 같은 멤버로, 그의 부인과 함께 마산과도 인연이 있다.

경북 영천이 고향인 김질락은 삼촌인 김종태의 꼬임에 넘어가 통일혁명당 창당에 깊이 개입하고 월북해 조선로동당에 가입한 후 북한의 지령으로 간첩 활동을 하다 체포된 것은 이미 잘 알려져 있는 사실이다. 하지만 그가 체포되기 전 마산을 피신처로 삼았던 것은 잘 알려지지 않았던 사실이다. 김질락이 마산을 피신처로 삼은 것은, 요절한 '구인회'의 마산 출신 친구와 친했기 때문이다. 통일혁명당에 대한 수사가 은밀히 진행되고 있던 시기에 김질락은 자신에게 조여드는 수사 분위기를 감지하고 도피에 나선다.

하지만 마땅히 갈 곳이 없었다. 그래서 문리대 친구들을 찾아가 논의한 끝에 마산으로 내려가기로 결정한다. 물론 문리대 친구들은 김질락이 지하당 간첩사건에 주모자로 연루된 사실을 까맣게 모르고 있었다. 다만 이념 문제를 둘러싼 논란으로 시끄럽던 그 시절, 정치과 출신답게 또 어떤 이념사건에 연루된 정도로만 알고 있었다. 친구들은 당시 죽은 형 대신에 모임에 나오고 있던 앞에서 언급한 그 동생 배효진에게 마산에서의 일자리를 당부한다. 배효진은 당시 마산에서 발간되던 일간지 경남매일의 주식을 매형과 나눠 갖고 있는 대주주로, 큰형이 사장으로 있었다. 그래서 형인 사장에게 부탁해 김질락을 그 신문사의 기획관리실장 자리에 앉힌다. 김질락은 기획실 일을 맡아 하다 얼마 후 논설위원이 된다.

김질락은 1968년 중앙정보부에 의해 체포돼 구속된다. 김질락도 그랬지만, 주범인 김종태와 주모자의 한 명인 이문규를 체포하는 과정은 은밀하게 진행된 하나의 비밀작전이었다. 정보부에서는 이들의 소재를 이미 파악하고 있었지만, 일망타진을 위해 감시만 하고 있었다. 그러던 중 규모가 파악되자 먼저 김종태를 잡고 나머지 주모자들을 잡을 계획으로 김종태를 체포한다. 하지만 김종태가 체포된 후 얼마 되지 않아 김질락과 이문규는 어떻게 이 사실을 알았던지 갑자기 잠적해 버린다. 김종태가 체포되는 과정에서 김종태의 신변 위해를 우려해 뒤를 밟고 있었던 그의 처가 김종태가 체포됐으니 도망치라고 이들에게 알려준 것이다. 김질락은 이 소식을 듣고 출장을 빌미로 경남매일에서 빠져나와 도망 다니다가 지방도시 어딘가에서 체포된다. 이문규는 그보다 좀 더 후에 잡힌다. 김질락이 마산에서 도피생활을 하고 있을 때 그의 아내도 마산에서 제일여고 국어교사로 일하고 있었다. 역시 배효진이 매형에게 부탁해 마련해 준 것이다.

김질락은 사형선고를 받고 서대문교도소에서 복역하며 전향한다. 전향의 의지를 담아 교도소 안에서 쓴 책이 『어느 지식인의 죽음』이다. 이 책은 1991년에 나왔고, 2012년에 복간됐다. 이 책의 원제목은 『주암산酒

岩山이다. 김질락이 월북 당시 평양에 있을 때, 초대소의 뒤에 있던 산 이름이다. 『주암산』은 김질락이 처형당한 후 3년 정도가 지났을 때 당시 북한연구소가 펴내던 『북한』 잡지에 연재됐던 글이다.

사상전향을 했고, 사형선고 후 4년을 복역하고 있었기 때문에 김질락의 전격적인 사형집행을 안타깝게 혹은 의아스럽게 보는 시각이 많았다. 7·4 남북공동성명이라는 남북화해의 분위기 속에서 북한이 변절한 김질락을 그냥 놔뒀을 리 없었을 것이라고 보는 견해도 있고, 또 아무리 전향을 했다 해도 북한을 다녀왔다는 사실을 도저히 묵과할 수 없는 당시 정권의 분위기 때문으로 보는 시각도 있다. 어쨌든 그는 1968년 7월 15일 형장의 이슬이 돼 사라져 버린다. 『어느 지식인의 죽음』에는 그의 딸이 죽은 아버지 김질락을 그리워하며 쓴 글이 나온다. 아버지 사형 당시 6살이었던 딸은 처형당한 아버지의 시신을 서대문교도소 앞에 정차된 차에서 목격했다고 쓰고 있다. 오빠가 시신이 담긴 관 앞에서 눈물의 큰절을 올리는 장면도 담고 있다. 김질락의 아내는 그날 교도소에서 김질락의 시신을 인수해 영천 선산에 묻었다고 전해진다.

김질락의 친구들은 그 미망인과 자녀들을 궁금해하고 있다. 그러나 이 또한 쉽지 않은 모양이다. 미망인은 세상에 그 모습을 좀처럼 드러내지 않으려 하기 때문일 것이고 이미 성장한 자녀들 또한 마찬가지일 것이다. 그러나 친구들은 이들을 보고싶어 한다. 아무리 좋지 않은 일로 변을 당한 친구지만, 그래도 60여 년 전 청운의 꿈을 함께했던 친구와의 우정만은 끊고 싶지 않은 것이다.

영화로 만들어진
어떤 무기수無期囚의 '옥중결혼'

감옥에서 수형생활을 하면서 결혼하는 것을 옥중결혼이라고 한다. 옥중결혼이 관심을 끄는 것은 남녀를 떠나 수형자의 불행한 삶을 함께하고 일정 부분 책임을 져야 하는 상대방의 자기희생의 길이기 때문인데, 대개는 '순애보'라는 수식어가 따른다.

근자에 관심을 끈 옥중결혼으로는 미국의 희대의 살인마로 종신형을 선고받고 40년 넘게 복역 중인 찰스 맨슨(80)이 꼽힌다. 자기보다 무려 54년이나 아래인 젊은 여자와 옥중결혼을 약속했는데, 이 여자는 맨슨의 옥바라지를 무려 9년이나 지극정성으로 하면서 그의 석방운동을 벌였다고 한다.

우리나라에서는 범서방파 두목으로 옥살이를 오래한 김태촌의 1998

년 옥중결혼이 화제를 모았다. 특히 그의 결혼상대가 1970년대 인기가수의 반열에 있었던 이 모 여가수라는 점에서 관심을 끌었는데, 이 결혼은 김태촌이 출소 후에도 각종 나쁜 사건에 연루되면서 좋지 않게 결말이 났다. 김태촌은 2013년 1월 사망했다.

2015년 4월 복역 중 귀휴를 나와 잠적하면서 사회를 떠들썩하게 했던 홍승만도 옥중결혼을 꿈꾸다 좌절되면서

고(高) 씨의 옥중결혼을 토대로 만들어진 영화 「눈으로…」의 포스터.

잠적 중 결국 자살로 생을 마감한 케이스다.

범죄자라는 선입관으로 예단하는 것은 아니지만, 이렇듯 옥중결혼은 그 결과가 좋은 경우가 많지 않다. 마산에서도 오래 전에 옥중결혼으로 화제를 모은 사람이 있었다. 고 씨 성을 가진 사람이었는데, 그도 당시 마산의 소문난 건달로 사람을 죽인 살인자였다. 1955년 여름 마산의 도심인 창동에서 일어난 이 사건도 충격적인 것이었지만, 그가 복역 중 옥중에서 결혼한 것도 하나의 '사건'이었다.

그는 당시 대구의 건달조직과 겨루다 일을 저질렀는데, 대구 조직의 젊은 행동대원이 고 씨의 칼을 맞고 절명한 것이다. 박 씨 성을 가진 대구의 건달조직 보스는 대구에서의 여세를 몰아 마산까지 장악키 위해 마산의 군 방첩대 상사 출신 권 모 씨의 협조로 마산의 건달조직을 파고들었는데, 이 과정에서 고 씨의 부하를 구타한다.

창동의 어느 초밥집에서 밥을 먹다 이 소식을 들은 고 씨가 회칼을 들고 나가 장작을 들고 덤비는 대구보스의 부하를 한칼에 베어버린 것이다. 이 재판과정에서 정당방위 문제를 놓고 논란이 있었다고 전해진다.

고 씨는 사건 직후 대구건달로부터 초주검이 되도록 구타를 당하다 헌병과 경찰에 의해 극적으로 구조된다. 대구건달 보스는 분을 삭이지 못해 복수를 한다고 대구에서 트럭 두 대에 부하들을 싣고 와 마산 시내를 휘젓고 다녔다. 마산경찰서 앞까지 와서 고 씨를 내놓으라고 농성을 하는 사태까지 벌어져 마산 시내가 떠들썩했다고 한다.

당시 동성동에서 한약국을 하는 아버지를 둔 고 씨는 별명이 이른바 '재크 나이프'로 마산의 건달세계를 장악할 정도로 칼솜씨가 뛰어났다고 한다. 이 사건으로 고 씨는 결국 무기징역을 선고받았다가 20년 형으로 감형돼 대전교도소에서 복역한다. 그러던 중 1973년 옥중결혼을 하는데, 그게 또 하나의 스토리다.

수형생활 18년째에 접어든 1970년 당시 44세인 고 씨는 대전에 살던 어느 여인의 면회를 받는다. 조 씨 성의 이 여인이 고 씨를 찾은 것은 고 씨의 아버지와 얽힌 사연이 있다. 1950년 6·25 전쟁의 와중에서 부모와 함께 피난길에 올랐던 조 씨는 마산에서 가족을 잃어버리고 병(결핵)까지 얻어 홀로 거리를 방황하는 처지가 된다. 그러다 우연히 만난 사람이 고 씨의 아버지였는데, 한약국을 하는 그 아버지가 처방해 준 약으로 병을 고치게 된다. 그리고 그의 도움으로 가족까지 만나게 되는 은혜를 입는다.

수복 후 군병원 간호원으로 일하면서 가정까지 꾸렸던 조 씨는 그 은혜를 결코 잊을 수가 없었다. 그래서 마산 중성동의 옛 은인 집이었던 '고약국'을 다시 찾게 되는데, 그때 고 씨의 아버지는 이미 고인이 된 후였다. 고 씨 아버지는 아들이 살인을 벌이고 무기징역을 받은 것에 크게 충격을 받았을 것이고 그 때문에 아마 일찍 세상을 뜨지 않았나 싶다.

은인의 사망소식과 함께 조 씨는 그 아들 고 씨가 대전교도소에 복역 중이란 소식을 듣는다. 그게 인연이 된 것이다. 당시 첫 결혼에 실패해 혼자 살던 조 씨는 고 씨를 면회 가면서 서로의 처지를 다독거리며 사랑을 키우는데, 그게 3년 만에 결혼으로 이어진 것이다.

이런 옥중결혼 소식은 당시 세간의 관심을 크게 끈다. 도하 각 신문에 보도될 정도였으니 말이다. 『동아일보』도 1973년 10월 20일자 '휴지통' 란에서 이 소식을 전하고 있다. 『동아일보』는 고 씨가 대전교도소장의 주례로 1973년 10월 21일 조 씨와 옥중결혼식을 올릴 것이라는 예고기사를 전하면서 이 사연을 싣고 있는데, 사랑을 키운 삼 년간 조 씨의 면회 횟수만 3백여 회에 이르고 주고받은 편지만 5백여 통이라고 쓰고 있다.

신문은 또 교도소 측이 결혼 당일 고 씨에게 하루간 임시 귀휴 조치를 내리는 한편 형기가 얼마 남지 않은 고 씨를 위해 1974년 봄쯤 가석방 상신을 할 계획도 있다고 전하고 있다. 실제로 고 씨는 1974년 가석방된 것으로 전해진다.

마산 사람 고 씨의 옥중결혼과 그 스토리는 얼마 후 영화로도 만들어진다. 당시에 이 사연이 얼마만큼 큰 화젯거리였던가를 짐작케 한다. 영화는 김영효 감독의 연출로 우성사에서 만들었는데, 주연으로 신성일과 우연정, 이대엽을 비롯해 조연으로 이향, 최성, 방수일, 장혁, 추석양, 박경주, 남미리 등 당시 잘 나가는 배우들이 출연하는 호화 캐스팅으로 주목을 끌었다.

영화는 또 내용이 옥중결혼을 다룬다는 점에서도 그렇지만, 제목이 당시까지 나온 한국영화로는 제일 긴 24자에 달해 화제가 됐는데,「눈으로 묻고 얼굴로 대답하고 마음 속 가득히 사랑은 영원히」가 그 제목이다. 당시 영화포스터를 보면 영어로도 제목이 나와 있다. 영어 제목은「Ask with Eyes, Answer with A Face and Love Is Forever in Bottom of Your Heart」이다. 제목에 관한 이 기록은 2000년 12월 남기웅 감독의 60분짜리 디지털영화「대학로에서 매춘하다가 토막살해 당한 여고생 아직 대학로에 있다」의 27자 제목이 나올 때까지 1위였다.

마산 사람 고 씨의 옥중결혼을 소재로 만들어진 이 영화의 내용은 고 씨의 스토리와는 딴판이다. 영화의 내용은 악덕 폭력조직에 맞서 배신자를 응징해 살인사건을 저지르고 무기징역을 언도받은 주인공이 사랑하는 여인과 옥중에서 결혼, 남은 형기 10년을 감형받고 새출발하는 것으로 돼있는데, 재미있는 것은 영화에 나오는 남녀 주인공이 고 씨와 조 씨의 실명을 그대로 쓰고 있다는 점이다.

이 영화는 1974년 7월 6일 서울의 아세아극장과 연흥극장에서 개봉돼 18일까지 상영된다. 아세아극장은 이 영화를 개관 15주년 '특대작'으로 내걸고 선전도 많이 했는데, 당시 약 1만8천여 명이 관람했다는 기록이 있다.

한편 옥중결혼 후의 고 씨와 조 씨는 어떻게 됐을까. 이와 관련해서 구체적으로 전해지는 얘기는 없다. 하지만 결혼생활이 그렇게 오래 못 간

것만은 사실인 것 같다. 전해지기로 둘은 얼마간의 기간인지는 모르되 함께 살다 헤어졌고, 고 씨는 다시 마산으로 돌아와 살았다고 한다. 마산 주먹세계의 일인자로 군림하던 최 모 씨와 함께 사업을 하며 살다 사망했다는데, 말년의 생활은 좋지 않았다고 전해진다.

재경마산향우회
在京馬山鄕友會

　해마다 신년 벽두면 서울을 비롯한 전국 각지에서 현수막을 내걸고 봇물을 이루는 모임들이 있다. '신년교례회'니 '신년하례회'니 해서 고향을 떠난 출향민들이 저마다 갖는 '향우회' 모임들이다. 고향친구나 고향사람들끼리 객지에서 새해를 맞아 서로 정을 나누고 결속을 다지는 모습은 좋고 정겹다. 신년 초가 아니더라도 고향사람들끼리 무슨 축하해 줄 일이나 이슈가 있을 때도 자주 모이는 게 향우회다. 고향을 그리는 사람들이 모이는 향우회의 바탕은 수구초심首丘初心일 것이다.
　고향을 떠나 있더라도 근본과 뿌리를 잊지 않고 죽어서라도 고향땅에 묻히고 싶어하는 마음들이 모이기 때문이다. 이런 풍경은 우리나라 사람들만 갖고 향유할 수 있는 고향사랑 미풍양속의 한 고리이다. 외국에는 이런 향우회 모임이 없다. 우리처럼 땅에 집착한다든가 혈족 중심으로 사는 사람들이 아니기 때문이다. 그저 이해관계에 따라 언제든지 옮겨가며 사는 사람들이기 때문에 미국 등 외국에는 향우회라는 게 있을 수 없다. 고향을 떠나 객지생활을 하면서 고향사람들만큼 정겹고 반가운 사람들이 없다. 고향사람들 간 이런 정들의 결합체가 바로 향우회인 것이다.

하지만 대한민국을 말아먹는 3대 조직의 하나가 향우회라는 우스개도 있다. 고향을 그리고 기리는 인지상정과, 고향발전을 위한 협동과 친목의 마음들로 합쳐지는 취지와 정신은 궁극적으로 국가와 사회발전에도 이바지할 것이고 이는 향우회의 바람직한 모습이지만, 한편으로 과도한 '지역이기'와 정치색으로 눈살을 찌푸리게 하는 오염된 향우회 또한 있게 마련이다.

향우회 하면 아무래도 서울이 가장 큰 도시인 만큼 재경향우회가 가장 영향력이 있고 클 것이다. 대부분 향우회는 시 혹은 군 단위를 중심으로 결성되어 있지만, 호남, 영남, 충청 등도 단위 이상의 지역을 바탕으로 결성된 향우회도 있는데, 이들의 규모는 엄청 크다. 마산도 물론 있다. 재경마산향우회다. 마산이라는 지명이 없어지고 통합 시 창원향우회와의 관계 등으로 위상이 좀 애매해졌지만, 그래도 엄연히 존재하고 있다. 물론 활동은 전에 비해 다소 위축되고 있으나, 그래도 창원으로 통합되기 전에는 경남 제1의 도시 향우회답게 경남 도시들 중 가장 컸고 활동 또한 제일 활발했다.

기록에 따르면, 재경마산향우회가 만들어진 것은 2002년 2월이다. 물론 그 전에도 서울에서 마산 사람들끼리 만나는 모임이 있었을 것이니 분명 향우회가 있었을 것으로 추정되나, 안타깝게도 전해지는 기록이 없다. 1956년 '마산문화협의회'에서 발간된『마산문화연감』에는 재경마산학우회 등 서울의 마산 사람 모임의 기록이 나온다. 그러나 향우회는 보이지 않는다. 그런 점으로 보아 1950, 60년대에 조직적인 단체는 없었던 것으로 보인다.

2002년 2월 만들어진 재경마산향우회의 결성과정에서 이와 관련해 유추되는 부분이 있다. 재경마산향우회 초대 회장으로 고한곤 당시 (주)태헌 회장이 선임된다. 고한곤은 인사말에서 '재경마창진향우회'를 언급하는데, 이게 마산향우회의 모태임을 시사한 것이다. 고 회장은 "… 몇 년 전 서울에 재경마창진향우회가 있었고 한동안 모임과 활동이 있었다. 나도 그 모임의 일원이 되어 참석해 왔다"라는 대목인데, 이어지는 대목에서 고 회장은 '재경마창진향우회'가 몇 년 사이 활동이 뜸했고, 모임마저 잘 이뤄지지 않은 상황에서 2001년 6월 마산 사람들끼리 향우회 결성을 논의했음을 언급한다.

그 첫 논의가 시작된 것은 2001년 6월이다. 당시 서울 마포 공덕동의 경상남도 서울사무소에서 마산향우회 창립 및 발기위원회 구성을 논의한다. 이 회의에는 고 회장을 비롯해 당시 마산시 소속 5개 읍·면 재경향우회 및 각급 학교 재경동창회 대표들이 참석한다.

이어 같은 해 9월 발기위원회를 구성하고 위원장에 고한곤, 사무국장에 왕성상 당시 경남도민일보 서울취재본부장이 추대돼 결성을 본격화한다. 이후 수차례의 회의를 가졌다. 비록 정식으로 창립은 되지 않았지만, 재경마산향우회라는 공식화된 이름과 함께 경남도민회의 일원으로 행사

등에 참석했다. 이런 과정을 거쳐 재경마산향우회가 정식으로 발족된 것은 2002년 2월 25일이다.

서울 여의도 63빌딩 국제회의장에서 개최된 창립총회에는 1천여 명이 넘는 마산향우들이 참석해 대성황을 이뤘던 것으로 『경남도민일보』는 보도하고 있다. 이날 발족한 재경마산향우회는 경남지역 20개 시·군 가운데 19번째이다. 고 회장은 취임사에서 연어의 회귀본능을 향우회에 빗대 그 의미를 부각시키는 한편, 재경마산향우회의 결성이 '만시지탄'임을 강조하고 있다. 창립총회에서 부회장에 박필근이, 감사에 최승렬이 선임됐다. 창립총회 소식을 보도한 경남도민일보는 당시 서울 및 수도권에 거주하고 있는 마산 사람의 숫자를 20만여 명으로 추산했다.

재경마산향우회의 초석을 다진 고한곤 회장은 이후 한 번 더 연임한 후 퇴임했으며, 2006년 박필근이 3대 회장으로 뽑혀 2008년까지 재임한다. 재경마산향우회는 이 기간 중 야유회, 등산대회, 바둑대회, 송년회 등 각종 모임을 정기적으로 가져 마산향우들의 친목을 도모했다. 이와 더불어 마산 3·15의거 등을 부각시키는 모임과 행사를 통해 마산 사람으로서의 자부심을 고취시키는 노력도 경주했다는 평가를 받았다. 비록 한 차례지만, 잡지 형태의 향우회보도 발간해 향우들 간의 소통의 장을 마련하기도 했다.

재경마산향우회 발족 이래 가장 큰 규모의 행사는 2009년 12월 8일에 개최한 '2009 가고파 마산인의 밤'이다. 이 행사는 2008년 7월, 향우회의 네 번째 살림을 맡은 남재우 회장의 기획과 노력에 의한 것이었다. 서울의 강남 양재동에서 열린 이 행사는 연말에 즈음해 향우들 간의 친목과

'가고파 마산인의 밤'(2009. 12).

단합을 도모키 위한 것이다. 하지만 이와 함께 문학과 예술의 도시 마산을 기리고, 마산 출신 문화예술인들의 정신과 업적을 널리 알린다는 뜻도 담긴 행사였다.

이날 행사에는 400명이 넘는 향우들이 참석했다. 문학, 음악, 대중가요 등에 걸쳐 서울과 마산에서 활동하는 마산 출신 원로 문화예술인과 그 가족들이 대거 나와 대성황을 이뤘다. 문학에서 김남조, 문덕수, 김병총, 박현령, 이광석, 조병무, 김만옥, 감태준 등과 천상병 시인의 부인인 목순옥이 나왔고 이수인, 박성태, 고봉선(고진숙), 이정용, 추영란 등의 음악인들 그리고 한국 재즈 1세대인 김수열과 대중음악가인 이호섭과 마산여고 출신 '비비추합창단'도 나와 무대를 즐겁고 풍성하게 했다.

어디 그뿐인가. 마산이 낳은 추억의 여배우인 김혜정도 나와 자리를 빛냈다. 또 우병규(전 국회사무총장), 이수홍(한국문화원연합회 회장), 김정년(전 서울대 경영대학원장), 안재석(전 주필리핀 대사), 이철수(전 제일은행장), 안강민(전 대검 중수부장), 이수휴(전 국방부 차관), 김영재 변호사, 안홍준 국회의원, 황철곤 마산시장, 한철수 마산상공회의소 소장 등 마산 출신의 명사들도 대거 참석했다. 아마도 전국을 통틀어 서울에서 이런 문화행사를 가진 향우회는 그 전례가 없을 것이다. 이 행사는 특히 용마고동창회

안청길 회장(용마고 33회)의 도움이 컸다.

남재우 회장 재임 시기에 또 한 가지 괄목할 만한 치적으로는 신문 형태의 향우회보를 정기적으로 발간하기 시작한 것이다. 타블로이드판

마산 향우들과 함께한 왕년의 스타 김혜정 향우
(오른쪽에서 세 번째. 2009년). 지금은 고인이 됐다.

24페이지로 된 향우회보는 남 회장 재임 때인 2009년 3월, 첫 호를 시작으로 2010년을 거쳐 4대 이정우 회장까지 3년간 이어졌는데, 5천 부를 찍어 향우들에게 배포했다. 그러나 아쉽게도 현재는 중단된 상태다. 이 역시 마산이 창원으로 통합되면서 영향을 미친 마산향우회의 위축된 위상의 한 단면이라고 밖에 볼 수 없다.

향우회보 2, 3호엔 사라진 마산에 대한 아쉬움을 토로하는 기사가 유독 많다. 2호는 톱기사로 「마산이 사라졌다. 왜 특정지역의 이름인가? 시민들, 무능 통준위 규탄」 제하로 마산을 날려보낸 것에 대한 재경향우들의 허망감을 전하면서 마산의 행정당국과 정치인들의 무능을 규탄하고 있다. 또 4면에는 「우리의 마산은 어디로 가고 있는가」라는 제하의 시론이 게재되고 있다. 3호 회보의 톱기사도 「마산 사라진 1년… 향우결속력 더 강해졌다」라는 제목하에 사라진 마산을 되찾으려는 재경향우들의 제반 모임 동향을 전하고 있다. 8면에는 「마산사랑 모임 서울서 결성 가시

화」라는 관련기사가 실려 있고, 9면에는 마산출신 소설가 정미경이 쓴 「가고파의 마산을 가슴에 묻어야 하나」 제하의 칼럼이 실려 많은 향우들의 공감을 샀다.

4대 이정우 회장의 재임 시기인 2010년 10월에는 '가고파 가을축제'가 개최돼 향우들을 즐겁게 했다. 서울 강남구 중동중학교에서 개최된 이 행사는 산행을 포함해 향토물산전, 장기대회 등으로 이어지면서 마산에서 직접 공수한 아구찜, 미더덕찜 등 각종 고향 먹거리를 통해 마산의 맛과 정취를 향우들로 하여금 듬뿍 느끼게 했다. 이 행사는 특히 그해 7월 1일 통합창원시 출범에 따라 마산이 사라지고 난 후 처음 맞는 대규모 향우들의 모임이라 향우들의 고향을 그리는 수구초심의 마음이 더 도타웠고 살가웠다.

어떻게든 마산의 위상을 되찾으려는 재경마산향우회의 노력은 그 이후로도 간간이 이어지고 있다. 지난 2013년 11월 6일에는 다수의 향우들이 버스를 대절해 마산까지 내려가 3·15의거탑 앞에서 '마산되찾기궐기대회'를 열기도 했다. 그러나 그것뿐이다. 뭔가 가시적인 조치도 없지만 반향도 없다. 향우회는 일개 친목단체일 뿐이다. 무슨 힘이 있겠는가. 아무리 소리를 질러봤자 소용이 없음을 절감할 뿐이다.

재경마산향우회는 4대 이정우 회장을 거쳐 지금은 윤대식 6대 회장까지 와 있다. 윤 회장은 2012년 5대 회장에 취임해 한 번 더 연임하고 있는 중이다. 향우회가 마산이 살아있던 옛 시절 같지 않다. 아무래도 예전보다 그 위상과 활동이 시들해진 것만은 사실이다. 그래도 윤 회장은 노력하고 있다. 윤 회장은 이와 관련해 '마산되찾기운동'에 진력하고 있다.

2013년 10월 '마산시 설치에 관한 법률'이 국회에 제출됐을 때 재경 마산 원로분들과 결의문을 작성하는 한편 마산향우대표들과 마산 3·15의거기념탑 앞에서 궐기대회를 개최하기도 했다. 여기다 3대 회장을 역임한 남재우가 힘을 보태고 있다. 통합창원시도 좀 달라졌다. 마산을 되살리려는 노력이 엿보인다. 이은상을 재조명하면서 명예회복을 시도하고 있는 것도 그 일환이고, 이와 관련한 작업을 연이어서 할 모양이다. 그에 따라 재경마산향우회도 조금씩 활기를 띠어가고 있는 모습이다.

재경마산향우회의 오늘이 있기까지 향우회를 뒤에서 묵묵히 도운 분이 있다. 마산 내서면 출신의 서진수(1928-) 고문이다. 서고문은 남재우 회장 때부터 향우회 사무실을 자신의 건물 내에 무상으로 마련해주었을 뿐 아니라 초대회장부터 오늘에 이르기까지 각종 도움을 아끼지 않는 재경마산향우회의 숨은 조력자이다.

4부

예향 마산

1950년대 마산문학의 산실
'백치白痴동인'

　　　　　　　　　　마산은 많은 문인과 예술가를 배출한 고장이다. 우람한 산을 등지면서 바다에 연한 자연풍광과 온화한 기후 그리고 부족하지 않은 물산은 사람의 기질을 정서적으로 따뜻하고 풍성하게 이끄는 게 아닌가 싶다. 그래서 굳이 일일이 열거하지 않더라도 이 땅에는 글로써 이름을 날린 문인들과 다양한 분야의 예술가들이 많이 태어났고, 지금까지도 그 문화적 명맥은 이어져 온다. 하지만 문학에 관한 한 마산의 전성기는 아마도 1950년대였던 것 같다.

　시기적으로 한국전쟁 때인 그 무렵에는 난을 피해 마산으로 옮겨 온 내로라하는 필명 있는 문인들이 많았다. 거기에 지역적으로도 이름난 문인들이 보태져 마산은 이른바 '문향'이라는 타이틀이 붙을 정도로 문화적으로 수준 높은 고장이 됐다. 김상옥, 이영도, 이원섭, 김세익, 김남조, 문덕수와 김수돈, 김춘수, 정진업, 김태홍, 권환, 박양, 이석 등이 그 면면들이다.

이런 문인들이 활동하면서 문학적으로 고양되던 시기의 마산이라면, 정서적으로 감수성이 한창 민감할 시기의 고등학생도 당연히 문학적 영향을 받았을 것이다. 그래서 생겨난 게 문학을 좋아하고 뜻을 둔 고등학생 문학모임인 '백치동인'이다. 그전에 문학동인으로 '낭만파'(1946), '처녀지'(1951), '청포도'(1952), '낙타'(1953)가 마산에 생겨났지만, 순수한 학생 중심의 동인으로는 '백치'가 처음이다.

'백치동인'은 1956년 1월 결성됐다. 마산 시내 남녀고등학교 문예반 학생들이 그 중심이었다. 그 전 해인 1955년 가을부터 '백치동인' 태동의 움직임이 있었다. 주로 노비산에서 일주일에 한 번씩 만나 글을 주고받고 토론도 벌였다. 피란처가 된 마산의 시대적 상황 속에서 모두들 문학의 정신이 충만했던 나이들 아닌가.

어렵고 가난했던 그 시절, 전쟁의 상흔은 황량한 것이었고 감수성 깊은 젊은 그들에게 문학은 시련을 희망으로 만들어가는 하나의 돌파구였을 것이다. 답답하고 암울했던 시절, 프랑수아즈 사강의 『어떤 미소』, 보리스 파스테르나크의 『닥터 지바고』 등을 읽고 느낀 바를 주고받으며, 이들은 문학만이 희망이고 살길이란 저마다의 인식에 불을 붙였을 것이다. 어서 빨리 우리 함께 모여보자. 그리고 문학으로 달려가자.

그렇게 해서 구성된 '백치동인'의 멤버는 스무 명 안팎으로 마산고에서 전일수, 이제하, 송상옥, 강위석, 변재식, 유동석, 김용복, 염기용, 김병총

(성탁), 황성혁이 나왔고, 마산상고에서 이광석, 조병무, 임철규, 김봉진이, 마산여고에서 박현령, 임혜진, 김만옥, 김상애, 임혜자, 그리고 성지여고에서 추창영, 김승자가 참여했다.

『백치동인』 창간호(2009년 5월)(좌), 이광석 시인의 제2회 시화전 방명록(1961. 1). 이제하 시인이 표지그림을 그렸다(우).

이들이 문학 동인모임을 구성한 데는 앞서도 언급했지만, 당시 피란도시 마산에 내려와 교직에 있던 당대의 기라성 같은 문인들의 영향이 컸다. 이들 문인들은 '백치동인' 결성 전부터 각 학교의 제자들인 구성원들의 문학적 소양을 익히 알고 지도해왔던 터라, 동인 결성을 자연스럽게 지도하고 이끌었다.

'백치동인'은 구성된 후 목마른 자가 오아시스를 찾듯 다양한 문학활동을 펼쳤다. 매월 월례회를 갖고 백일장처럼 시작詩作을 한 다음 합평회를 했다. 여기서 나온 작품들을 바탕으로 시 낭송회 격인 '문학의 밤'을 정기적으로 가졌다. '백치동인'은 이와 함께 마산에서 활동하던 선배 문인들을 초청한 문예강좌도 병행해 대중과 함께 호흡하는 한편으로 스스로의 문학적 자질을 향상시켜 나가는 데도 열정을 쏟았다.

이들이 이렇게 마산에서 왕성한 문학활동을 전개하던 시기를 놓고 '마산문학의 르네상스'라는 말까지 나온다. 서로의 문학적 입지를 놓고 말하자면, 그 무렵부터 벌써 예비문인으로서의 활동을 벌인 것이다. '백치동인'의 이런 활동은 후에 결성되는 '마산문인협회'의 초석이 되기도 했다. 이렇게 진행한 문학의 밤이 1963년 3월까지 열여섯 차례에 이르고, 그 사이사이 회원들이 가진 시화전도 수차례다.

현재 중견기업인으로 멤버 중의 일원인 황성혁은 어느 글에서 당시 이제하와 이광석이 가진 시화전을 소중한 추억으로 회상하고 있다.

"언젠가 백치동인 시화전이 있었다. 시는 동인들의 것이었지만, 그림은 각 고등학교의 미술선생들 것이 많았다. 그분들도 한참 후배였던 동인들과 잘 어울렸다. 해인대학에 계시던 김춘수 선생도 가끔 나와 앉았다 가시곤 했다. 시화전 끝나던 날 방명록을 가져오라 하셨다. 기억컨대 이런 말씀을 적어 주셨다. '너는 하나의 돌이었다/내가 너의 이름을 불러 주었을 때 너는 꽃이 되었다.' 김춘수 선생의 대표 시 「꽃」은 그때 그 돌에 대한 사유의 연속이 아닌가 늘 생각하고 있다… 백치동인은 나의 가장 소중한 자산이었다."

'백치동인' 문학의 밤은 1963년 3월 16일 16회로 끝을 맺는다. 이로써 동인의 수명이 일단 중단된 것이다. 동인 구성원들의 각자 진로가 있었기 때문이다. 더러는 문단 등단으로, 더러는 학교 진학으로 서울과 부산 등으로 가야하는 사정들이 생긴 탓이기도 했다.

등단은 이제하가 시 「노을」(『현대문학』 57년 7월호)과 「설야」(『현대문학』 58년 9월호)로 추천을 마치는 한편, 소설 「황색강아지」(『신태양』 58년 6월호)로 현상문예에 당선됨으로써 시와 소설의 관문을 함께 통과하는 저력을 보인 것을 필두로 박현령이 「산 위에서」(『여원』 58년도 신인여류문학상 당선)라는 시로, 송상옥이 「검은 이빨」(『동아일보』 59년 신춘문예입선)과

「바닥없는 함정」(『사상계』 59년 9월)이란 소설로 뒤이어 데뷔했으며, 추창영도 「등불」(『현대문학』 59년 5월호)로 추천을 완료한다. 이어 강위석, 조병무, 이광석 등도 속속 문단에 작품과 이름을 상재한다. 이들은 아직도 우리 문단의 중견 작가로 단단한 필명으로 활동하고 있으니 '백치동인'이 그 모태가 된 것은 두말 할 필요가 없을 것이다.

'백치동인'이 이렇듯 7년여 간의 마산시대를 접고 뿔뿔이 흩어졌다 다시 만난 것은 2009년이다. 이들에게는 '백치시대'에 대한 원죄 같은 아쉬움이 있었다. 수년에 걸쳐 마산에서 함께 왕성한 활동을 펼친 이들이었지만, 웬일일까? 변변한 동인지同人誌 한 권 내지 못했다. 그래서 동인들은 '백치동인' 이름으로 가끔씩 만나면서도 이를 늘 아쉬워해왔고, 그게 마음의 빚으로 남아 있었는데, 그 아쉬움을 반세기의 세월을 건너 비로소 풀게 된 것이다.

동인지 발간에는 시인이자 언론인으로 마산에 거주하는 이광석의 역할이 컸다. 연락을 취해 작품을 모으고 편집하고 책을 다듬는 데 숱한 발품과 노력을 보탰다. 2009년 4월 발간된 동인지는 다양하고 알차게 '백치동인'의 어제와 오늘을 보여주고 있다. 동인 16명의 작품과 약력, 사진 그리고 회고 등을 담았다. 작품을 남기지 않고 먼저 세상을 뜬 동인들에 대한 성의도 아끼지 않았다. 작고한 동인들은 사진과 서로 주고받은 서신들로 대신했다. 책에는 또 1950년대 당시 문학행사 초대장 등 각종 자료들도 챙겨서 수록했다.

같은 해 5월 2일 마산 '3·15아트센터' 소강당에서 열린 출판기념회는 마산시와 문화계가 축하하는 성대한 자리로 마련됐다. 이날 출판기념회

백치동인들의 현재의 모습.

에는 먼저 세상을 뜬 변재식과 임혜자, 유동석을 제외하고 남은 멤버 중 9명이 참석했다. 이광석, 박현령, 김용복, 김병총, 염기용, 추창영, 김만옥, 허유, 황성혁 등이 그 면면이다. 동인들은 저마다 기쁨과 감회에 젖었다. 하지만 그것뿐이었을까. 어쩌면 또 하나 마음의 빚이 생겼을 것이다. 『백치동인』의 첫 동인지니까 창간호일까 아닐까. 창간호라면 그 뒤를 이어 2호, 3호가 계속 나와야할 것 아닌가. 첫 동인지를 종간호라 할 수도 없을 것이니 그럴 것이다.

'백치동인' 멤버들은 이즈음에도 가끔씩 모인다. 서울 혜화동 대학로 인근에 이제하가 마련한 '마리안느'가 그 장소다. 언젠가는 강위석이 첫 시집인 『알지 못할 것의 그림자』를 출간한 기념회도 거기서 가졌다. 동인들도 이제는 모두 70을 훌쩍 넘겼다. 하나둘씩 세상을 뜬다. 2014년에는 염기용이 세상을 등졌다.

그래도 '백치동인'들은 아직 문학에 대한 열정을 간직하고 있는 영원한 '문학청년'들이다. 이광석의 말마따나 마산문단의 르네상스를 있게 한 장본인들로서 마산의 정서와 마산의 삶 그리고 마산문학의 어제와 오늘을 잇는 연결고리이기 때문이다. 이들은 이즈음에도 동인의 산실, 문학의 터전이었던 마산의 옛터와 그 시절을 꿈꾼다. 노비산 기슭 어디쯤 이제하의 집 고샅길 꽃나무들과 김병총의 집 농장에 피고 지던 아름다운 꽃들을 기억 속에서 그리워한다. 이들은 영원한 문학동인들로 남을 것이다.

제갈삼 諸葛森 선생이 들려주는 1950년대 마산음악

 마산의 1950년대는 이 책의 여러 글에서도 언급했지만, 한국전쟁이라는 험난하고 특수한 상황에서 전국의 내로라하는 문화예술인들이 전란을 피해 몰려들던 때고, 이들과 지역 사람들에 의해 문화예술의 꽃을 피운 일종의 문예부흥의 시기다. 문학이 그 주류를 이루지만, 음악도 예외는 아니다. 물론 문학과 음악이 장르는 다르지만, 그렇다고 서로 모른 채 따로 놀았다는 것은 아니고 문학과 함께 음악도 넘쳐났다는 얘기다. 이 시기 마산에서 열리는 예술모임에는 바늘과 실처럼 반드시 문학과 음악이 함께 따라 다녔다.
 이 무렵 전란을 피해 마산으로 내려온 음악인들 가운데는, 후에 마산에 정착해 마산 사람이 된 「선구자」, 「그리움」의 조두남이 있었고 「그네」로

잘 알려진 소프라노 김천애, 바이올린의 홍지유, 성악의 김중건과 이 안드레아, 한동훈, 피아노의 홍남수

장년시절의 조두남(좌), 소프라노 김천애의 젊었을 적 앨범(우).

등이 있었다. 홍지유는 홍난파의 인척이다. 또 한 사람 출중한 바리톤 가수 김대근은 원래 마산 출신이었으나 일제강점기 일본과 만주 등을 떠돌다 6·25 때 고향인 마산으로 내려와 마산중학에서 음악을 가르친 음악인이다.

이들과 마산 출신으로, 지역에서 활동하던 음악인들이 함께 마산음악의 꽃을 피운다. 마산의 당시 음악인들로는 작곡의 이상근과 성악의 전경애, 합창의 최인찬과 피아노의 제갈삼 등을 꼽을 수 있다. 고만고만한 나이의 이들은 1945년 해방 후 비슷한 시기에 마산의 각 학교에서 음악교사를 하면서 함께 공연을 갖는 한편, 모여서 음악실기와 이론공부를 하면서 마산의 음악 수준을 드높인 음악인들이다.

이들을 두고 그때 마산 문화계에서는 '마산음악 4인조'라 불렀다는 게 구순에 접어든 나이에 아직도 현역인 제갈삼의 얘기다. 당시 이상근과 전영애는 마산여고에, 최인찬은 창신중을 거쳐 제일여고에, 제갈삼은 마산고에 각각 재직하고 있었는데, 제갈삼이 들려주는 당시 마산음악계의 활동과 얘기가 재미있다.

제갈삼 선생(「국제신문」 사진).

이들에 앞선 마산의 음악인들로는 홍성은, 홍은혜, 박요석, 정윤주, 최삼렬 등이 있었는데, 이 가운데 홍은혜는 6년제 마산중학에 교사로 있으면서 마산중학의 「애교가」를 작곡했다고 한다. 이 노래를 기억하는 옛 마산중 출신들이 더러 있으나 대부분 잊혀져 구전되고 있는 실정인데, 제갈삼은 최근 이 노래의 몇 소절을 듣고 그대로 악보에 옮겨 되살려 냈다고 한다. 이들, 음악인들 외에 손문기, 한태일, 고상목, 박세봉, 김용식, 위헨리 등은 음악애호가들로 전원다방에서 레코드를 통한 음악 감상회를 정기적으로 열었다. 통영의 윤이상과 마산의 김병한이 함께한 현악 4중주단이 만들어진 것도 이 무렵이다.

1949년 제갈삼이 마산중에 있을 때 윤이상이 작곡하고 김춘수 시인이 대본을 쓴 「마의태자」, 「백합공주」가 마산에서 공연된다. '마산중학 예술제'의 일환으로 공연된 이 악극은 영화배우 복혜숙이 감탄할 정도로 잘 만들어져 전국적으로도 이름이 났는데, 제갈삼도 이 악극에 교사로 김춘수와 함께 출연해 학교에서 일약 스타가 됐다고 한다. 노재봉 전 총리가 당시 마산중학을 다녔는데, 제갈삼이 노래를 지도해 어떤 콩쿠르에 나가 1등을 차지했다는 얘기도 전한다.

이상근의 작곡발표회가 열린 것도 1949년이다. 이 발표회에서 소프라노 전경애가 이상근의 곡을 불렀고, 제갈삼과 김진문이 각각 피아노와 바이올린 연주자로 출연한다. 진주 출신으로 마산에서 오래 음악생활을 한 이상근(1922-2000)은 제갈삼이 "내 음악인생의 운명적인 동행자"라고 할 정도로 친분이 깊었고, 제갈삼의 음악에 많은 영향을 끼친 음악가다. 이상근은 1943년에 일본 동양음악학교(현 도쿄음대)에 유학, 때마침 일어나고 있던 프랑스의 인상주의를 비롯한 독일의 '12음주의', 러시아의 '국민주의' 등 새로운 음악의 물결을 그곳에서 접하고 배운 음악가다. 광복 이듬해에 마산여고로 오면서 그의 왕성한 작품 활동이 시작된다. 그때 만난 제일여고의 최인찬, 마여고의 전경애, 마산고의 제갈삼과 더불어 '마산음악 4인조'로 활동하면서 그의 음악은 전성기를 맞는다. 이상근이 만든 노래로 유명한 것이 동학혁명의 전봉준을 노래한, "새야 새야 파랑새야/녹두밭에 앉지 마라…"의 바로 그 「새야 새야」다. 이상근은 마산 활동 이후 부산으로 가 부산교대, 부산사범대학을 거쳐 부산대 예술대학장을 역임했다.

소프라노 전경애는 이상근이 작곡한 노래를 많이 불렀다. 1951년 9월 자산동의 '대자유치원'에서 가진 합동음악회에서 전경애는 이상근이 만든 「딸기」를 부른다. 피아노 반주를 제갈삼이, 음악회 해설을 이상근이 맡았다. 이 음악회에서는 또 조두남의 「선구자」와 「제비」가 이 안드레아와 김대근에 의해 불려졌다. 마산에서 태어나 일본고등음악학교(현 쿠니타치음대)를 수석으로 졸업한 전경애는 제갈삼보다 4살 위였는데, '양가의 규수'처럼 교양이 몸에 밴 작고 아리따운 여선생이었다고 제갈삼은 전경애를 추억한다. 제갈삼은 전경애가 마산과 부산에서 가진 독창회에서

13차례 반주를 맡을 정도로 음악적으로나 인간적으로 가까웠다고 한다.

'마산음악 4인조'의 또 한 사람인 최인찬은 일제강점기 때 신사참배를 거부했다 하여 온 가족이 1년 반이나 옥고를 치른 관계로 학교진학이 여의치 않은 가운데서도 현재명 등 주변의 도움으로 음악을 익힌, 합창에 발군의 소질을 가졌던 음악가다. 해방 후인 1948년 현재명의 추천으로 창신학교 음악교사가 됐으며, 이어 1952년 제일여고로 옮겨 합창을 담당한다. 그는 문창교회 합창지휘도 겸하고 있었다. 그는 합창지휘와 함께 독학으로 공부한 작곡도 잘했고 노래도 잘 불렀다. 또 피아노에도 뛰어난 연주 실력을 가지고 있어 반주도 많이 맡는 등 만능 음악인이었다. 제일여고 이후 부산 동래여고와 남성여고에 있을 때는 전국의 합창콩쿠르를 휩쓸었다. 독일에 있던 윤이상이 그의 음악 실력을 알아본 후 인연이 맺어져 독일 하노버대학과 베를린대학에서 공부를 하게 되었고, 귀국 후 대구 계명대학에서 작곡을 강의했다.

이들 '마산음악 4인조'가 함께 만나 격조 높은 공연을 가진 자리가 있었으니, 1953년 1월 18일 저녁 가포국립요양소에서 열린 '시와 음악의 밤'이다. 문학과 음악이 만나 다채로운 공연이 펼쳐진 이 공연에서 이상근은 슈베르트 미완성교향악 등 레코드음악 감상의 해설을 맡았으며, 전경애는 이상근 작곡의 「언덕에서」와 「여자」를 불렀고, 제갈삼이 반주를 맡았다. 최인찬은 그의 '18번'인 도니체티의 「남몰래 흐르는 눈물」과 「가고파」를 불러 갈채를 받았는데, 그 반주도 역시 제갈삼이 맡았다. 최인찬은 또 바리톤 이소량의 「라르고」 독창을 반주하기도 했다. 제갈삼은 피아노 독주로 쇼팽의 즉흥환상곡을 들려준다.

이날 공연에서는 음악과 함께 김수돈 시인의 시 「향기 있는 방에서」를 시작으로 김윤기, 이동준, 김남조, 김세익, 김춘수, 이원섭 시인의 자작시 낭송 등 문학의 향연도 펼쳐져 마산의 밤을 아름답게 수놓았다. 문학과 음악이 함께하는 이런 자리는 이후에도 자주 열린다. 1954년 7월 어느 날 비원다방에서 열린 '시와 음악의 밤'은 당시 『부산일보』가 보도할 정도로 그 규모와 출연진용이 컸고 격이 높았던 것으로 전해진다.

이날 공연에는 청마 유치환을 비롯해 구상, 김춘수, 설창수, 이원섭, 김세익, 이경순 등의 시인과 조두남, 김원복(여류 피아니스트), 테너 이 안드레아와 이진태, 바이올린의 홍지유, 바리톤 김대근과 함께 이들 '마산음악 4인조'가 참석한 것이다. 제갈삼은 그날 저녁에 참석한 각각의 면모를 구체적으로 재미있게 들려주고 있는데, 이를테면 "설창수는 손과 온몸을 와들와들 떨면서 음성도 같이 떨었고, 김춘수는 고개를 약간 옆으로 설레설레 흔들었으며, 이경순은 다리를 휘청거리는…" 운운의 묘사가 그것이다. 제갈삼은 특히 바이올리니스트 홍지유에 대해 강한 집념의 소유자로 기억한다. 홍난파의 집안사람인 홍지유는 마산에 피난 차 내려와 당시 마산고 이상철 교장의 초청으로 마산고 강사를 하고 있었는데, 말수가 적은 신사였다는 것이다.

1950년대 제갈삼을 포함한 이들 '마산음악 4인조'가 활동할 무렵의 마산에는 각종 공연이 해마다 이어졌다. 한국전쟁의 와중에서 소프라노 김천애의 독창회가 해를 이어 열렸으며, 임원식이 이끄는 서울예고 오케스트라와 해군 정훈음악대 등의 초청연주회가 열리기도 했다. 1951년 한 해에만 자산동 대자유치원에서의 '합동음악회', '김천애 독창회', 문총 마산지부 주최 '종합예술제'와 '국제친선음악제' 그리고 '레코드음악감상회' 등이 개최되었으며 이후에도 같은 규모의 음악과 문학을 접목시킨 각종 문화예술 행사가 줄을 이었다.

마산의 1950년대 음악이야기를 하면서 막상 이 시대를 이끈 제갈삼에 대한 얘기가 빠졌다. 1925년 마산에서 태어난 제갈삼은 마산음악의 산 역사다. 성호초등학교와 대구사범학교를 나와 해방 직후 마산중학과 마산고에서 음악교사를 하며 많은 제자를 길러냈다. 제갈삼의 음악에 얽힌 얘기는 그가 2006년에 펴낸 자전적 회고록인 『잊을 수 없는 음악인과 음악회』에 잘 나타나 있다.

1955년경 마산을 떠난 제갈삼은 부산에서 부산여중과 경남여고를 거친 후 부산교대와 부산대 사범대 음악교육과 교수로 재직하다 1991년 정년을 맞았다. 그러나 피아니스트로서 그는 아직도 여전히 현역이다. 부산에 머무르고 있는 제갈삼은 매년 부산에서 정기적으로 피아노 연주회를 갖는다. 2014년 1월 부산 롯데호텔 아트홀에서 열린 '한낮의 유콘스터' 1월 공연무대에서 그는 자신이 만든 「파랑새 주제에 의한 엘러지」를 구순의 나이가 무색할 정도로 연주해 청중들의 뜨거운 갈채를 받았다고 한다(『국제신문』 1월 22일자). 아직도 현역인 그는 매년 자신의 녹슬지 않은 피아노 솜씨를 선보일 것이다.

1950년대 마산의 '문화협의회'와 '문화연감'

한국전쟁을 전후한 마산은, 그 어두운 시대적 상황 속에서도 역설적으로 문화와 예술의 꽃을 활짝 피운 르네상스의 시기였다. 이 시기 마산은 이은상, 이일래, 이원수, 권환, 김수돈, 김춘수, 김해랑, 이림, 문신, 정진업, 천상병 등 지역출신의 문화예술인들과 전란을 피해 마산에 몰려든 조두남, 이영도, 김상옥, 김세익, 구상, 최영림, 김남조, 전혁림 등이 한데 어울려 활동하면서 1950년대 말까지 10여 년간 다른 어느 곳보다 문예의 부흥이 활발하게 이뤄지게 된다. 마산이 '예향藝鄕'이라는 명성을 갖게 되는 계기와 근거는 이 시기와 관련된 것으로 볼 수 있다.

당시 국내의 유명 문화예술인들로 조직된 전국적인 단체는 '전국문화단체총연합회(문총)'였는데, 이 조직의 마산시지부가 결성된 때도 이 무렵이다. 문화, 음악, 미술, 무용 등 문총 마산시지부에 각 분야별로 소속된 이들 문화예술인들이 저마다의 기량으로 적극적인 작품활동을 벌이면서 어둡던 항구도시 마산의 등불 역할을 하게 된다.

마산의 이런 활발한 문화예술의 움직임 속에서 생겨난 게 '마산문화협의회'다. 1955년 10월 결성된 이 단체는 그 태동 때부터 전국적인 관심을 모았다. 지역의 문화예술, 언론, 교육, 체육인들이 망라된 문화단체라는 점에서도 그렇지만, 이 협의회가 향토문화 발전과 함께 이른바 민중문화운동을 지향하고 나섰기 때문이다.

협의회 창설을 주도한 후 회장을 맡은 안윤봉(당시 국제청년회의소 회장)은 그 제창提唱에서 이 점을 분명히 하고 있다. 마산의 문화예술이 부흥해 꽃을 피우고 있지만, 그 과실이 '일부 시민과 동호인'에 국한되고 있다는 점을 지적하면서 '고답적 문화운동'보다는 일반대중에게 혜택을 줄 수 있는 '대중문화'의 향상을 강조하고 있는 것이다.

협의회는 조직구성에서 안윤봉이 강조한 취지 그대로 일반 시민들의 문화적 욕구를 해소한다는 면모가 그대로 드러나고 있다. 문학, 미술, 음악, 연극, 무용, 영화, 사진 등의 예술 분야와 과학, 교육, 종교, 보건 체육, 언론, 출판 등 문화 전반에 걸친 전문분과위원회를 두고 여기에 종사하는 마산의 각계각층 인사들을 위원으로 망라하고 있는 점에서 그렇다. 목발 김형윤이 명예회장을 맡았고 김종신, 이병진, 최찬열, 김봉재, 한태일, 민영학 등 당시 마산의 내로라하는 인사들이 고문을 맡았다.

협의회는 결성과 함께 의욕적으로 일을 벌였다. 『마산문화』를 창간해

기관지로 삼았고 『마산문화연감』도 발간했다. '시민의 밤'과 '종합문화제'도 개최하고 '마산문화상'도 제정했다. '마산공설운동장'과 '마산문화회관' 건립을 중장기 계획으로 잡았다. 그러나 협의회는 사설단체였기 때문에 예산 마련이나 운용에 기본적으로 한계가 있었고, 이에 따라 안윤봉 등 몇몇 개인의 사재에 의존하다

1957년에 간행된 1956년도 『마산문화연감』.

가 경비 마련의 어려움으로 몇 해 지속하지 못하고 50년대 말 해체했다.

협의회는 그러나 '시민의 밤' 등 마산의 문화예술과 관련해 괄목할 만한 업적을 남긴 것으로 평가되고 있는데, 이 가운데 『마산문화연감』은 지역의 타이틀을 건 국내 최초의 문화연감이라는 점에서 문화와 서지학적 차원에서 특히 주목되고 있다.

발간과 관련해 협의회는 간행사에서 "『1956년판 마산문화연감』은 한국 최초로 모든 장벽과 난관을 극복하고 대담하게 간행케 된 것"이라고 강조해 이 연감이 국내 최초의 것임을 밝히고 있다. 간행사에서 특히 눈에 띄는 대목은 협의회의 주요 정책방향인 '민중문화운동'을 재삼 강조하고 있다는 점이다. 협의회 회장 자격으로 간행사를 쓴 안윤봉은 "대중문화 운동과 향토문화 발전과 육성을 위하여 마산문화협의회는 창설되었다"고 강조한 후 "본 연감은 민족문화 수립의 당면한 특수사명에 비추어 모든 문화의 편협한 특권화를 물리치고 광범한 민족대중의 계몽과 이에

관계되는 이의 참고자료에 응함을 주요목표로 하되, 읽을 수 있는 사전으로의 연감으로서 향토마산 문화의 총집대성이고 문화재로서의 가치 있을 것을 자부하는 바이다"라고 역설하고 있다.

1956년 5월 1일, 2000부 한정판의 비매품으로 발간된 이 연감은 총 330페이지의 사육배판 크기로 '개관', '문화', '자료', '마산편람'의 4장과 '부록'으로 대별하는 한편 100여 장의 화보사진으로 마산의 문화행사와 고적명승 그리고 당시 마산의 발전상 등의 면모를 꼼꼼하게 게재해 보여주고 있다. '문화' 부분에서는 국제와 국내 그리고 마산으로 나누어 다루고 있는데, '마산문화협의회' 결성의 소상한 과정과 마산문화운동을 소사小史 형식으로 문학, 미술, 음악, 연극, 무용, 영화, 사진부문으로 분류, 1955년의 활동상황을 비교적 구체적으로 다루고 있다.

문학부문의 주요 대목으로는 김상옥 시인의 시서화전이 5월 16일부터 22일까지 비원다방에서 열렸고, '자작시 시평회'가 재경마산학우회 주최로 9월 1일 비원다방에서 열려 김춘수, 이원섭 시인이 이동린 외 4명의 시에 대한 평론을 한 것으로 나와 있다. 또 '백치동인' 주최의 '시낭송과 문예강좌의 밤'이 1월 23일 '제2신생원'에서 열려, 이원섭을 강사로 한 문예강좌와 변재식 외 15인의 시낭송이 있었다고 실려 있다.

미술부문에서는 '박생광 동양화개인전'이 3월 23일부터 29일까지 비원다방에서 개최된 것과 '이림 제6회 작품전'이 4월 8일부터 14일까지 역시 비원다방에서 열렸다고 나와 있다. 통영 출신으로 당시 마산에서 활동한 전혁림 화백의 전시회 기록도 있다. '전혁림 현대회화전'이 5월 9일부터 14일까지 비원다방에서 개최되었다는 것.

음악부문에서 눈에 띄는 대목은 소프라노 김천애의 독창회가 9월 25일부터 10월 초순까지 군의학교와

마산 시내 중심가에 설치된 마산문화협의회 주최의 '마산종합문화제' 아치.

마산여고, 마산고, 성지여고, 마산중 등을 순회하면서 개최된 것과 '조두남 문하생 피아노연주회'가 12월 28일 당시 국제극장(옛 강남극장)에서 열린 것으로 나와 있다. 체육부문에서는 8·15광복 10주년을 맞이해 '제4회 마산종합체육대회'가 8월 13일부터 16일까지 합포, 성호국민학교와 마산상고 운동장 그리고 추산공원에서 개최됐다.

'마산'부문에서는 마산의 지방자치 1년의 평가와 재정, 산업경제, 사회 등 마산시정을 언급하고 있다. 연감은 특히 표지에 '해방 10주년 특집'의 소제목을 달고 있는데, 연감이 다루는 범위가 1955년이라는 점에서 광복 10주년의 일지도 담고 있으며 당시의 국내·외 정세를 짐작케 하는 글도 싣고 있다.

협의회가 벌인 사업 가운데 마산 시민의 뜨거운 호응을 받았던 행사는 1955년 12월 19일 마산시와 함께 주관해 '마산문화제'의 일환으로 개최된 '시민의 밤'이다. 당초 협의회는 임원식이 지휘하는 서울의 '육군교향악단'을 초청하는 등 규모를 크게 잡아 계획했으나 예산부족으로 이는 실현되지 않았다. '시민의 밤' 사회를 맡았으며 행사 후 연감에 대회록을 쓴

당시 마산일보 기자 김원식의 표현대로 "최소한도의 재정경비 조치와 적수공권이나마 열과 성을 다하여" 진행한 행사였다.

규모가 축소된 행사였지만, 마산 시민들의 호응과 열기는 대단했다. 오후 2시와 7시의 주간과 야간 두 차례에 걸쳐 진행된 행사는 주간공연이 있기 한 시간 전부터 사람들이 몰려들어 인산인해를 이뤘다. 김원식은 '대회록'에서 다음과 같이 그날 행사의 감격을 적고 있다.

"극장 전면 광장에는 인산인해를 이루는 학생단체 및 일반 시민, 남녀노소가 쇄도해 전례 없는 성황을 이뤘다. 이와 같은 사실은 황무지 그대로 이 땅, 마산의 시민이 예술에 대한 갈망과 진정한 문화운동에 대한 강렬한 희구 및 그의 공동의식을 나타내는 것으로, 금번 본회(협의회)가 베푸는 예술의 대중적인 향연은 진실하고 절실한 의미에서 시민들이 호응한 것이었고, 감개무량한 그 무엇이 회원들의 눈시울을 뜨겁게 했다."

3시간가량 진행된 공연은 마산상고 취주악단의 취주악을 필두로 마산상고 2학년 이점석의 무용과 마산중 1학년 김성태의 독창 등의 순으로 진행됐다. 이어 2중창과 기악연주, 3중창, 시조낭독이 있었으며, 이색적으로 당수도 시연을 고창일이 선보였다. 음악 및 무용공연은 마산상고, 마산중, 성지여고, 마산여고, 월포국교, 성호국교, 마산공고 등의 학생들이 출연해 기량을 선보였다. 이와 더불어 뉴스 영화와 「찬양의 노래」, 「거리의 등대」라는 문화영화와 「세기의 찬가」라는 음악영화 상영도 있었다고 연감은 적고 있다.

협의회는 '시민의 밤' 행사 후 자체적인 평가를 내린다. "'시민의 밤'이 대중문화의 뿌리를 내린 발아發芽의 시점으로 보고, 마산 시민 전체의 교양과 예술적 이해의 향상에 자양제가 됐으며, 다가올 문화제 및 문화운동을 위한 체험의 기회로 삼는다"는 게 그것이다.

하지만 스스로의 이런 고양된 평가와 마산 시민들의 호응과는 달리 협의회의 수명이 길지 못했음은 아쉬움으로 남는다. '마산문화제'의 일환으로 진행한 '시민의 밤'은 그 이듬해인 1956년부터 '마산문화제'로 명칭을 바꿔 진행됐지만, 4회를 넘기지 못하고 마산시에 내어준다. 『마산문화연감』도 겨우 2년 갔다. 1956년에 이어 1957년 두 번째 판을 끝으로 수명을 다한 것이다.

민족교육 사학私學의 요람 '창신학교'

우리나라에서 100년이 넘는 역사를 가진 학교는 그리 많지 않다. 더구나 공립이 아니라 사립, 서울이 아니라 지방도시라면 더욱 그렇다. 그런 학교가 마산에 있다. 마산에 터를 잡아 100년을 넘긴 창신학교(창신고등학교)가 바로 그곳이다. 창신학교는 지난 2008년으로 개교 100년을 맞았다. 영남권을 통틀어 100년을 넘긴 사립계 고등학교는 창신학교를 포함해 부산 일신여학교(현 동래여고)와 대구 계성학교(현 계성고), 단 세 곳이다. 그러니 창신학교는 마산의 자랑이 아닐 수 없다.

창신학교는 1906년(광무 10년) 5월 17일 기독교 장로인 이승규(노산 이은상의 부친)가 마산의 성호리 '마산포 교회'(현 문창교회 전신)에 독서숙讀書塾을 설치한 것을 그 시발점으로 친다. 독서숙은 그 전인 1902년부터

교회에 와 선교활동을 벌이던 호주인 선교사 애덤슨 A. Adamson의 협조로 점차 그 범위가 확대돼가면서 이

1910년 당시의 창신학교 전경.

를 바탕으로 1908년(융희 2년) 9월 15일 학부대신의 인가를 받아 정식으로 4년제 남녀공학 초등과의 사립 창신학교가 설립됐다.

독서숙의 개설은 마산의 신교육을 알리는 일종의 신호탄이었다. 이를 계기로 처음 성호리 일대 10여 명에 불과하던 규모가 인근 회성리(회성동)와 웅남, 덕산, 구산 등지에서 신학문에 목마른 많은 청장년이 몰려오면서 성식 학교 신청을 했고 이에 승인이 남에 따라 창신학교가 마산에 생겨난 것이다. 초대교장은 한국명 손안로인 호주인 선교사 애덤스였다. 창신이라는 교명은 고운 최치원의 시호인 문창후에서 따온 창文과 기독교의 믿음을 뜻하는 신信을 딴 것이다.

남녀공학은 당시 유교사상과 이를 바탕으로 한 남존여비가 뚜렷한 사회 분위기에서는 놀라운 것이다. 이는 여학생만을 수용하던 서울의 이화학당보다 더 진보한 것으로 볼 수 있다. 학교는 학생들로 하여금 길게 땋아내린 머리 대신 단발을 실시했다. 이 또한 당시로서는 파격적인 조치였다. 1909년 창원군 외서면 상남리 87번지(합포구 상남동 87번지, 구 북마산파출소 위쪽 제비산 언덕)에 경남 최초의 양옥인 새로운 교사를 지어 학교를 이전했다.

국학자이자 독립운동가인 안확
(1886-1946).

이어 1911년 라이얼(D.M Lyall, 한국명 라대권) 호주 선교사가 2대 교장으로 취임해 중학과정인 고등과 병설인가를 받았으며, 1913년에는 여학생들을 분리, 의신여학교(현 의신여중)를 설립하고 초대 교장은 호주 여선교사인 맥피(I. Mcphee, 한국명 미희)가 맡았다. 1920년 역시 호주 선교사인 맹호은F.L. Macrae이 창신학교 3대 교장으로 부임해 학교를 회원동 414번지 일대로 이전하는 작업을 시작해 1924년 5월 잘 알려진 붉은 벽돌의 교사가 완공됐다.

창신학교는 교육의 목적을 조선의 국권회복과 근대화 달성을 위한 실력 배양, 민족의식의 고취로 내걸었다. 말하자면 민족정신을 고취하는 민족교육의 요람으로서의 학교의 위상을 과감하게 자임한 것이다. 이에 따라 교정에는 태극기가 내걸렸으며, 교내활동의 모든 모임에서 애국가를 불렀다. 또 교내모임에서 일제의 탄압정책을 비판하는 것도 주저하지 않았다.

창신학교가 이처럼 민족정신의 고취를 위한 민족교육의 실현에 나름대로 나설 수 있었던 것은 학생들의 의지도 강했지만, 무엇보다 이 학교에서 학생들을 가르친 교사들이 민족정신이 투철했기 때문이다. 초창기 창신학교의 교사진은 최초의 근대 국학자로 평가받고 있는 자산自山 안확安廓 선생을 비롯해 국어학자인 환산 이윤재, 한결 김윤경과 현완준, 김철두, 이순상, 이종성, 나인한 등 민족주의 색채가 뚜렷했던 인사들로

채워져 있었다.

여기서 특기할 점은 일제의 혹독한 탄압과 압제 속에서도 우리말과 글을 지켜나가려 한 '조선어학회'를 실질적으로 이끈 주역들이 창신학교와 연을 맺은 학자들이었다는 점이다. 이들 가운데 이윤재 선생은 '조선어학회' 사건으로 옥중에서 숨을 거둘 때까지도 한글교육과 우리말 사전 편찬의 일을 손에서 놓지 않았을 정도로

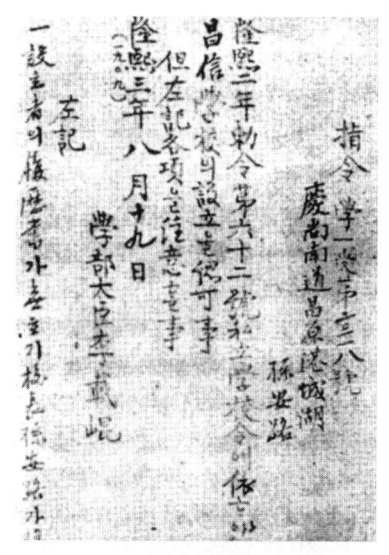

창신학교 설립인가서.

민족정신이 강한 사사였다. 이런 분들 가운데 특히 안확은 창신학교의 정신과 역사를 거론하는 데서 결코 빠뜨릴 수 없는 창신학교의 스승이다.

안확은 단순한 민족교육가로서의 면모만 갖춘 인물이 아니다. 그는 1916년에 조선국권회복단 마산지부장을 맡아 일하면서 일제에 대한 적극적 투쟁을 벌인 독립투사이기도 하다. 창신학교에서 역사와 한글을 가르친 안확은 창신학교 재직중인 1917년 그의 첫 저술서인 『조선문법』을 펴냈다. 안확은 1919년 조선국권회복단 마산지부가 주도한 '4·3진동의거'가 있은 뒤 곧바로 마산을 떠났다. 그 무렵 창신학교를 다니면서 안확에게 가르침을 받은 노산 이은상은 다음과 같이 그를 회고하는 글을 남겼다.

"선생이 교단에 올라서면 글을 가르치기 전에, '너희들은 대한제국의

국민이다'하고 우리들의 가슴에 불을 질렀다. 이미 대한제국은 무너졌었다. 그러나 마산 창신학교의 교단 아래 앉았던 우리들의 가슴 속에는 대한제국이 시퍼렇게 살아 있었다. 선생은 그런 분이었다."

안확이 교사로 있던 1910년에 이은상보다 선배로, 고루 이극로가 있었다. 경남 의령 태생의 이극로는 열여섯에 집을 뛰쳐나와 길렀던 머리를 깎았다. 그리고 창신학교에서 안확 등의 선생을 만나 2년 동안 신학문을 배우게 되면서 깨우침을 얻어 학문의 길로 뛰어들었다. 중국과 독일, 벨기에, 영국, 프랑스 등에서 정치, 경제, 음성학 등을 공부한 그는 귀국 후 조선어연구회와 조선어학회 등에서 본격적인 한글사전 편찬사업에 힘을 쏟은 저명한 한글학자이자 국어운동가. 이윤재, 김윤경과 함께 조선어학회를 실질적으로 움직여 나간 3인 중의 한 사람이다.

창신학교에서 수학한 학생 가운데 간과할 수 없는 인물이 있다. 밀양 태생의 약산 김원봉이다. 밀양경찰서와 조선총독부 폭파사건 등 숱한 항일테러를 감행한 '의열단'의 그 김원봉 또한 창신학교 출신이다. 공전의 히트를 기록한 영화 「암살」에 그의 행적이 나온다. 그러나 좋은 말로 진보적이지만, 좌편향의 민족주의자였던 이극로와 김원봉은 결국 해방공간에서 월북해 그곳에서 죽음을 맞았다.

이런 교사들과 학생들이었으니 창신학교는 항시 일제에 맞섰고, 이에 따라 일제의 감시와 탄압의 대상이 됐다. 이런 사례가 전한다. 한일합병 다음 해인 1911년 메이지明治가 죽고 다이쇼大正가 일본천황이 되자 일제는 시민과 학생들에게 축하행진 참가를 강요했다. 구마산 불종거리에서 신마산 부청사까지 행진 중 일본천황 만세를 부르도록 강요하자 창신학교 학생들은 일경을 하천으로 처박아 버리고 행진을 중단한 채 해산해 버렸다. 다음 날 무장헌병 1개 소대가 학교에 몰려와 "주모자를 내놓지 않으면 전원 연행하겠다"고 겁박하자 학생들은 여기에 굴하지 않고 "우리 모두를 연행하라"며 강력히 저항했다. 학생들의 집단 저항으로 연행에 실패하고 헌병들은 물러갔으나, 이후 창신학교는 일경의 더 심한 감시와 탄압의 대상이 됐다.

창신학교 교사와 학생들의 이런 민족의식과 항일 저항정신은 1919년 마산의 3·1운동에서 창신학교와 의신여학교의 교사와 학생들이 중추적 역할을 하는 원동력으로 작용하는데, 안확이 주도한 '4·3 진동의거'는 앞에서 언급한 바와 같다.

창신학교는 민족교육 및 항일 민족운동과 함께 일제가 강요하는 신사참배 거부투쟁도 적극적으로 벌였는데, 결국 이는 일제에 의한 학교의 폐쇄조치로 이어졌다. 1925년 3월 고등과가 9회 졸업식을 끝으로 문을 닫고 '호신학교'로 교명이 바뀌었으나, 5년 후인 1930년 폐교됐다. 초등과도 1939년 폐교됐다. 이에는 재정적인 문제도 있었지만, 궁극적으로는 3·1운동에다 일제를 배척하는 민족교육 그리고 신사참배 거부 등이 주된 원인이었다.

폐교당한 창신학교는 해방 후 1948년 9월 창신초급중학교로 다시 개교한 후 1951년 창신농업학교, 1960년 인문계 창신고등학교, 1968년 공업계인 창신공업고등학교 그리고 1984년 다시 인문계인 창신고등학교로 전환해 오늘에 이르고 있다. 인문계로 다시 개교한 창신고등학교의 출발은 좋다. 그해 입학해 1987년 졸업한 학생들의 서울대 진학률이 마산과 창원권에서 제일 높았고, 특히 한 졸업생은 학력고사에서 인문계 전국수석을 차지하는 쾌거를 이뤄낸 것이다.

100년의 역사를 훌쩍 뛰어넘은 창신학교는 민족정신을 중시하는 민족교육만큼이나 민족적인 정서를 간직한 학교이기도 하다. 마산이 낳은 민족시인 노산 이은상이 이 학교에서 수학한 후 모교에서 학생들을 가르쳤고 박태준이 음악을 가르쳤다. 이 둘이 창신학교에 있으면서 만든 가곡이 「동무생각思友」이고, 박태준이 최순애의 글에 곡을 붙인 동요가 「오빠생각」이다. 이뿐인가. 「산토끼」 노래를 만든 이일래도 창신학교 출신이다. 영화배우로 성남시장을 지낸 이대엽과 김봉조 전 국회의원 그리고 만화가로 유명한 방학기도 이 학교 출신이다.

1950년대 마산미술과 송인식

마산의 근·현대미술은 일제강점기 일본에서 공부하고 돌아온 유학생들의 귀국 후 활동에서 그 여명기를 엿볼 수 있다. 1940년대 초 김종영과 문신, 이석 등이 일본 유학을 마치고 고향으로 돌아와 유학에서 익힌 현대 미술기법으로 활동을 벌였으며, 지역에서 그림을 익힌 몇몇 작가들이 이들과 함께 활동을 한 것으로 전해지지만, 이와 관련해 구체적으로 남겨진 기록은 별로 없다. 해방 전 마산지역에서 미술활동을 한 작가로는 이들 외에 당시 학생이었던 이림과 안윤봉의 행적이 보인다. 이 둘이, 1941년 일본인 교사들이 주축이 된 '마산미술전람회'에 작품을 출품한 기록이 전한다.

한국의 현대미술사적인 견지에서 일제강점기를 벗어난 8·15해방 이후부터 6·25전쟁 이전까지 5년간을 '해방공간'이라 하여 통상 미술의 공백기로 일컫는다. 그러나 한국 현대미술의 이 같은 전반적인 흐름과는 상반되게 마산지역은 그렇지 않았다. 한마디로 말해 전성기를 구가했던 시기다. 이 무렵 국가적인 규모의 '전국미술전람회'가 마산에서 개최된 사실이 이를 대변한다. 이 전시회는 이림, 문신, 이준, 이수홍, 최운, 안윤봉 등 마산 출신 미술인들이 중심이 되어 작품 활동과 함께 마산 화단을 정비해 나가던 때인 1947년 6월 개최돼 신생 한국 미술의 발아 역할을 한다.

이 전람회에는 서울의 김기창, 박래현, 부산의 양달석, 우신출, 전라도의 김해근 등 당시 명망 있는 작가들과 함께 마산의 이림, 이준, 문신, 임호 등 모두 39명의 작가들 작품 108점이 전시돼 성황을 이뤘다. 이 전시회는 마산과 중앙화단을 잇는 첫 교량 역할을 했다는 평가가 주어지는 의미 있는 행사였다. 또 1948년 1월에는 문신의 개인전이 열렸는데, 이는 해방 후 마산에서의 첫 개인전이다. 그리고 1949년에는 서울의 허민과 변관식의 동양화개인전이 열렸고, 그해 4월에는 제1회 '경남미술연구회 작품전'이 부산에서 열렸는데, 이림, 이준, 임호, 전혁림 등 마산작가 4명이 출품했다. 11월에는 마산상공회의소에서 문신의 두 번째 개인전이 열려 '무학산' 등 30여 점의 작품이 선보였다.

한국전쟁은 마산의 미술문화를 더욱 풍성하게 하는 계기가 됐다. 이중섭, 윤중식, 장리석, 한묵, 최영림 등 미술을 포함한 전국의 문화예술인들이 대거 마산으로 피란을 오게 되면서, 이들의 마산에서의 활동 그리고 이들과 마산지역 미술인들과의 교류를 통해 지역 미술문화를 발전시키는 중요한 전기가 마련됐기 때문이다. 예컨대 피란작가인 한묵과 마산의 문신, 이준의 교분관계가 형성되면서 새로운 조형어법을 구사한 '후반기 동인전'은 그 내용에서 높은 평가를 받았다.

이중섭은 전혁림과 교분을 쌓아 가면서 따스한 남쪽 바다의 자연관에 매료되어 그의 그림 속에 자주 등장하는 물고기와 게, 바다 등 미술적 소재를 새롭게 발현해냈다.

1976년 마산 '문신 귀향전'에서 송인식 (오른쪽)과 문신(오른쪽에서 두 번째).

고향이 이북인 최영림은 UN군 북진시 따라 올라갔으나, 1·4후퇴 때 다시 마산으로 와 한동안 마산에서 터전을 마련해 살았다. 마산상고와 성지여고에서 학생들을 가르치면서 오동동 단칸방에서 그림 그리기에 힘을 쏟았던 시기다. 마산에 머물던 나건파는 최영림과 친하게 지냈는데, 가포의 갈마산정 스케치를 즐겼다. 부산에 정착한 그는 마산에 대한 향수를 못 잊어 갈마산정 스케치를 말년에까지 이어나갔다고 한다.

조각가 김세중이 성지여고에 근무하면서 마산고에 있던 김남조와 애정을 나누던 시절이기도 하다. 파스텔화의 대가로 일컬어지는 강신석은 마산 앞바다와 돝섬을 자주 그렸다. 강신석은 이후 휴전협정이 조인된 후에도 마산을 떠나지 않고 삶과 예술의 영원한 터전으로 마산을 택했다. 이들 피란작가들은 기법이나 창작의욕 등 여러 측면에서 마산의 작가들

초성다방에서 열린 제2회 흑마전(1956.10).

에게 적잖은 영향을 주었다. 이 무렵 마산상고 교사로 있던 이준이 제2회 국전에서 대통령상을, 전혁림이 차석인 문교부장관상을 수상한 것은 그런 측면에서 바라볼 수 있는 사안이다.

이런 뛰어난 작가들이 있던 당시 마산에서는 하루가 멀다 하고 전시회가 열리면서, 지방의 중소도시 차원을 훨씬 뛰어넘는 문화예술적 역량을 보였다. 1955년 안윤봉이 주축이 돼 결성된 '마산문화협의회'에서 1956년 발간한 『마산문화연감』에 따르면 1955년 한 해 동안 마산에서는 17회의 미술전시회가 열린 것으로 나와 있다. 그때 서울에서 한 해에 걸쳐 개최된 전시회가 30회라는 점을 감안하면, 지방의 중소도시로서는 괄목할만 한 양이라 하겠다. 이를 포함해 마산에서는 해방 후 10년간 합동전 10회, 동양화전 5회, 서양화전 26회, 시화전 6회, 학생전 15회 등 총 62회의 미술전이 열려 2,014점의 작품들이 전시됐다고 한다.

이렇듯 전성기를 구가하던 1950년대 마산의 미술문화계에서 특기할 만한 단체가 하나 있다. 바로 '흑마회'라는 미술동인 모임이다. '마산문화협의회' 산하 미술단체로, 1955년 안윤봉의 주도로 만들어졌는데 '흑마회'가 내건 슬로건은 다소 이념적인 요소가 느껴지는 '미술의 대중화'다. 미술이 어떤 특정계층에만 향유되어서는 안 되고, 누구나 즐기고 활동할 수 있게 하자는 취지로 결성되면서 그 활동 또한 그에 맞게 이뤄져 관심을 끌었다.

'흑마회'의 활동 중 돋보이는 것은 '가두 전시'다. 화랑 문제 등으로 전시에 제약이 많았던

송인식(좌)과 전혁림 화백.

점을 고려, 누구나 볼 수 있게 과감하게 거리에서 전시를 한 것인데, 이는 전국에서 최초로 감행된 것이라는 점에서 한국미술사적으로도 꽤 유의미한 일로 기록될 만하다. '흑마회'는 이림, 안윤봉, 이준, 이수홍, 최운, 배기준, 정덕상, 임호, 정상화 등으로 제1회전을 1955년 10월에 가졌고, 제2회 전시를 1956년 10월 남궁다방에서 개최했는데, 이 전시회에는 박해강과 최영림도 출품했다. 이후 1959년까지 총 65회의 전시회를 가진 후 1960년 제7회전까지 치르며 왕성한 활동을 벌였으나, 5·16 군사쿠데타로 기존의 모든 예술단체에 대한 통제가 가해지면서 해체됐다.

마산미술의 그 후는 침체기로, 1970년대 초·중반까지 이어진다. 이유는 여러 가지일 것이다. 시대적 변화에 따라 일부 작가들이 보다 나은 창작 여건 마련을 위해 서울이나 해외로 떠나거나 젊은 신진작가들의 경우 공부를 위해 대학이 있는 다른 도시로 옮겨가면서 비롯되는 작가 공백현상 탓을 꼽을 수도 있겠고, 전성기의 풍토에 부응하지 못하는 교육여건과 인프라 등 여러 지역적인 한계 탓일 수도 있다. 1962년 군사정부 문화정책의 일환으로 만들어진 한국미술협회 마산시지부의 지나친 관변행정 탓이라는 일부 지적도 있다. 하여튼 이 무렵의 마산미술은 인적으로나 물적

으로나 작품으로나 빈곤한 흐름 속에 있었다.

당시 마산미술계의 이런 침체된 분위기를 들여다보면서 짚고 넘어가야 할 사람이 하나 있다. 그런 어두운 분위기를 헤집고 그나마 오늘의 마산미술이 있게 한 사람이기 때문이다. 경남 최초의 상업화랑인 '동서화랑'을 마산에서 열어 경영했던 송인식(1925-2013)이 바로 그다. 송인식은 미술작가가 아닌, 상업적인 갤러리 운영자이다. 그러나 1950년대 초부터 화가를 비롯한 마산의 숱한 문화예술인들과의 폭넓은 교유를 통한 그의 해박한 지식과 문화예술 애호 정신은 남다른 정평이 날 정도였고, 이를 기반으로 해 마산의 미술발전에 상당한 공헌을 한 인물이다. 경북 안동 출신인 송인식이 마산으로 온 것은 1950년대 초였으니, 아마도 피란 차 왔다가 마산과 인연을 맺은 것으로 보인다.

송인식이 마산에서 처음 한 일은 인쇄업이다. 그 일은 책이나 팜플렛을 찍어내는 것에 관련이 있으니, 아무래도 그때부터 마산의 문화예술인들과 알고 지낸 게 아닌가 싶다. 김수돈이나 김춘수 같은 시인들과 문신, 강신석, 최운 등의 미술작가, 음악인 조두남 그리고 당시 마산의 문화살롱 격인 '외교구락부'를 운영하던 박치덕(상하이 박), 위헨리(영화인) 등과 친교관계를 넓혀갔다. 그 후 마산의 문화에 더 깊은 관심을 갖게 된 것은 마산일보 업무국장으로 재직하면서부터다. 그가 신문사에 있다가 오동동 현 코아 사거리 부근에 '동서화랑'을 연 게 1973년 8월이다. 송인식이 왜 그 무렵 마산미술계의 척박한 분위기 속에서 아무도 관심을 갖지 않던 미술화랑업에 뛰어들었는지는 알려지지 않고 있다. 다만 문신, 최운, 강신석 등 그가 친하게 지내던 작가들의 인간성과 작품세계를 폭넓게 이해하고 받아들여 나가는 과정에서, 작가와 작품들 그리고 마산의 미술을 위해 뭔가 이바지해야겠다는 생각에서 비롯된 게 아닌가 싶다.

송인식의 '동서화랑'은 문을 열자마자 마산의 문화사랑방 구실을 했다. 화랑이라는 영역의 한계를 떠나 미술인뿐 아니라 문학, 음악, 무용, 연극, 사진 등 모든 장르에 걸친 예술인들이 오가며 소식과 정담을 나누는 문화공간이었다. 물론 '동서화랑'에서는 많은 화가들의 작품전이 열렸다. 송인식은 생전에 '동서화랑'에서 연 전시회 가운데 기억에 남는 것으로 1974년 파스텔 제1세대 작가인 강신석 초대전, 1982년 최운 초대전과 문신 초대전 그리고 1984년 박생광 초대전을 꼽았다. 그는 이들 전시회와 함께 2001년 7월에 개최한 '경남 작고작가 7인 추모전'에도 깊은 애착을 갖고 있었다. 그 전시회는 이를테면 경남 미술의 원류를 더듬어보기 위해 마련된 것으로 문신, 박생광, 강신석, 성상복, 이상갑, 최운, 유택렬 등 경남화단 1세대의 작품들이 전시됐다. 이 전시회에는 작품들과 함께 송인식이 그들과 주고받은 서신과 사진들도 전시돼 많은 관심을 끌었다.

송인식은 마산 출신 작가들 가운데 특히 문신과 친했다. 1976년 문신이 프랑스에서 1년을 기한으로 귀국했을 때 '문신 귀향전'을 준비하고 열어준 것도 송인식이었고, 마산에 '문신미술관'이 세워질 때 누구보다 앞에서 추진한 이도 그였다. 그만큼 각별한 사이였던 것이다. 그때 전시회는 대성황이었다. 문신 작품 100여 점이 모두 팔리고도 예약을 받을 정도였다. 문신은 그때 마련한 돈으로 프랑스에 다시 갈 수 있었다고 한다.

송인식이 마산미술계에 헌신한 또 하나의 공로는 지난 1991년 사재 1억원을 기금으로 해 만든 '동서미술상'이다. 마산, 경남의 역량 있는 작가를 발굴하기 위해 제정된 이 상은 올해로 25년간 이어져 오며 지역 미술인들을 응원하면서 마산미술의 위상을 제고하는 데 큰 역할을 하고 있다는 평가를 받는다.

송인식의 '동서화랑'을 중심으로 한 미술문화 애호활동은 마산미술계에 활력을 불어넣는 계기로도 작용했다. 미술이 활발해지려면 작품이 전시되는 화랑이 많이 있어야 한다. '동서화랑'에 이어 '청탑화랑', '마산화랑', '가양화랑'이 잇달아 마산에 생겨난 것은 그런 맥락에서 송인식의 영향에 따른 것으로 봐야 한다. 화랑의 잇단 개관과 함께 그 무렵 개최된, 경남 도내 첫 공모전인 제1회 경남 미술전람회가 경남미술인들의 관심과 성원을 업고 첫 출발을 하게 된다. 마산의 신진 미술인들이 이 공모전을 통해 발굴되었고, 현재에 이르기까지 마산의 많은 미술인들이 참여하고 있다.

송인식은 마산미술계에 끼친 이런 공로로 2003년 한국화랑협회 공로상과 2013년 문화체육관광부장관 표창을 받았으며, 그의 1주기인 2014년 8월 15일 문화동 만날고개에 공로를 기리는 기념비가 세워졌다.

5부
마산 사람의 신명

마산의 '가수歌手'들

"오동추야 달이 밝아/오동동이냐…"로 시작되는 「오동동 타령」은 1950년대 마산의 멋과 풍류를 대표하는 대중가요다. 6·25전쟁의 상흔으로 음울하던 시기, 밝고 신나는 민요풍의 이 노래는 국민의 시름을 달래며 전국적으로 선풍을 일으켜 마산을 크게 알리는 계기로도 작용했다. 이 노래 글을 지은 여인초도, 곡을 만든 한복남도, 노래를 부른 황정자도 마산 사람은 아니지만, 이 노래 하나로 마산과 연을 맺고 우리나라 가요사에 짙은 족적을 남긴 사람들이다. 이 노래는 제목 그대로 마산의 낭만과 멋이 가득 담긴 노래이다. 이와 더불어 마산 출신으로 우리나라 대중가요에 이름을 남긴 예인들도 꽤 있다.

반야월(1917-2012)은 새삼 설명이 필요없는, 우리나라 가요사에 이름을 떨친 작사가요, 작곡가요, 가수다. 그가 평생 만든 노래가 무려 5,000여 곡인데, 이는 우리나라에서 한 개인이 만든 최고로 많은 수의 노래이고 앞으로도 이 기록이 깨질 가능성은 없어 보인다. 「울고 넘는 박달재」, 「찔레꽃」, 「이별의 미아리고개」, 「산장의 여인」, 「소양강 처녀」 등 그의 대표작은 이루 열거할 수 없을 정도로 많다. 이 노래들을 포함해 반야월의 인기곡들은 대부분 그가 노래글을 지은, 말하자면 작사로 대표되는 것들이다. 하지만 반야월이 작사에 앞서 원래 가수로 데뷔한 것도 잘 알려진 사실이다.

마산 반월동 태생인 그는 1937년 조선일보와 태평레코드사가 공동주최한 전국가요음악콩쿨대회에서 1등을 차지하며 화려한 데뷔를 한다. 반야월이 전국적인 명성을 얻은 것은 1940년 부른 「불효자는 웁니다」라는 노래 때문이다. 어머니에 대한 자식의 불효를 하소하고 있는 이 노래는 조선 천지를 울렸고, 이 노래 하나로 반야월은 단번에 최고 가수의 반열에 오른다. 이 노래에는 반야월 자신의 슬픈 사연이 담겨있어 더욱 심금을 울린다. 청운의 꿈을 안고 비 내리는 항도 마산을 우산도 없이 떠나던 날, 어머니는 먼발치에서 하염없이 울며 손을 내젓는다. 부디 성공하거라. 어머니를 항상 그리며 성공을 위해 절치부심하던 그에게 이 곡이 들어왔다. 노래 취입을 위해 일본 오사카로 가 스튜디오에 도착했을 때, 전보 하나가 기다리고 있었다. "모친 별세." 찢어지는 가슴으로 통곡하듯 부른 노래가 바로 「불효자는 웁니다」이다.

「산장의 여인」은 그가 1951년 마산방송국 문예부장으로 재직하고 있으면서, 가포 결핵요양소에 위문공연을 갔다가 우연히 마주친, 죽음에 직면한 어느 여인의 애틋한 운명을 안타까운 심정으로 써내려간 노래다. "무학산 말바위에 전설이 자고/장군 내 실개천에 가재가 울던…"으로 시작되

반야월(진방남)(좌) 김봉명(우).

는 「내 고향 마산항」은 고향 마산에 대한 그리움을 담고있는 노래지만, 그 바탕은 역시 어머니다. 돌아가신 어머니의 무덤이 말바위 부근에 있었고, 말바위를 생각하면 고향과 함께 어머니가 떠올려지면서 만들게 된 노래라는 게 생전에 그가 들려준 얘기다.

반야월과 비슷한 시기에 가요계에 데뷔해 「아리랑 술집」, 「깨어진 단심」 등을 불러 크게 히트시킨 김봉명(金鳳鳴, 1917-2005)도 석전동 출신의 마산 사람이다. 1938년 대구에서 개최된 신인콩쿠르에서 입상한 김봉명은 이듬해 「깨어진 단심」을 데뷔곡으로 낸 데 이어 「아리랑 술집」을 발표하면서 가요계 정상에 선다. 김봉명의 처 김미라, 동생 김용대도 빼어난 가수로, 이들 가족이 함께 출연한 악극 「울며헤진 부산港」은 공전의 히트를 쳤다.

"낯설은 타향 땅에/외로운 저 달아/그리운 부모형제/너만은 보았겠지…" 1960년대를 살았던 마산 사람이라면 이 노래 가사를 기억하고 있을 것이다. 김철이라는 가수가 부른 「향수에 젖어」라는 노래다. 당시 마산에 살던 김철은 이 노래 한 곡으로 단번에 전국적인 인기를 끌었고 유

명세를 탔다. 마산에서는 당시 라디오만 켜면 이 노래가 나올 정도로 그 인기가 대단했고, 무학국민학교에서 곧잘 열리곤 하던 노래자랑대회에서는 이 노래가 단골메뉴였을 정도로 널리 불리어져 노래를 부른 김철이 마산 사람이라는 것에 상당한 자부심을 가졌던 기억이 있다. 김철이 마산에서 박일남, 진송남, 후랑크백 등 당시 인기가수들과 가지곤 했던 '쇼' 공연은 인파로 넘쳐났다.

그러나 김철의 가수로서의 수명은 그리 오래가지 못했다. 「향수에 젖어」의 인기 여세로 부른 후속곡 「내 이름을 묻지마라」가 어느 정도의 인기를 얻었지만 그 후 노래들에서는 그렇지 못했다. 김철은 재기를 노렸으나 뜻대로 되지 않아 가수를 접은 것으로 알려지고 있다. 그의 근황이 잡힌 것은 지난 2012년 10월이다. 김철은 마산 인근에서 세탁소를 운영하고 있었다. 김철의 노래에 열광했던 한 팬이 어떻게 어떻게 찾아가 만난 소식을 자신의 블로그에 올린 것이다.

김철의 인기가 사그라질 무렵, 그 바통을 이어받아 등장한 가수가 이학춘이 아닌가 싶다. 자산동에서 태어난 이학춘은 저음의 허스키한 보이스가 매력적이었고, 이를 바탕으로 어떤 노래든 소화해낼 수 있는 장점이 있는 가수였다. 이학춘이 가수로 정식 데뷔하기 전 잘 부른 노래가 오기택의 「우중의 여인」이다. 그는 1960년대 말 무학국민학교에서 열린 노래자랑대회에서 이 노래로 단번에 인기몰이를 하면서 가수로 나선다. 그가 서울 모 레코드사의 전속가수로서 1970년에 발표한 노래가 「괴로워도 웃으며」이다. 애잔함을 담은 굵직한 저음의 이 노래는 발표되면서 남쪽 마산으로부터 서서이 인기를 탄다. 마산 출신이었기에 마산에서는 그에 대한 기대가 있었지만, 노래가 좋았고 특히 이학춘의 저음의 목소리가 너무 좋았다. 이 노래는 마산발 인기몰이를 바탕으로 전국적인 인기차트에 오르면서 이학춘의 이름을 인기가수 리스트에 올렸다.

박경(1953-2000).

"그대가 날 버렸나/내가 그대를 버렸나요…"로 시작되는 이 노래의 인기는 라나에로스포의 한민이 그 후 「어차피 떠난 사람」이란 제목으로 리메이크하면서 다시 입에 오르내릴 정도로 여파가 강했다. 이학춘은 「괴로워도 웃으며」 발표 후 「이별의 영시」, 「어머님」 등 후속곡을 발표하면서 왕성한 활동을 벌여 나갔으나, 역시 데뷔곡만 한 노래들은 내놓지 못하면서 좋지 못한 결말을 맞게 된다. 여러 이유가 있을 것이지만, 궁극적으로는 자기 관리에 충실하지 못했다는 소리가 나온다. 이학춘이 한창 날릴 무렵인 1970년대 초, 그를 경부선 열차에서 만난 적이 있었는데, 그때 식당차를 오가며 엉망으로 취해 횡설수설하던 기억이 있다. 아무튼 그는 생을 비극적으로 마감했다고 전해진다. 그에 대한 소식을 궁금해오던 차에 뜻밖에 2015년 7월경 마산의 어느 주점에서 그의 얘기를 들었다. 덧붙여 이학춘이 자산동의 좋은 집안 출신이었고, 그의 형이 이름만 대면 잘 아는 외국주재 대사 출신의 외교관이었다는 것도 처음 알았다.

1970년대 초는 이른바 통기타 문화의 시대였다. 이런 현상은 전국적인 것이었고, 마산도 마찬가지였다. 그 당시 마산여고에 노래를 잘 부르는 학생이 둘 있었다. 하나가 예명 유가화로 잘 알려진 박미영이었고, 또 하나가 정태춘과 짝을 이룬 듀오로 우리나라 가요의 격을 높인 박은옥이다. 이 둘은 그 무렵 마산의 학생들 간에서는 노래 잘 부르는 통기타 가수로 소문이 나 있었다. 이 둘의 재주를 지켜보면서 어느 정도 지도의 수준에서 영향을 준 사람이 「너」로 유명한 가수 이종용이다. 이종용은 그때 마산의 39사단 군종부에 있으면서 마산의 각급 단체 등에 나가 싱얼롱 singalong과 함께 노래를 불렀다. 어떤 때는 유가화와 박은옥이 함께하기도 했다. 둘은 또 가포 결핵요양원 등에 가 위문공연을 하기도 한 것으로 전해진다. 유가화와 박은옥이 가수로 데뷔한 것은 비슷한 시기인 1979년경이다. 박은옥은 가수 최백호의 권유와 추천으로 서울의 레코드사를 찾았고, 유가화는 부산에서 활동하다 1979년 당시 동양방송TBC 신인가요제에 나감으로써 그 계기가 마련된다.

박은옥은 1979년 「회상」으로 단번에 가요계의 주목을 끌었다. 청아하면서도 따뜻한 목소리의 애잔한 이 노래는 좋은 노랫말을 바탕으로 전달성이 강하다는 평가를 얻었던, 이즈음에도 많이 듣게 되는 명곡이다. 이 노래는 박은옥의 평생 반려인 정태춘을 만나게 되는 고리로도 작용했다. 박은옥보다 한 해 전인 1978년 「시인의 마을」로 데뷔한 정태춘은 같은 레코드사에서 박은옥이 부른 이 노래를 접하게 되었고, 박은옥의 음악성과 사람됨에 반하게 되면서 자신의 곡을 박은옥에게 선뜻 준다. 둘은 그렇게 해서 1980년 5월에 결혼해 오늘에 이르고 있다.

1979년 TBC 신인가요제에 나간 유가화가 그 무대에서 부른 노래가 그녀의 지금껏 대표곡인 「나도 모르게」였고, 이 노래로 신인상을 수상한다. 이 노래는 그 이듬해 각종 인기가요 차트 1위에 오르면서 유가화로 하여금 KBS가요 신인상을 받게 한다. 그만큼 노래도 좋았지만, 호소력 있는 그녀의 목소리가 절창이었다. 노래도 노래지만, '가화'라는 이름이 좀 독특해 관심을 끌었다. 가화는 고구려 장수 연개소문의 딸 이름이다. 가화라는 이름을 내건 다방이 명동 구 외무부 부근에 있던 시절이다. 유가화가 「나도 모르게」라는 노래의 분위기로 계속 매진했다면, 그의 운명이 달라졌을지 모른다. 유가화는 그 노래 하나로 서서이 지쳐갔다. 어느 자리에서건 그 노래만 주문했고 또 불러야 했다. 유가화는 이에 환멸을 느꼈다. 홀연히 방송무대를 떠났고, 이후 이태원 언더그라운드 무대에서 강렬한 노래를 불렀다. 당시 유가화는 기존의 창법에서 벗어나 1970년대 사이키델릭 사운드 그룹의 그레이스 슬릭이나 재니스 조플린 같은 강력한 포스의 음색을 구가하는 노래를 불렀다. 그러다 목에 탈이 났다. 회복 후 1988년과 2013년 각각 새 앨범을 내고 재기에 나섰지만 예전 같지 않았다. 유가화는 2015년 6월 서울 대학로에서 컴백 콘서트를 가졌다.

　박은옥은 2004년 정태춘과 함께 장기 콘서트를 가진 이래 5년간 공연을 포함해 외부활동을 자제하고 살았다. 여러 이유가 있을 것이다. 그 시절이 어떠했던가로 음유시인풍의 이 둘의 침묵을 읽어봐야 할 것이다. 2009년에 그들은 데뷔 30주년을 맞아 여러 작업을 벌인다. 공연도 하고 미술과 사진 그리고 출판전시회도 곁들이는데, 이 작업에 가수 강산에, 영화배우 권해효, 작가 이외수 등이 공동으로 참여한 것이 이채롭다. 박은옥과 정태춘은 2012년 조용하고 잘 알려지지 않게 한 장의 음반을 낸다. 「서울역 이씨」와 「저녁 숲 고래여」가 타이틀곡이다.

박은옥, 유가화와 같은 또래로, 같이들 마산과 부산에서 활동하다 후에 가수가 된 이가 있었다. 지금은 고인이 된 박경이다. 그도 박은옥, 유가화와 함께 이종용을 만나 음악을 배우고 지도를 받았다. 박경 역시 통기타 가수로 출발했지만, 음악을 하는 과정에서 언더그라운드 음악에 빠져들었고, '들국화'의 전인권, 하덕규 등의 뮤지션들과 친교를 가지면서 서울에서 데뷔를 한다. 그가 부른 노래는 얼마 안 된다. 「울면 안돼」, 「새벽」 등 몇 곡인데, 이 노래들은 지금도 많이 불리고 있다. 음악성과 특히 보컬리티(vocality, 발성능력)가 뛰어나 "동양에서는 나올 수 없는 목소리"를 가진 가수라는 소리를 듣기도 했다. 하지만 박경도 자기 관리에 부실한 측면이 있다. 기행을 일삼기도 했고, 술을 즐겨 했다. 하는 음악의 속성이 그랬는지는 몰라도 히피풍의 생활에 젖어들기도 했다. 1990년대 말 경기도 일산 장항동에 목조로 된 카페를 열고 술을 팔면서 라이브 공연을 하기도 했다. 그러다 얼마 후 간경화로 세상을 떴다.

창동 '음악의 집'과
조남룡

1970년대 초는 압축 성장을 위한 산업화가 한창 진행되던 시기다. 모두들 경제성장이라는 슬로건 아래 잘 먹고 잘 살아야 한다는 생각으로 열심히들 일했다. 마산도 예외가 아니다. 수출자유지역과 함께 공업발전을 기치로 창원공업단지가 조성되던 때다. 이런 급속한 산업화는 사람들에게 마음의 여유를 잃게 하는 측면이 있다. 바쁘게 살아가다 문득 한숨 돌려 뒤돌아봤을 때 몸과 마음을 위무할 공간이 그래서 필요하게 된다.

마산은 전통적으로 '주도酒都'라는 이름에 걸맞게 술집이 많은 도시다. 나이 좀 든 대한민국의 사람들이 다 아는 「오동동 타령」이라는 노래가 만들어진 배경이 이를 뒷받침한다. 그러나 오동동을 비롯한 마산 도심의 당시 술집은 나이 좀 들고 돈깨나 있는 사람들의 전유물이 아니었던가 싶다. 물론 젊은 사람들이 가는 술집이 없었던 것은 아니지만, 그 나이쯤의 취향에 맞는 술집이 도심에 있었는지는 기억에 별로 없다.

주머니가 변변찮을 땐 그저 만만했던 게 남성동 선창가의 바닷가에 반쯤 걸쳐져 얼기설기 늘어서 있던 포장술집이었다. 여기에 젊은이들이 많이 몰려 마셨다. 이 포장술집들이 있던 곳을 '홍콩빠'라고 불렀는데, 그렇게 이름 지어진 연유는 이 책의 별도의 글에서 다루고 있다.

당시 마산에는 젊은이들 가운데 학식깨나 있는 대학생들이 가서 마실 만한 술집이 마땅찮았다. 암울한 군사독재 시절, 사회 흐름이나 지식에 대한 호기심과 욕구가 한창 왕성할 시기인 이들이 서로 만나 인생과 철학, 문학과 예술을 논하면서 한잔 술을 나누는 것은 어쩌면 사막에서 오아시스를 만나는 것에 다름 아닐지도 모른다. 이런 시대적 상황에서 젊은 학생들의 마음을 어루만져주는 술집이 생겨나는 것은 필연적일 것이다. 바로 조남륭의 '음악의 집'이 이런 측면에 맞닿아 있다.

이 필연의 한 가운데에 누구보다 음악과 문학을 좋아하고 젊은 청년학생과 지식인들을 아꼈던 조남륭이 있었던 것이고, 그래서 마산 창동의 '음악의 집' 하면 조남륭이고, 조남륭 하면 '음악의 집'이라는 연상관계가 당시 마산 사람이라면 자연스럽게 받아들여지는 것이다. 물론 지금은 '음악의 집'이 없다. 그러나 조남륭은 이제 80 나이지만 아직도 창동 뒷골목에서 그 끄트머리를 놓지 않고 있다.

조남륭이 북마산의 옛 문창교회 뒷골목으로 흘러들어 간판도 없는 클래식음악 전문의 주막을 연 게 1971년이다. 그는 원래 마산 사람이 아니다. 경기도 출신인 조남룡은 6·25사변 때 부산으로 피난 내려왔다가 어떤 계기로 마산에 정착한다.

"외가가 의령에 있었는데, 외할아버지와 외할머니를 모시기 위해 그곳에 갔다가 마누라(엄학자)를 만나 결혼했지. 그렇게 살다 어르신들이 돌아가시자 마산으로 들어왔지."

마산에서 클래식음악을 틀어주는 주막을 낸 것은 물론 호구지책의 일환이지만 좀 기이하다. 내남없이 어려웠던 시절, 뭐라도 해야 먹고 살 수 있는 처지라 가릴 게 없을 것이지만 왜 하필 클래식음악 전문의 술집이었을까. 이는 음악과 문학을 좋아하는 조남룡의 로맨티스트적인 취향을 빼놓고는 설명할 수 없는 대목이다. 6·25사변을 전후해 서라벌예술대학 문예창작과를 다녔던 그는 학창시절부터 클래식에 매료된다. 그 어렵던 부산 피난 시절에도 그를 달래준 것은 클래식음악이었다.

1975년경 창동 '음악의 집'. 왼쪽이 조남룡, 가운데가 화가였던 김정권. 벽의 그림은 모두 그가 그렸다(위). 창동 '만초'에서의 조남룡. 엄학자 내외 (2014. 9. 『경남도민일보』 사진)(아래).

1970년경 처음 문을 열었을 당시의 '음악의 집'.
왼쪽에서 두 번째가 이선관 시인.

"클래식음악이 좋았어. 그 험한 시절, 싸우지 않고는 못 견딜 때 음악이 곁에 있지 않았다면 나는 아마도 악인이 됐을지도 모르지. 광복동 아폴로와 칸타빌레 음악실, 미화당 음악궁전, 부평동 오아시스 등 정말 많이 다녔지."

이런 취향을 바탕으로 간판도 없이 연 골목집 주막은 초라했다. 외형상 그랬다. 탁자 한두 개에 두부를 안주로 막걸리를 내놓는데 불과했다 그러나 내용은 풍성하고 넉넉했다. 항상 틀어놓는 클래식음악 때문이었다. 울려나오는 음악 때문에 드나들던 사람들에게 '베토벤 집', '음악의 집'으로 회자되다가 어느 시점인가 '음악의 집'으로 정착하게 된다. 당시 새 나오는 음악을 듣고 그 집을 찾아들어가 단골이 된 사람들도 많은데, 주로 대학생들이었다.

서울로 유학 간 학생들이 방학이면 내려온다. 앞서 언급했지만, 당시 대학생들로서는 이런 공간을 선호할 수밖에 없었다. 대학생이 요즘처럼 흘러넘치던 시대가 아니다. 대학 진학률이 높지 않아 면 단위에서 몇몇 정도의 대학생이 있을 시기다. 자연히 대학생들은 자부심이 강했고, 새로운 문화가 대학가를 중심으로 형성되면서 그런 문화가 사회를 계몽해야 한다는 인식들이 있었다.

조남륭의 '음악의 집'은 청년대학생들의 이런 생각과 문화를 어느 정도 충족시켜주기에 알맞은 공간이었던 것이다. 밤이면 시벨리우스와 스메타나의 음악이 흘러넘쳤다. 청년학생들은 막걸리를 마시며 철학과 문화, 정치에 대한 생각들을 털어놓고 토론하면서 음악에 젖었고 조남륭은 이런 북적거리는 광경을 즐기면서 함께 마시고 함께 토론했다.

'음악의 집'은 1973년 창동 불종거리 코아 맞은 편 옛 삼성약국 뒤 목조건물 2층(현 만미정 자리)으로 가게를 옮긴다. 아마 이 무렵이 '음악의 집' 전성시대가 아닌가 싶다. 청년학생들은 물론이고 마산의 문화예술계 인사들이 들락거렸다. 지금은 고인이 된 조두남, 정진업, 안윤봉, 박재호, 최운, 김봉천, 안병억, 이선관 등 마산의 내로라하는 문화계 인사들이 단골이었다. 당시 경남대에 출강하던 구상 시인도 즐겨 드나들었다. 군복무 중이었던 이성복 시인도 단골이었다. '음악의 집'은 마산 사람들만 찾는 곳이 아니었다.

마산의 재경대학생들 사이에 이름이 오르내리면서 다른 지역의 학생들도 많이 찾았다. 특히 운동권학생들이 이 집을 많이 찾았다. 유신독재 시절, 마산은 운동권학생들이 선호하는 일종의 '도피처' 역할을 했다. 3·15의거라는 민주항쟁의 본거지라는 역사적인 의미에다, 당시 핵심 운동권학생들 가운데 몇몇이 마산 출신이라는 점도 작용한다. 이와 함께 「오적」의 김지하 시인이 가포 결핵요양소에 연금된 사실도 그에 한 궤를 보태는 요인이 된다. 김 시인은 당시 그의 말대로 요양소 '월담'을 잘했다. 그리고는 마산으로 나와 후배들과 만났다. 그 장소 가운데 물론 '음악의 집'도 있고, '홍콩빠'도 있다. 서강대 S 교수, 부산대 C 명예교수 등도 당시 마산에서 '음악의 집'을 한 번쯤은 드나들었을 운동권 핵심학생들이다. 수필가 김소운 선생의 아들인 김인범도 있다.

그 시절의 '음악의 집' 하면 우선 생각나는 게 삐걱거리는 나무계단이다. 그 소리가 알맞게 새 나오는 음악소리와 앙상블을 이룬다고나 할까. 문을 열고 들어가면 뿌연 담배연기 속에 오른쪽 검은 벽을 가리는 그림이 있다. 헤르베르트 폰 카라얀의 지휘하는 모습이다. 또 있다. 베토벤이다. 베토벤이 악보와 '하일리겐슈타트의 편지'의 한 부분과 함께 있는 모습이다.

음악을 틀어주는 음악실은 출입문 맞은편이다. 투명유리 안쪽으로 클래식 LP판이 빽빽하게 들어찬 게 보이고 턴테이블 위로 판이 돌아간다. 음악실 출입은 제한이 없었던 것 같다. 다들 알고 지내는 사이라 그랬던 것 같은데, 누구든 듣고 싶은 음악이 있으면 들어가 틀고 듣는다. 그들 가운데 유독 음악실을 제 것인 양 드나들던 친구가 있다. 고려대를 다니다 방위근무를 하고 있던 친구였는데, 지금도 그는 자기가 '음악의 집' 유일의 디스크자키였음을 자부하고 있다. 이 시절, 드나들던 단골들 가운데 조남륭이 아끼던 후배가 있었다. 이선관 시인이다. 지난 2009년 타계해 지금은 '창동허새비'로 마산 문화계에서 기리고 있는 마산의 저항시인이다. 선천성 뇌성마비로 거동이 자유롭지 않았던 이선관을 조남륭은 많이 살피고 보살폈다. 그를 결혼시킨 것도 조남륭이다. 이선관이 마음에 둔 여인이 있었는데, 그 이상 진척(?)이 잘 안 되고 있었다.

어느 날, 조남륭은 자기 집을 비워준다. 둘이 함께 있으면 무슨 사단이라도 벌어지겠지 하는 배려에서다. 결국 이선관과 그 여인은 조남륭 집에서 함께 밤을 보냈다. 사단이 있고 없고는 알 수 없으되 하여튼 둘은 얼마 후 결혼을 했다. 조남륭에겐 안타까운 기억도 있다. 이선관이 타계하기 며칠 전, 함께 점심을 하자며 그의 아들을 보냈다. 그런데 이미 밥을 먹었던 조남륭은 "너거끼리 묵어라"하며 가지 않았는데, 그 며칠 후 이선관이 세상을 뜬 것이다.

이런 전성기 시절, 조남륭의 '음악의 집'은 장사가 잘 됐다. 종업원 몇을 둘 정도였고 돈도 좀 벌었다. 그러나 돈이 쌓이지는 않았다. 돈에 집착하지 않는 조남륭의 천성 탓이다. "돈 있어도 쓸 데가 없었다"는 게 조남륭의 얘기다. 돈이 벌렸지만 쌓이지 않는 이유는 조남륭의 그런 천성에다 희한한 술값 계산법도 일조한다.

그는 돈이 없는 손님에게는 돈 받을 생각을 하지 않는다. 있으면 있는 대로 내고 없으면 그냥 가도 된다는 계산법이다. "가난한 예인들이 무슨 돈이 있겠는가. 그래서 예술하는 너거들 돈 없어도 한번 실컷 먹고 마셔 봐라"하는 심정으로 가게를 했다는 게 조남륭의 회상이다. '음악의 집'에 시인과 음악가, 화가, 교수 등 가난한 문인과 예인, 학자들이 유독 많이 몰려들었던 이유는 분위기도 물론 그랬지만, 가난한 문인과 예인을 아끼는 조남륭의 로맨티스트로서의 기질 때문이었다는 얘기로 귀착될 수 있을 것 같다.

그에게는 돈에 집착하는 능력이 선천적으로 없었는지도 모른다. 돈이 조금 모이면 나눠주고 갈라주기에 바빴다는 게 그를 아는 지인들의 전언이다. 특히 그의 도움을 받은 학생들이 꽤 있다. 돈이 없어 등록금을 못 내면 대신 내주고, 서울 갈 차비가 없으면 차비도 주고 생활비도 대줬다.

돈이 수중에 없으면 신고 있던 구두도 벗어줬다는 웃지 못할 얘기도 있다. 부창부수랄까, 조남륭의 부인 엄학자 또한 정 많기로 유명했다. 이미 문을 나선 사람을 뒤쫓아 가서 차비를 쥐어주는 일이 비일비재했다. 당시 이 부부는 '가난한 학생과 예술인들의 부모'와도 같았다는 얘기가 그래서 나온다.

이런 조남륭에게 불운이 온다. '음악의 집' 창동시절이 막을 내린 것이다. 1977년 건물 주인이 장사 잘 되는 걸 알고는 가게를 빼달라고 한 것이다. 별수가 없었다. 창동 목조건물의 그 가게를 비워주고 옛 중앙극장 인근으로 옮긴다. 그러나 창동시절의 '음악의 집'이 아니었다. 시기적으로도 창동시절 들락거리던 많은 단골 학생들이 대부분 사회로 나오면서 발길이 뜸해졌고 그들이 주도하던 '음악의 집' 분위기도 사그라져 갔다. 여기서 조남륭은 별 재미를 못 보고 '음악의 집' 간판을 내린다.

'음악의 집' 간판을 내린 후 조남륭은 80년대를 온전하게 가족을 위해 살았다. 아이들 공부시키고 가정생활을 유지하기 위해 안 해본 일이 없다. 하숙집도 해보고 구둣방도 해봤다. 늦은 나이에 월급쟁이 회사원 생활도 한다. 그러나 그의 천성이 어딜 가겠는가. 그를 다시 '음악의 집'으로 돌이켜 세운 것은 1980년대 후반이다.

알고 지내던 후배의 권유로 그 후배가 하던 실비주점을 하게 된다. 그 집이 지금의 '만초'로, 창동 불종거리 코아 건너편 골목에 있다. 이 실비집의 분위기도 옛 '음악의 집' 그대로지만 전부가 옛날 같지는 않다. 조남륭도 아내 엄학자와 함께 늙었고, 옛 '음악의 집'을 드나들던 사람들도 이미 이 세상에 많이들 없기 때문이다. 하지만 조남륭이 고수하는 것은 클래식 음악이다. 항상 음악이 흘러나온다. 그 음악 속에서 조남륭은 세상을 보고 세상 사람들을 본다. '만초'가 '음악의 집'과 다르지 않은 것은 찾아오는 사람들에게 결코 야박하지 않는 인심과 배려가 있다는 점이다.

차림표도 가격표도 없다. 문 열고 닫는 시간도 달리 없다. 시도 때도 없이 조남륭이 있고 문이 열려있으면 된다. 그리고 그저 마신 만큼 돈을 내면 된다. 찾아온 사람이 배가 고프다면 밥을 내주고, 라면을 끓여주기도 한다. 밥값을 술값에 포함시키지는 않는다. 같은 차원인지는 몰라도 술값만 받는 것도 특이하다. 아내인 엄학자가 내놓는 안주는 수수하다. 두부, 멸치, 콩나물 무침이나 생선조림 등이고 감자, 고구마, 옥수수 삶은 것도 나온다. 물론 이들 안주는 공짜다. '만초'에서 술을 마시면서 조남륭과 얘기를 나누다보면 옛 시절의 그가 나온다. 낭만이 살아있고 그것으로 세상을 본다는 것이다. '만초'에 가면 볼만한 게 또 있다.

벽면에 붙어 있는 사진들이다. 한쪽 벽면을 빼빽하게 차지하고 있는 수백 장의 사진들은 모두 인물사진이다. '만초'에 다녀갔던 사람들인데, 그 중에는 이미 세상을 뜬 사람들도 많다. 언젠가 들렀는데, 사진을 찍는다. 얼마 후 다시 갔더니 찍은 사진이 붙어있다. 이런 조남륭의 행위 속에 그의 낭만과 사람 좋아하는 성품이 묻어난다. 추억도 있을 것이다. 그 추억 속에서 조남륭은 1970년대 '음악의 집'에 영원히 머물고자 하는 것 같다.

마산의 그리움을 담은
주옥 같은 노래들

　　　　　　　누구든 고향을 그리워하며 곧잘 부르는 노래 한두 가지들은 갖고 있다. 마산 사람들은 어떤 노래를 잘 부를까. 가요, 가곡, 동요 등을 포함해 마산을 상징하고 대표하는 여러 노래들이 있지만, 대표적으로 꼽히는 건 「가고파」가 아닐까 싶다.

　"내 고향 남쪽바다/그 파란 물 눈에 어리네…"로 시작되는 「가고파」는 비단 마산 사람이 아닐지라도 바다를 고향으로 둔 대한민국 사람이면 누구든 고향을 생각하면 떠올려지는 국민가곡이 된 지 오래다. 이 노래는 특히 객지에 사는 마산 사람들이 입에 달고 사는 노래다. 고향 관련 모임이나 행사라든가, 스포츠 경기에서는 항상 이 노래가 불려진다.

　느린 단조풍이라 실상 응원가라든가, 분위기를 북돋우는 노래로는 좀

서울 체부동 시장의 '가고파 집'. 김동진 선생이 생전에 잘 들르던 곳이다.

어울리지 않는 측면이 있지만, 마산 사람들은 그래도 잘 따라 부른다. 분위기가 좀 얼근해진 자리에서는 4절까지 누군가의 선창에 따라 함께 부르는 노래가 「가고파」다.

이 노래의 유래는 깊다. 원래 이 노래의 가사는 노산 이은상이 1932년 1월 8일자 『동아일보』에 시조로 발표한 글이다. 1923년 마산을 떠나 일본유학을 나녀온 뒤, 서울로 가 10년이 되던 시점에 이 시조를 지었다.

「가고파」의 원 글은 모두 10수로 되어있는데, '내 마음 가 있는 벗에게'라는 부제가 붙어있다. 어릴 적 고향의 파란 바다를 헤적거리며 함께 놀던 고향의 벗을 통해 고향에 대한 그리움을 표현하고 있는데, 1933년 평양 출신의 작곡가 김동진이 곡을 붙여 노래로 불리면서 널리 알려지게 되었다.

김동진은 처음 10수 가운데 4수만 작곡했다. 나머지 6수를 보태 10수의 「가고파」가 만들어진 것은 1972년이다. 1973년 1월 김동진의 이수를 맞아 마산에서 전곡 발표회를 가졌다. 그러고 보니 이 노래가 나온 지도 어언 80년이 넘었다. 마산 산호공원에 노래비가 있다.

마산을 노래하는 국민가곡 「가고파」와 함께 이 반열에 끼는 또 하나의

서울 성산동 자택에서의 이수인 선생(2016년 1월).

가곡으로 이수인의「고향의 노래」를 들 수 있는데, 이 노래 또한 마산을 그리워하는 마음이 절절이 묻어나는 아름다운 노래다. "국화꽃 저버린/겨울 뜨락에/창 열면 하얗게/무서리 내리고…"로 시작되는「고향의 노래」는 글을 쓴 이와 곡을 붙인 이가 모두 마산을 연고로 한 출신들로, 김재호가 글을 썼고, 이수인이 곡을 달았다. 둘은 막역한 친구 사이로, 둘의 합작품인 이 노래가 만들어진 것은 1968년이다.

그 한 해 전 마산에서 올라와 서울에서 KBS어린이합창단 상임지휘를 맡고 있던 이수인은 어느 날 한 통의 편지를 받는다. 마산 제일여고에서 국어를 가르치고 있던 김재호가 부친 편지다. 둘은 그 학교에서 친구이자 동료교사로 같이 지내면서 막걸리도 자주 나누던 친한 사이다. 김재호는 떠난 친구가 그리웠고, 편지에 그 심정과 한 편의 시를 담아 보냈다. 그 시가 바로「고향의 노래」다. 친구와 고향 마산을 그리워하고 있던 이수인은 그 글에 감동한다. 그날 밤, 이수인은 눈앞에 확연히 다가오는 친구와 고향의 모습을 그리워하며 그 시에 곡을 붙인다. 그래서 나온 가곡이「고향의 노래」다.

이 노래는 작곡 당시엔 잘 알려지지 않았다. 한참 후 테너 엄정행이 불러 알려지면서 최현수 등 많은 성악가들이 앞다퉈 부르면서 국민가곡으로 사랑받게 됐다. 「고향의 노래」는 또 이수인 자신이 편곡함으로써 합창곡으로도 널리 애창되는 곡이다. 이 노래는 우리 가곡 중 전주가 가장 아름다운 곡으로 정평이 나 있다.

경남 의령에서 태어난 이수인은 학교를 마산에서 다녔다. 아버지는 이수인이 다닌 회원초등학교 교장을 지냈다. 원래 타고난 음악적 재능에다 환경이 좋았다. 학교사택에서 지내는 바람에 하교 후에도 학교 피아노를 치며 재능을 갈고 닦았다. 작곡가로서 음악에의 꿈을 갖게 되고, 그 꿈이 무르익게 된 것은 마산의 좋은 풍광과 학교에서 만난 좋은 은사 그리고 친구 덕이라고 이수인은 말하고 있다. 글을 쓴 김재호는 경남 김해 출신으로 제일여고 등에서 교편을 잡았으며, 1967년 국제신문 신춘문예로 등단한 시인이다.

「고향의 노래」는 마산이 매년 기리는 노래이기도 하다. '이수인 가곡의 밤'을 2007년부터 매년 개최해오고 있는데, 이 음악회에서는 「고향의 노래」를 비롯해 「별」, 「내 맘의 강물」, 「석굴암」, 「옥비녀」 등의 주옥같은 가곡과 「앞으로 앞으로」, 「둥글게 둥글게」 등의 동요 등이 불리어지고 있다.

마산을 노래하는 위의 곡들은 굳이 클래식이라고 하지 않더라도 뭔가 좀 젊잖게 부르고 들어야 그 맛이 나는 가곡들이다. 대중가요가 제격인 주점 등에서 마산 사람들이 술 한잔 먹고 부르는 마산의 대표적인 노래는 뭐가 있을까. 아무래도 반야월 선생의 「내 고향 마산항」이 아닐까 싶다. 그러나 마산 사람으로 알만 한 사람들은 잘 알고 부르기도 하지만, 그렇게 썩 부르기도 듣기도 쉬운 노래가 아닌 게 또한 「내 고향 마산항」이다.

이 노래는 전형적인 트로트풍이다. 그래서 더 친근감이 있다. "무학산 말 바위에 전설이 자고/장군내 실개천에 가재가 놀던…"으로 시작되는 이 노래도 나온 지 오래됐다. 한국전쟁 이전으로 추정되는데, 이 노래를 작사한 반야월(2012년 작고) 선생도 생전에 노래글을 지은 시기에 대해서는 잘 기억하지 못했다. 다만 6·25 전인 것으로 기억했다. 작사, 작곡에 노래까지 한 「마산 엘레지」를 지은 게 피난 후인데, 「내 고향 마산항」은 그보다 먼저 만들어졌다는 것. 곡은 고봉산이 붙이고 노래도 그가 불렀는데, 정작 레코드판이 나온 것은 1960년대.

이 노래를 만든 계기는 물론 정든 고향에 대한 그리움일 것이지만, 어머님에 대한 애틋한 정과 그리움도 그 한 축이라는 게 반야월 선생이 생전에 한 말이다. '무학산 말 바위'를 노래 첫 구절에 붙인 것은, 어머님의 무덤이 말 바위 부근에 있어, 어머님에 대한 그리움을 담은 것이라고 했다. "엄마가 죽어 말 바위 부근에 있는 묘지에 묻었지. 그 무학산 말 바위를 생각하면 엄마가 생각나고…"

'무학산 말 바위'와 그의 어머니와의 관계는 선생의 또 다른 마산노래인 「마산 엘레지」에도 나온다. "마산항 깊은 물에 물소리만 높은데/무학산 말 바위야 어머님의 한을 아느냐……"

지금 나이 60줄을 넘긴 마산 사람들은 이 노래를 잘 안다. 1960년대 말쯤부터 많이 불렀는데, 객지에 나온 출향사람들이 많이 불렀다. 그러다 노래가 슬그머니 사라지는 듯했다. 3절로 돼있는 노래가사도 정확히 아는 사람이 드물었다. 그저 "무학산 말 바위에 전설이 자고…"로 시작했다가 뒷부분은 대개 어물거리며 불렀다.

이 노래가 다시 마산 사람들 앞에 나타난 것은 지난 1993년이다. 당시 마산의 '합포라이온스클럽'에서 재원을 마련해 돝섬 여객선터미널 입구에 노래비를 세운 게 계기가 된 것이다. 그때 이후 이 노래가 다시 마산 사람들의 입 바람을 타고 많이 불리어지고 있다.

반야월 선생에 대해서는 새삼 무슨 설명이 필요할까 싶다. 본명이 박창호인 반야월은 2012년 별세하기까지 가요인생 칠십여 년간 「불효자는 웁니다」, 「단장의 미아리고개」, 「울고 넘는 박달재」, 「산장의 여인」, 「소양강 처녀」 등 무려 5천여 곡의 노래를 만들고 부른, 우리나라 대중음악계의 '화석' 같은 존재다. 대중가요로 마산을 노래한 곡은 이밖에도 이미자가 부른 「내 고향 마산포」와 옥금옥의 「마산아가씨」 등 꽤 있지만, 대개는 1980년대 나온 노래다. 근년에 들어 마산을 노래한 곡도 더러 있다. 그 가운데 마산 출신의 대중가요 작곡자로 다양한 활동을 펴고 있는 이호섭이 만든 「마산에서 만나요」와 「마산항엔 비가 내린다」를 꼽을 수 있다.

"3·15탑 앞에서/우연히 만난 사람/반쯤 열린 와이셔츠/잔뜩 멋을 낸 사람…"으로 시작되는 「마산에서 만나요」는 라틴풍과 디스코를 혼합한 젊은 취향의 곡이면서도 마산의 정취를 느끼게 한다. 이호섭이 직접 글을 쓴 가사 중 1절의 첫머리에 나오는 '3·15탑'을 통해 정의와 불굴의 마산 시민정신을 나타내고 가사에 나오는 '돝섬'과 '마산항'을 통해 살기 좋은 마산을 자랑하고 있다. 2절에서는 마산의 대표적인 먹거리인 아구찜과 마산의 좋은 물로 빚은 소주의 본고장으로서의 자부심을 담고 있다. 정통 트로트 형식으로 만들어진 「마산항엔 비가 내린다」는 돝섬-갈매기-마산항을 연계시켜, 마산항이 천혜의 아름다운 바다를 끼고 있는 임해도시임을 상징적으로 나타내고 2절에서는 무학산-용마산-가포-만날고개를 연결하는 다감한 가사로써 정겨운 도시로서의 마산을 노래하고 있다.

이호섭은 의령 출신으로 초등학교 때 합포초등학교로 전학해 학창시절을 마산에서 보낸 사람이다. 1981년 가요계에 데뷔한 이래 「찬찬찬」, 「찰랑찰랑」, 「카스바의 여인」, 「다함께 차차차」 등 많은 히트곡을 만든 가요계의 기린아로 꼽힌다. 2006년 '대한민국예술대상'에서 국무총리상을 수상했으며, '해방 후 50대 문화인물'로 선정되기도 했다.

"나의 살던 고향은 꽃피는 산골/복숭아꽃 살구꽃 아기 진달래…"로 이어지는 「고향의 봄」을 모르는 대한민국 사람은 없을 것이다. 이 노래 또한 마산의 봄을 노래한 국민애창의 동요로, 마산의 노래로 꼽히는 곡이다. 이 노래 글은 마산 출신 이원수(1911-81)가 쓰고 홍난파가 곡을 붙였다.

이원수의 「고향의 봄」은 1926년 발표됐는데, 글을 쓴 곳이 당시 자택이 있던 마산시 오동동 71번지였다는 게 지난 2011년 확인됐다. 이 글을 지어 언론사에 투고했는데 당시 사용한 주소가 마산부 오동리 71번지로, 지금의 오동동 71번지인 것이다. 그의 「고향의 봄」은 마산에서 제일 처음 시비로 만들어진 노래로, 1968년 용마산에 건립됐다.

지난 2010년 12월 마산지역의 문인과 음악가들이 함께 글을 쓰고 곡을 지어 펴낸 『마산문인들의 노래집』도 마산을 위한 노래들이다. 이 노래

집은 2009년 마산이 창원시로 통합되면서 마산이 일개 구청이름으로 격하된 데 따른 분통과 아쉬움을 노래로 남기기 위해 만든 것이라는 점에서 그 의미가 크다. 이 노래집은 마산의 문인 48명의 시에 중견작곡가 27명이 곡을 붙였다.

마산영화映畵 100년과 이승기

　　　　　　　1899년 개항 이래 100년을 훨씬 넘긴 근대 마산의 문화예술을 얘기하면서 영화를 빼놓을 수 없다. 19세기 말 개항이 근대 문물의 도입을 의미한다면, 그 첨병은 당시 조선인들에겐 생소한 영화였을 것이다. 그러므로 마산의 영화는 문화예술을 포함한 마산의 근대역사와 궤를 같이하고 있는 것으로 봐도 무방할 것이다.

　다른 부분과 달리 마산의 영화와 그 역사에 관해 관심을 갖고 체계적으로 추적하거나 연구한 학자나 호사가들은 그리 많지 않다. 따라서 이에 관한 서적이나 자료도 별로 없다. 그래서 이 방면에 일찍부터 매달려 발품을 팔고 연구해 마산의 영화와 그 역사를 집대성해 보인 이승기 마산문화원 영화자료관장의 노력은 이런 차원에서 돋보인다.

이승기와 『마산영화 100년』(2009년).

이승기는 그의 말마따나 평생을 영화만 쫓아 온 사람이다. 코흘리개 시절부터 극장을 들락거리며 활동사진이 주는 상상력의 세계를 동경하던 이른바 '시네마 키즈'였다. 통영 태생으로 마산상고(현 용마고) 34회인 그의 마산영화에 대한 집념의 연구결과는 2009년에 펴낸 『마산영화 100년』에 고스란히 녹아있다. 그는 이 책을 쓰기 위해 오랜 세월을 구상했다고 한다. 각종 신문과 잡지의 기사, 영화서적 그리고 지자체 홍보자료까지 뒤져가며 자료를 찾고 모았다. 그렇게 해서 3년간의 집필 끝에 이 책을 낸 것이다. 이승기는 이 책 이전에도 『스크린 야화』(1995년)와 『1950년대 추억의 명화』(2004년)를 집필해 펴내 영화전문가다운 면모를 보인바 있다.

이승기의 이 책 이전에 마산을 다룬 책이나 자료 등에서 일제강점기 마산의 극장이나 영화에 관해 언급하고 있는 것은 김형윤 선생이 쓴 『마산야화』에 나오는 두 페이지 정도의 「극장순례」 정도인데, 이승기가 마산영화를 연구하고 책을 펴낸 출발점이 바로 김형윤 선생의 그 글이었다고 한다. 그 글이 많은 도움이 됐지만, 기억에 의존하다 보니 기록의 발생 연도나 위치 같은 게 누락 내지는 부정확한 부분이 있었고, 그래서 이를 보완할 필요 또한 한 계기가 됐을 것으로 보인다.

이승기에 따르면 마산에서 영화가 처음으로 상영된 시기는 1900년대 초다. 정확한 연대의 기록은 남아 있지 않지만, 마산 최초의 상영 영화는 서성동 해안가의 일본인 소유 숯창고에서 상영된, 일본의 1905년 오사카 대화재를 다룬 「실사實寫영화」라는 기록이 전해지고 있다. 이 기록으로 미뤄 대략 1905년이 아니면 1906년으로 보는 견해가 있다.

「실사영화」는 지금 관점으로 보면 뉴스 아니면 다큐멘터리로 보인다. 연대가 기록으로 남아 있는 것은 1913년이다. 일본 실업인 하사마의 창고 앞 광장에 스크린을 설치해 슬라이드 필름과 16mm 무성영화를 상영했다는데, 정확한 날짜와 영화내용은 알려지지 않고 있다. 당시의 영화가 모두 일본인에 의해 주도되고 있는 것은 물론 일제강점 시기였기 때문이다.

마산에 근대식 극장이 처음 생긴 것은 1907년이다. 신마산의 당시 야나기마치柳町 자리인 현 신창동에 있었던 '환서좌(丸西座; 마루니시자)'이다. 500석 규모로 회전무대를 갖춘, 당시로서는 꽤 큰 규모의 극장이었는데, 주인은 일본인 나카무라 초우였고, 관객들도 대부분 일본인이었다. 1934년까지 존속됐다고 한다.

일본인이 아닌 마산 사람들의 주도로 만들어진 극장은 1917년에 나온다. 조선인들이 출자해 구마산의 '수정(壽町; 고도마치, 현 서성동)'에 건립한 '수좌(壽座; 고도자)'였다. 정원 377석의 '수좌'는 마산의 문화사에서 빼놓을 수 없는 장소다. 수많은 연극과 영화, 음악회, 가극회, 강연회, 웅변대회 등이 열린, 당시 지역사회의 문화공간 역할을 한 곳이기 때문이다. 1921년 7월 13일「사의 찬미」로 널리 알려진 윤심덕이 소프라노가수로 출연한 곳도 바로 여기다. 이날 이곳에서의 공연을 계기로 5년 후 현해탄에서 함께 몸을 날린 김우진과의 관계가 깊어졌다는 얘기가 전한다.

1923년 3월에는 우리나라 영화의 선구자인 춘사 나운규가 이곳에서 '영화대회'를 개최하기도 했다는데, 이 대회가 구체적으로 어떤 공연인지는 알 수 없지만, 당시『동아일보』는 "나운규가 명배우 강홍식과 함께 출연 한다"고 보도했다. 강홍식은「눈물의 여왕」전옥의 남편으로, 영화배우 강효실의 아버지다. 강효실은 최무룡의 부인이니, 강홍식은「모래시계」최민수의 외할아버지인 것이다. 전설적인 무용가 최승희도 '수좌'에서 1931년 2월과 9월 두 차례 공연을 했고,「왕싱엣터」로 유명한 이애리수도 1930년 10월 이곳에서 3일간 공연을 가졌다. '수좌'는 1935년경에 없어졌는데, 그 터는 아직도 남아 있다. 수성동 46-1번지 현재 목욕탕인 신정탕이 있는 자리가 옛 '수좌' 터라는 것.

마산에는 당시 '순회활동사진전'이라 하여 학교나 교회에서 영화를 상영하는 행사가 잦았다고 한다. 주로 일제의 식민지정책을 홍보·선전하기 위한 내용의 영화였는데, 1928년 2월 1일 지금의 성호초등학교인 마산공립보통학교에서 두 번째로 활동사진전이 열렸다고『조선신보』는 전하고 있다. 또 마산 최초의 기독교회인 '문창교회'에서 1923년 11월 30일과 12월 1일, 양일간 예수의 행적을 내용으로 한「야소행로耶蘇行路」를 상영했다고 그해『동아일보』12월 30일자는 전하고 있다.

마산을 배경으로 최초로 만들어진 극영화 「삼천만의 꽃다발」의 스탭과 출연진.

마산 사람에 의해, 마산을 배경으로 한 최초의 극영화는 1932년 제작된 「청춘의 설움」이다. 당시 마산 오동동에 촬영 본부를 둔 영화제작사 '불멸키네마'사가 마산을 중심으로 '청춘의 설움'이란 극영화를 촬영했다는 보도(『조선일보』, 1932년 4월 24일자)가 있다. 이영춘 감독에 원작 및 각색 김우준 그리고 주연은 김성대, 이순활, 김영자가 맡았다.

그러나 아쉽게도 이 영화는 무슨 이유에서인지 개봉되지 못했다. 검열 때문이었을 것이라는 추측이 있지만, 당시 검열 결과 자료에도 나타나지 않고 있기 때문에 결국 개봉 결과는 미상으로 남아 있는 영화다. 그러나 어쨌든 마산을 배경으로 조선의 마산 사람이 만든 첫 극영화로 꼽히고 있다.

마산을 배경으로 한 다큐멘터리 영화는 그 전에 만들어진 게 한 편 있다. 1928년 7월 2일 조선총독부에 의해 부산 일원을 촬영한 기록영화를 상영한다는 광고가 있는데, 12권으로 나누어진 영화내용에 '마산권'이 포함돼 있는데, 이게 마산을 찍은 첫 기록영화로 분류된다.

마산영화인들에 의해, 마산을 배경으로 만들어진 극영화로 개봉 여부가 확인된 첫 영화는 1951년 한국전쟁 와중에 제작된 「삼천만의 꽃다발」이다. 이 영화는 한국전이 발발하고 나서 최초로 찍은 영화로도 기록되고 있다. 제작은 해방 전 '만주영화사'에서 영화스틸을 하다 돌아와 사진관을 하면서 '예술영화사'를 설립한 김찬영이 맡았다.

　한국전쟁에서 부상을 입은 상이군인의 희생과 사랑을 미화하는 캠페인성 영화로, 당시 마산에 있던 제2육군병원과 국립마산결핵요양원이 기획과 관리 등을 맡았고, 훗날 마산을 대표하는 시인으로 평가받는 정진업이 시나리오를 썼다. 촬영은 김찬영이 맡았고, 음악은 유명한 대중음악가인 박시춘이 담당했다.

　출연진으로는 복혜숙이 어머니 역으로, 상이군인 역으로 최현(윤찬) 그리고 그를 헌신적으로 간호하며 사랑을 싹 틔우는 간호장교 역에 「자유만세」(1946년)로 유명하던 황여희가 출연했다. 이 영화는 당시 '김해랑무용연구소'를 운영 중이던, 마산이 낳은 불세출의 춤꾼 김해랑의 적극적인 지원 아래 만들어져 화제를 모으기도 했다. 영화에는 또 정진업과 「우수의 시인」으로 유명한 시인 김수돈 등 문인들 그리고 송인식 전 마산 동서화랑 대표 등 마산의 문화예술인들이 총출동한 작품이었다.

　영화는 1951년 10월 15일 부산 '부민관'에서 처음 개봉됐는데 흥행성적이 좋았다. 마산에서는 해를 넘겨 1952년 1월 31일부터 시민극장에서 상영된 것으로 광고가 나와 있다.

　1953년에는 마산 인근의 창원군 상남면에 있던 미국공보원USIS에 '상남영화촬영소'가 생기면서 '리버티뉴스'를 비롯한 각종 뉴스물을 제작해 해외에 한국전쟁 소식을 전했다. 이 촬영소는 김기영 감독으로 하여금 다큐멘터리적 성향의 「죽음의 상자」도 연출하게 해 호평을 받았다. 상남촬영소는 '작은 헐리우드'라고 불릴 정도로 당시로서는 최상의 장비를 구비하고 있어, 한국의 영화발전에 큰 기여를 한 것으로 평가받고 있다.

이런 내용을 중점으로 해 『마산영화 100년』을 쓴 이승기는 마산이 '영화도시'라는 점을 내세우며 강한 자부심을 갖고 있다. 고선애(1911-96), 정진업(1916-83), 최현(최윤찬, 1929-2002), 조미령(1929-), 이수련(1935-2007), 이대엽(1935-2014), 이성섭(1937-2004), 김혜정(1940-2015) 등의 걸출한 배우와 제작자 이철혁(1911-58) 및 김사겸(1935-), 김성홍(1956-), 오병철(1958-2005), 강제규(1962-) 감독 등 한국영화사에 큰 획을 그은 영화인들이 마산 출신들이기 때문이다.

이승기는 또 마산의 영화역사는 곧 일정 부분 한국의 근대문화 역사였다고 말한다. 한국의 초창기 영화나 공연들이 대부분 마산을 거쳐 부산과 대구, 서울 그리고 신의주까지 올라가는 시발점이었다는 점에서 그렇다는 것이다. 예컨대 「사의 찬미」를 부른 윤심덕이나 「아리랑」의 나운규, 가수 겸 배우 강홍식 등이 마산의 '수좌'를 거쳐 갔고, 전설적인 무용가로 회자되는 최승희의 경우 제일극장에서 외교구락부까지 그의 공연을 보려고 줄을 지어 선 마산 시민들의 열기를 바탕으로 전국순회의 기세를 더했고 예술의 폭을 넓혔다는 것이다.

이런 전통을 가진 마산영화의 맥은 지금도 면면히 이어지고 있음을 이승기는 강조한다. 마산 출신 영화인으로 현재 두각을 나타내며 활동 중인 영화인들로 이승기는 김사겸, 김성홍, 강제규, 박성홍 감독 등을 꼽았다.

마산 야구野球
100년의 발자취

　　　　　　　　　마산 사람들이 야구라는 서양스포츠를 접하고 시작한지 100년을 넘겼다. 그러니 한국 야구의 역사와 얼추 그 궤를 같이한다. 마산이 다른 지방도시와 달리 야구가 이렇게 일찍 들어와 발전을 이룬 데는 여러 요인이 있으나, 일본과 인접한 지역적인 특성도 한몫 했을 것이다. 그래서인지 우리나라 야구역사의 진귀한 기록 중 하나가 마산과 관련이 있는 것으로 전해진다. 다름이 아니라 한국 최초로 여자야구 경기를 벌인 것이 마산의 의신여학교 졸업생이다.
　　1925년 3월 의신여학교 졸업생 14명과 4명의 교사가 인근의 진주로 가 시원여학교 학생들과 야구경기를 벌였는데, 이게 국내 최초의 여자야구 경기로 기록되고 있는 것이다. 이날 경기에서는 마산 의신이 진주 시

1922년 개최된 전 조선야구대회에 출전한 마산선수들 모습.

원을 48대 40이라는, 농구 스코어만 한 점수로 이겼다고 하는데, 아무래도 곁눈질로 배운 야구라 서로 간에 무더기 점수를 주고받았을 것이다.

마산 야구의 100년 역사에 관해서는 그 기록이 산발적으로 전해져오는 것을 지난 2004년 경남대 역사학과 조호연 교수가 마산체육사의 한 부분으로 체계적으로 잘 정리해 집필해 놓음으로써 구체적이고 자세하게 들여다볼 수 있게 됐다.

조 교수는 『마산시체육사』에서 마산 야구의 시원을 1914년으로 잡고 있다. 그러니 2014년으로 100년이 됐다는 얘기다. 그 구체적인 기록은 이렇다. 1908년 호주 출신 선교사 아담슨(A. Adamson, 한국명 손안로)이 창신학교를 설립한 뒤 학생들을 대상으로 한 근대체육 활동의 일환으로 1914년 야구부와 축구부를 만들었다. 이 과정에서 이 학교에 교사로 있던 안확(1886-1946) 선생의 역할이 컸다. 민족정신이 투철하고 선구적인 교육관을 지녔던 안확 선생은 학생들의 스포츠 활동을 일본제국주의를 이기는 극일克日의 한 수단으로 보고 학생들에게 다음과 같은 경구로 운동을 독려했다.

"… 방안에 앉아서 책만 읽다가 나라를 잃어버렸으니… 우리는 문文도 해야 하지만 무武도 닦아야 하겠다. 곧 건강한 신체가 나라를 찾는 원동력이 되니 매일 집에서 체조를 하고 운동장에서 놀 때에는 뛰면서 놀아라."

이 기록은 마산 야구의 시원을 1914년으로 잡고 있지만, 그 이전으로 보는 시각도 있다. 1920년에 마산청년야구팀이 있었는데, 당시 쟁쟁한 실력을 자랑하던 부산진청년단구락부

1982년 9월 26일 마산종합운동장에서 열린 프로야구 경기 롯데 자이언츠 환영식(『경남신문』 사진).

와 창신학교 운동장에서 시합을 벌여 11대 4로 크게 이겼다는 기록이 전하고 있는 것으로 보아 1914년 이전부터 마산에 신문물인 야구가 들어와 상당기간에 걸쳐 경기력을 쌓아왔을 것이라는 추정이 그것이다. 또 1921년에는 '마산구락부'와 동아일보 마산지사 후원으로 '마산 야구대회'를 개최하는 등 진주와 청도, 밀양, 의령 인근 지역의 팀들과 서로 방문해 친선경기를 가졌다고 한다.

1920년대는 야구가 마산 사람들의 기호에 맞는 운동으로 자리 잡아 발전을 이룬 시기였던 것으로 보인다. 1921년 때마침 노비산과 지금의 육호광장 중간 2700평 부지에 '마산구락부운동장'이 생긴 것도 한 계기가 됐다. 이 무렵 창신학교 야구부 출신의 김성두를 주축으로 한 '구성九星야구단'이 조직돼 서울과 부산 등 대도시 야구단을 초청해 이 운동장에서 친선경기를 벌였다고 한다. 야구단의 이름이 '구성'인 것은 야구가 아홉 명으로 구성되기에 붙인 것이다. 이밖에 당시 마산에는 '보청팀'과 '중포병대'라는 야구단도 있었다.

해방 후 '마산 야구협회'가 조직되고 지역 인사인 김종신이 회장을 맡아 활발한 활동을 벌였다. 당시 결성된 마산 야구대표팀은 서울, 인천, 대구와 함께 '4대 도시대항전'을 따로 가질 정도로 야구 수준이 높았다. 1948년 5월 당시 전국 최강이었던 서울야구팀과 마산중학 운동장에서 가진 경기에서 마산팀이 4대 3의 극적인 스코어로 승리, 그 한 해 전 전국도시대항 야구대회 결승에서 패한 것을 설욕했는데, 마산 시내가 떠들썩할 정도로 시민들이 열광했다고 한다. 이를 계기로 마산 야구대표팀의 인기가 솟구쳤다. 마산대표팀은 서울, 군산, 전주, 개성 등지를 돌며 순회시합을 가짐으로써 실력을 키워갔고 매년 개최되는 전국대회에 출전해 좋은 성적을 거두었다. 이때 마산대표팀의 일원으로 활약한 선수로는 투수이자 4번 타자였던 이성기, 박상권(1번 타자), 김계현(5번 타자) 등이 꼽힌다.

마산 야구의 역사에서 빼놓을 없는 게 고등학교 야구다. 마산의 고등학교 야구의 양대 산맥은 마산고와 마산상고(현 용마고)다. 야구단은 마산상고가 1936년, 마산고가 1942년에 창단된다. 이 두 학교의 창단 후 활동과 관련한 기록은 구체적으로 전해지지 않는 것으로 보아 활동이 미미했던 것으로 짐작되는데, 일제 말기에는 거의 해체 수준에까지 이른 것으로 보인다. 이 두 학교의 야구부 활동이 두드러진 것은 해방 후다. 1947년에 두 학교에 야구부가 재창단되면서부터인데, 당시 마산고와 마산상고에 야구부가 다시 부활함으로써 마산 야구계에 활력을 불어넣는 계기가 됐다.

해방 직후 마산의 고등학교에서 활약한 선수로는 마산고 8회의 이광신, 경남야구협회장을 지낸 김성길, 마산고 10회로 나중에 경남야구협회 부회장이 된 김원열, 이홍희(현 동서식품 회장) 그리고 허두, 강형조, 제갈한, 임병업과 이호헌 등이 있었다. 본명이 이정열인 이호헌은 5년제 마산중학에 다니다가 마산상고 5학년으로 전학한 마산상고 출신이다.

마산고와 마산상고를 주축으로 한 마산 고등학교 야구의 전성기는 우리나라 고등학교 야구의 전성기와 때를 같이하는 1970년대 후반이다. 그 무렵 마산고는 제18회 대통령배 고교야구대회에서, 그리고 마산상고는 제35회 청룡기쟁탈 전국고교야구대회에서 각각 준우승을 차지하는 기염을 토한다.

당시 고등학교 야구의 전국적 열기는 대단했다. 마산에서도 이 두 학교의 게임이 있는 날이면 대부분의 사람들이 텔레비전이 있는 다방으로 모여드는 바람에 시내가 한적할 정도였다. 마산고와 마산상고 야구부는 그 후로도 꾸준히 명맥을 유지해오면서 각종 전국대회에서 좋은 성적을 거두고 있다.

1982년 프로야구가 탄생하면서 마산 야구도 여러 측면에서 그 한 축을 담당하고 있다. 유두열, 박영태, 전준호 등 마산상고와 마산고 출신의 걸출한 선수들이 우리 프로야구의 일원으로 크게 활약했고 또 활약하고 있다. 2011년 프로야구 아홉 번째 구단인 NC다이노스가 통합창원시를 둥지로 탄생했지만, 그 뿌리는 어디까지나 100년의 역사를 지닌 마산 야구에 두고 있음은 주지의 사실이다.

마산 야구 100년을 돌아볼 때 야구의 발전을 위해 남긴 몇몇 선배 야구인의 발자취가 컸다. 이경구(1900-76)는 그중에서도 꼭 챙겨야 할 인물이다. 마산 야구 발전에 그만큼 공헌이 컸다는 얘기다. 이경구는 마산 사람이 아니다. 서울 휘문고를 나와 일제시대 서울 YMCA 등에서 유명선수로 야구생활을 한 그는 6·25피란을 왔다가 마산에 머물게 되면서 야구를 포함해 마산체육계를 이끌었다.

좀 다른 얘기도 있다. 한국전쟁 직전 마산체육회 옥종수 회장의 초빙으로 경남체육 발전 문제를 논의하러 왔다가 전쟁 발발로 마산에 머물게 됐다는 것. 이경구는 후에 국가대표 야구감독을 지내게 되는 김계현, 이기탁 등과 함께 해방 후 마산 야구의 초석을 놓았을 뿐만 아니라, 1950년에 취임한 김종규 마산체육회장 때로부터 1957년에 이르기까지 오늘의 사무국장에 해당되는 마산체육회 이사장직을 맡아 마산체육발전에 크게 공헌한 인물로 꼽힌다.

이호헌(1932–2012)은 마산의 야구인으로서 한국야구 행정과 경기 해설자로서 명성이 높았던 인물이다. 마산상고 야구선수를 거쳐 서울상대를 졸업한 이호언은 1960년대 초 대한야구협회 공식기록원으로 야구행정 일에 투신한 이래, 해박한 야구지식을 투박하지만 구수한 마산 사투리로 해설해 전국적으로 유명세를 탄 명 야구해설가였다. 그는 특히 서울상대 동기인 이용일 당시 KBO사무총장과 함께 프로야구 출범의 산파역을 맡아 오늘의 한국 프로야구를 있게 한 장본인이다.

제5대 경남야구협회장을 역임한 김용대(마산고 13회; 옛 오행당약국 대표)는 마산고의 야구 재건에 큰 족적을 남겼다. 마산고야구협회장으로 마산고야구 재창단의 주역을 맡은 그는 매년 많은 돈을 쾌척하는 등 물심양면의 지원으로 오늘의 마산고야구를 있게 한 인물로 평가되고 있다.

현재 생존해 있는 마산의 원로 야구인으로는 해방 후 마산 야구대표팀의 외야수로 명성을 남긴 김성길(전 경남야구협회장)과 마산고 야구선수 출신으로 후에 성호초등학교 야구단을 조직해 마산의 소년야구 발전과 수많은 야구제자를 길러낸 이광신(마산고 8회), 그리고 청소년 국가대표팀 감독과 국가대표팀 감독 등을 역임한 장순조 등이 있다. 장순조는 마산고 3학년 때 부산고등학교로 스카웃된 뛰어난 좌완투수였다. 1963년 해외 순방 경기가 어려웠던 당시 박정희 대통령의 배려로 일본 원정에 선발투수로 나서 5전4승을 거두어 국위를 크게 선양하기도 했다.

사라져버린 추억의
마산 옛 극장劇場들

누구든 어릴 적 극장과 영화에 대한 추억은 있다. 영화는 시공을 뛰어넘어 그 시절로 이끌기 때문이다. 마산의 옛 극장에 관한 글을 준비하면서 어떤 마산 사람으로부터 들은 극장과 영화에 관한 추억담이 재미있다. 남성동에 살았던 그 사람이 영화라는 것을 제일 처음 본 게 국민학교에 입학하기 전인 1950년대 중반이다. 처음 가본 극장은 시민극장이었고, 영화는 「논개」로 어렴풋이 기억한다. 1956년 윤봉춘 감독이 만든 「논개」가 있었다고 나와 있는데, 아마도 그 영화일 것이다. 남성동 동무 집의 누나가 그 사람을 친구와 함께 데리고 갔는데, 그 누나의 치마 밑에 숨어 극장에 들어갔다고 했다. 왜 그랬는지 모르겠지만, 아마도 입장료 아끼려고 그랬을 것이라 추측된다.

그 영화에서 논개가 왜장을 껴안고 물에 투신했을 때 수중촬영인지는 모르겠으되, 물속에서 물방울이 몽글몽글 피어오르는 장면이 머릿속에서 한참을 따라다녔다고 한다. 논개 역의 주인공이 도금봉이라 생각했는데, 김삼화라는 배우였다는 것은 뒤늦게 알았다고 했다. 그 얘길 듣고 찾아보니 김삼화와 도금봉이 많이 닮았다. 외국영화를 처음 본 곳도 시민극장이라고 한다. 「페이튼 플레이스Peyton Place」라는 영화였는데, 당시 대학에 다니던 그의 외사촌 형이 데려가 주었다. 그 영화가 나온 게 1960년이니 국민학교 4학년 때라고 했다. 영어 대사는 당연히 못 알아들었을 것인데, 한글 자막이 있었는지도 기억 못하고 있었다.

외국영화로 그 사람이 특별히 기억하는 영화는 3·15극장에서 상영된 「오케스트라의 소녀」인데, 중학교에 입학한 후라고 했다. 용돈이 궁할 때라 당연히 영화 볼 돈이 없었다. 그런 상황에서의 묘수가 당시 말로 '떨구치기'라는, 검표원의 눈을 피해 몰래 입장하는 방법이었는데, 그 짓을 하다 잡혔다. 망신살 뻗치는 벌이 기다리고 있었다.

당시 3·15회관이 개관한지 얼마 되지 않아 복도바닥에 껌이 덕지덕지 붙어있는 것을 유리조각으로 떼어내는 일이었다. 사람들이 오고가는 바닥에 쭈그리고 앉아 그 짓을 하는데, 누군가가 등을 친다. 서성동 시외버스 주차장 그의 아버지 사무실에 있는 직원이었다. 아버지에게 이르지 말라고 통사정을 했다. 그 일을 열심히 했더니 영화를 보게 했다. 그래서 그 영화를 잊지 못한다. 특히 영화의 피날레, 지휘자로 분한 프란체스카티가 소녀의 연주에 감동해 서서히 지휘에 몰입해가는 그 장면은 아직도 기억에 뚜렷하다고 했다.

마산의 옛 극장들(위로부터 3·15회관, 태양극장, 중앙극장, 연흥극장).

　예전에 본 영화들은 저마다들 추억을 낳게 한다. 영화를 틀어주는 곳이 극장이니, 극장도 추억을 떠올리게 하는 산실이다. 전국 7대 도시로 성장했던 마산은 1970년대까지 영화의 도시로도 불릴 만큼 극장들이 많았다. 시민극장, 중앙극장, 강남극장, 3·15회관, 마산극장, 제일극장, 동보극장, 태양극장 등 수많은 발길로 성시를 이루며 그 시대를 풍미했던 옛 극장들은 이제 마산이라는 지명이 사라진 것처럼 다들 사라져버렸고, 극장 주변에서 극장과 함께 번성을 구가할 수 있었던 창동 등 마산의 상권도 쪼그라들고 있는 상태라 안타깝다.

　마산 사람이라면 누구든 그때 그 시절 영화와 극장을 기억하고 추억할 것이다. 구마산에 살았다면 시민극장과 강남극장, 동보극장이 떠오를 것이고, 신마산이라면 마산극장과 제일극장, 그리고 그 중간쯤이면 3·15회관일 것이다. 구마산에 살았던 사람들이라면 특히 창동 번화가에 자리 잡고 있던 시민극장을 많이 떠올릴 것이다.

시민극장 하면 떠올려지는 인물이 그 극장 주인이었던 박세봉이다. 해방이 되면서 1946년 극장을 인수해 시민극장이란 이름으로 문을 연 분이 박세봉이다. 마산 사람, 특히 구마산에 살던 사람이라면 1950, 60년대 시민극장 앞에서 그분을 많이 봤을 것이다. 그분은 영화 한 회분이 끝나면 반드시 극장 앞으로 나와 있었다. 어른들의 얘기로는 그분은 일제시대 그 극장에서 서기로 일했다고 했다. 시민극장 자리의 역사는 깊다. 시민극장으로 새로 문을 열기 전 그곳은 일본인 본전本田이 운영하던 '공락관'이라는 극장이있고, 그 전에는 '마산구락부'가, 또 그 전에는 '마산민의소'가 있었다. 조각가 문신 선생이 열 살 즈음의 어린 나이로 이 극장에서 간판그림을 그렸다는 얘기가 있다.

마산의 도심인 창동에 있던 시민극장은 개관 초부터 성황이었다. 극장 주인이었던 박세봉은 그래서 많은 돈을 벌었고, 마산의 개봉관으로서 극장의 내실을 다지기 위해 많은 투자도 아끼지 않았다. 1953년에는 대형 스크린을 설치해 세계 최초의 시네마스코프 영화인, 리처드 버튼, 빅터 머추어 주연의 「성의聖衣」를 상영해 공전의 히트를 치기도 했다. 시민극장은 1960년대 학생들 단체관람의 요람이기도 했다. 사극史劇 단체관람을 주로 했는데, 어느 해인가, 김진규와 김지미가 주연한 「정동대감」 단체관람을 했다. 영화의 피날레쯤일 것이다. 역적으로 몰린 조광조로 분한

옛 강남극장이 있던 자리.
당시 매표소 간판이 을씨년스럽다.

김진규가 다시 구제될 듯 하다 사약을 마시는 장면에서는 극장이 박수와 울음바다의 도가니가 되던 시절이다.

시민극장은 한때 마산의 창동과 오동동, 부림동을 먹여 살린다는 말이 나돌 정도로 마산의 중심상권을 호황으로 이끌던 견인차 역할을 했다. 하지만 시민극장은 마산의 다른 주요 극장들과 마찬가지로 복합상영관인 멀티플렉스가 대세를 이루면서 1995년 7월 27일 문을 닫는다. 마지막으로 상영된 영화는 멜 깁슨 주연의 '브레이브 하트」였다.

부림동 시장 안에 있던 강남극장은 그 전 부림극장이라는 이름으로 1945년 광복 이후 마산에 생겨난 신설극장이다. 당시 건설회사를 경영하던 이옥도가 1947년 8월 부림극장으로 개관을 했고, 이어 국제극장, 강남극장 순으로 이름이 바뀐다. 강남극장은 지어질 당시 철근이 귀한 시절이었는데, 철근 대신 철도레일을 사용해 건축된 철골조 건물로, 당시로서는 아주 획기적인 모습의 건물이었다.

건물 자체도 그렇지만, 강남극장은 건설 당시 좌석 852석, 입석 530석으로 총 1,282명을 수용할 수 있는, 마산의 최대 영화관으로 주목을 끌었다. 이런 관계로 강남극장은 1970년대부터 영화상영 외에 무용발표회, 미스경남 선발대회, 김대중 전 대통령 시국연설발표회 등 각종 공연과 행사가 치러지는 장소로도 유명세를 탔다.

마산에서 제일 큰 극장다운 개봉관으로, 강남극장은 지금으로 치면 블록버스트 급의 영화를 일찍부터 많이 상영했다. 옛 강남극장에서 상영된 영화로, 그 시절 마산 사람들에게 추억이 되고 있는 영화는 1962년 겨울의 「십계」가 아닐까 싶다. 그 시절로서는 획기적인 70밀리 시네마스코프 화면에 4시간 이상의 러닝 타임을 가진 영화였는데, 거대한 화면과 사운드에 마산 시내가 압도됐을 정도로 성황을 이뤘다. 일반인을 대상으로 한 상영이 끝나면 다음 차례가 학생 단체관람이었다.

당시 「십계」를 보려고 추운 겨울 새벽 5시쯤인가 어두운 양키시장을 세로 질러 강남극장 앞에서 모여들 서서 기대감에 웅성거리던 단체관람의 그때를 그리워하는 사람들이 많다. 강남극장도 1990년대 들어 결국 멀티플렉스의 힘에 밀린다. 2000년 12-13억 원을 들여 대대적인 시설 개선 등으로 맞섰지만 역부족. 결국 2008년 폐관해 역사 속으로 사라졌다.

추산동 19번지에 있던 중앙극장은, 원래 옥포양조장이 있던 자리에 지어져 1957년 개관됐는데, 문을 열 당시 이름은 '자유뉴스관'으로, 자유극장으로 불렸다. 1960년 3·15의거 당시에는 '자유뉴스관'이라는, '자유'가 들어간 극장 이름이 자유당과 관련이 있다하여 성난 데모대가 돌을 던지고 난입해 전 직원이 옥상으로 피신했다는 에피소드를 가진 영화관이다.

이 때문인지 '자유뉴스관'은 1961년 7월 중앙극장으로 이름을 바꾼다. 마산 영화역사의 산증인인 이승기에 따르면 당시 극장 신문광고에는 7월 6일까지 자유극장이라는 이름으로 최무룡과 최은희가 나오는 「군도群盜」라는 영화 상영을 알리고 있었으나, 닷새 후인 11일, 개명된 중앙극장으로 영화를 광고하고 있다. 그때 영화가 아란 랏드와 돈 마레 주연의 「비정의 대서부」였다고 한다.

중앙극장은 영화와 함께 그 시절 유행하던 쇼 공연이 많았던 것으로 기억되는데, 아마도 무대가 넓고 깊었기 때문이었던 것 같다. 예술 공연도 많이 이뤄졌는데, 1964년 극단 '신협'이 세익스피어 탄생 400주년 기념작으로 「오셀로」를 공연했다. 김동원, 이해랑, 오현주 등 당시의 스타급 연기자들이 출연해 큰 성황을 이뤘다는 기록이 전한다.

집이 추산동에 있었던 그 사람이 중학교에 다닐 무렵, 중앙극장 영화를 많이 보러 다녔다. 어느 해 가을, 최무룡이 주연하고 주제곡도 불렀던 흑백의 「외나무다리」도 중앙극장에서 봤다. 영화를 본 후 영화의 엔딩처럼 처연한 심정으로 추산동 어두운 거리를 걸어 집으로 걸어 내려가던, 추억이 깃든 극장이라고 했다. 중앙극장도 2003년의 마지막 날인 12월 31일 「반지의 제왕」 3편을 끝으로 문을 닫았으며, 지금은 중앙가구사가 들어서 있다.

신마산에 있는 마산극장과 제일극장은 1910년대 일제강점기 때부터 각각 '마산좌', '앵관'이라는 이름으로 있던, 역사가 깊은 영화관이다. 해방 후 언제 '앵관'이 제일극장이란 영화관으로 개관됐는지 정확한 기록은 없다. 이승기는 1955년에 제일극장에서 처음으로 영화를 봤다고 한다. 개관 초기에는 외국영화를 주로 상영했으나, 이후 1950년대 말부터 1960년대는 한국영화가 많이 상영됐다.

한 기록에 의하면 1959년 황해 주연의 「나는 고발한다」라는 반공영화와 도금봉, 한은진이 나오는 「유관순」, 그리고 김지미, 최무룡이 나오는

「청춘극장」 등이 제일극장에서 상영됐다. 제일극장이 문을 닫은 시기와 관련해 구체적인 기록은 없다. 『극장연감』에 따르면 1965년에는 제일극장이 있었고, 1977년에는 없는 것으로 미루어 이 기간 중에 폐관된 게 아닌가 하는 게 이승기의 얘기다.

마산극장은 1914년 '마산좌'로 개관 후 해방 후에도 '마산'이란 이름을 그대로 이어받았다. 마산극장의 주인은 이재봉과 정노금 양인으로, 이 가운데 이재봉은 마산의 저항시인인 고故 이선관의 부친이다. 마산극장으로 간판을 단 이래로 많은 영화와 연극, 쇼, 그리고 노래자랑대회 등 각종 공연이 열려 추억이 깃든 영화관이다. 추송웅의 「빨간 피이터의 고백」이 전국순회를 하면서 마산극장에서 공연해 많은 성황을 이루기도 했다. 문을 닫은 시기는 1980년 이후로 전해지는데, 그 자리에는 대형 가구점이 들어섰다가 그 후 대형빌딩이 신축되면서 마산극장은 자취를 감추었다.

동보극장은 1958년 옛 고려모직 공장자리에서 개관한 재개봉관 극장이었다. 창고 스타일과 공원 벤치형 좌석으로 1960년대 체리보이 등이 출연하는, 좀 저렴한 쇼 공연이 많이 있었던 극장이다. 영화 값도 싸 시민극장이나 강남극장 등 개봉관에 가지 못하는 사람들이 주로 다니던 영화관으로, 1970년대 초 폐관되면서 그 자리에 나이트클럽이 들어섰다.

3·15회관은 마산의 3·15의거를 기념하기 위해 마산 시민의 성금과 마산시의 보조, 그리고 당시 박정희 국가재건최고회의 의장의 하사금으로 1962년 9월 20일 개관된 3·15기념관이 그 모태다. 개관 1년 후인 1963년 4월 영화전용상영관으로 바뀌면서 3·15회관으로 개명되었는데, 운영을 맡았던 '3·15유족회'의 수익성 제고를 위한 조치였다. 이후 유족회에

서 수년간 운영하다 회원들 간의 불협화음으로 민간에게 대여된 후 2005년까지 많은 영화와 공연이 있었다.

　3·15회관의 초대 상영작은 스티브 리브스 주연의「백마 하지무라드」였고, 이어 율 브린너와 토니 커티스 주연의「대장 불리바」등이 개봉작으로 이어져 성황을 이뤘다. '2005년 4월 6일 건물 자체가 철거되면서 3·15회관은 흔적도 없이 사라졌고 그 자리에는 '마산노인종합복지관'이 들어서있다. 3·15의거를 기리고 추모하는 사업과 각종 공연은 양덕에 새로 건립된 '3·15아트센터'로 이관돼 오늘에 이르고 있다.

| 後記 |

다시 훗날을 기약하며

　목발 김형윤 선생과는 선생의 생전엔 아쉽게도 말씀 한번 나눠보지 못했습니다. 먼발치에서 뵙기만 했습니다. 선생의 『마산야화』는 2009년에야 비로소 읽어보았습니다.
　선생은 고향 마산의 숨은 이야기를 집필하던 도중에 갑자기 타계했습니다. 미완이 될 뻔했던 유고는 평소 그분을 따랐던 마산 유지들이 잘 정리하여 『마산야화』라는 제목으로 1973년 출간했음은 그나마 다행이었습니다.
　선생의 글을 읽었을 즈음, 마침 마산·창원·진해 세 도시의 통합 얘기가 무르익고 있었습니다. 해서 경남 지역사회의 대표 지방이자 내 고향 마산의 얘기를 이어가는 게 먼 훗날을 위한 마산인의 의무라 생각했습니다. 그래서 제가 재경마산향우회 회장직을 맡았을 적에 홍보위원장이었던 김영철 후배와 함께 목발 선생을 잇는 후속타를 궁리해봐야 하지 않은

가, 말을 맞추었습니다. 목발의 『마산야화』가 1880년대 말 개항장이 된 마산으로 일본인이 이주하기 시작한 이래 일제강점기와 드디어 조국 해방을 맞았던 그 격동기에 일어났던 마산 땅의 비사를 담았다면, 새로운 시도는 해방 전후부터 1970년대 말까지의 숨은 이야기를 발굴해서 글로 모았으면 좋겠다고 의견을 모았습니다.

일의 실행은 자연스럽게 능력대로 분담되었습니다. 2010년부터 마산, 부산, 서울, 경기 등지에 살고 있는 출향 또는 재향 마산인을 만나 기초자료를 정리하기 시작했습니다. 먼저 김영철 후배와 더불어 고향의 남녀 선배님, 은사님, 명문가의 후손, 정치·경제·문화·예술 각계에 건재하던 대선배님을 찾아다녔고, 여러 선배들의 이런 저런 친목모임에도 참석했습니다. 서울에서 고향 마산을 수십 차례 오르내리면서 미심쩍은 대목은 다시 확인했습니다. 심지어 외국 거주 동향인에게 문의와 확인전화도 마다하지 않았습니다. 후배는 문사文士로 오래 일해온 이답게 유명 도서관을 찾아다니며 자료의 발굴과 확인에 노고를 아끼지 않았습니다.

개인적으로 옛 이야깃거리의 수집과 정리에 용기를 냈음은 무엇보다 저 자신이 마산 토박이라는 자부심이 이를테면 밑천이었습니다. 불종거리 근처에 있던 동성동 제 집은 할아버지부터 조카까지 5대가 80여 년 이상 살아왔던 곳이고, 10대조 이래 선영이 거의 석전동과 중리 사이의 마재(두척)에 자리하고 있었기 때문입니다.

그리고 제 집 가까이 마산의 명문가들인 옥기환, 김형철, 구성전, 명도석, 김두영, 민영학, 최덕수 댁 등이 있었습니다. 때문에 어릴 적부터 할아버지로부터 그분들의 훌륭한 삶에 대해 많이 들었던 터라 책의 구상과 자료수집에 크게 참고가 되었습니다. 게다가 유·소년기는 생활이 어려운 일가친척 피붙이들까지 한집에 모여 사는, 스무 명이 넘는 대가족이었습니다. 자연히 그 구성원 한 사람 한 사람마다 친구얘기, 학교얘기와 남의 집안 얘기까지 많이도 들었습니다.

뿐만이 아니었습니다. 중·고 시절에 운동선수로 뛰었던 것도 고향에 대한 기억 축적에 도움이 되었음은 나중에 실감했습니다. 간혹 동네, 학교, 친구 사이에서 싸움도 마다하지 않았습니다. 이 모든 것이 결과적으로 많은 사람들과 사귀게 되었다는 얘기입니다. 치고 박고, 어울리며 사귀다 보니 구마산이나 북마산의 골목골목은 모르는 구석이 없었습니다. 신마산은 상대적으로 자주 가보지 못했기에 다소 지리에 어두웠지만, 그래도 고교시절 친구들로부터 '마산 호적계장'이라는 별명도 들었습니다.

이런 연유로 마산의 옛 이야기를 수집할 때 관계되는 분들을 많이, 그리고 잘도 찾아낼 수 있었습니다. 자료 수집 차 만나 뵈었던 분들과 나눈 재미있는 얘기는 무척 많았습니다. 이번에 다 담아내지 못한 마산의 옛 이야기, 특히 마산의 풍수지리와 마산인의 기질과 기개, 그리고 그 외 각계에서 마산을 빛낸 인물 등은 다음 기회를 기약하려 합니다.

책의 출간은 '마경회馬經會', 곧 마산고경제인모임의 도움과 격려가 큰 힘이 되었습니다. 2007년 결성된 마경회는 마산고 15회 이수휴 전 재무차관(전 은행감독원장)을 비롯하여 16회 김인철 (주)SE네트워크 회장, 17회 황광웅 (주)건화엔지니어링 회장, 18회 남재우 (사)한국기업윤리경영

연구원 이사장, 19회 이정우 전 코리아헤럴드 사장(전 한국투자증권 회장), 21회 권국주 전 신세계백화점(이마트) 사장, 22회 박찬수 (주)대성회계법인 대표, 23회 김종수 코리아멀티테크(주) 사장, 32회 조성래 전 (유)컬럼비아 사장, 39회 서영무 (주)한원 사장 등이 회원으로 있습니다.

친목단체로 운영되고 있지만, 무언가 고향 마산을 위한 일을 해보자고 뜻을 같이 세우던 참에 때마침 통합 창원시로부터 마산을 분리하자는 '마산시 설치에 관한 법률'이 이주영 의원에 의하여 국회의원 85명 이상의 동의 서명을 받아 국회에 제출되었습니다. 그러자 고향의 이름을 잃고 울분에 차 있던 회원들은 마경회가 경비를 부담하는 재경마산 유지들의 조찬모임을 갖자고 발의해 2013년 10월 15일 그 모임을 개최했습니다. 그 날 참석한 100여 분 고향 유지들이 이 의원의 제안 설명을 듣고 전원 지지 서명을 하고는 서명록을 이 의원에게 전달한 바 있습니다.

그리고 2014년부터는 해마다 마산고 1학년생들의 수학영재교육에 약소하나마 도움을 주고 있습니다. 올해는 '속續 마산야화'격인 이 책 발간의 진척을 듣고는 출간을 도와주었습니다. 마경회 회원님들께 깊이 감사드립니다.

책이 공저로 되어있으나 원고를 실제로 쓴 사람은 김영철 후배입니다. 제 역할은 기획, 그리고 자료수집의 주선과 감수였다고 할 수 있습니다. 저의 까다로운 시정성 지적에도 낯 한번 붉히지 않고 적극 수용해준 김영철 후배가 고마울 뿐입니다.

덧붙여 말하고 싶은 것은, 세 도시 통합과정에서 마산의 도시이름이 뒷전으로 밀린 것은 마산의 오랜 역사를 잘 모르던 이들이 주도적 역할을 했기 때문이었습니다. 그들은 본디 마산 사람이 아니었기에 세 도시 가운데 국내외적으로 마산 지명地名이, 현대 한국 민주화의 초석인 3·15 학생혁명의 역사적 발상지임이 말해주듯, 압도적 명성임을 외면하고 말았습니다. 언젠가는 "내 고향 남쪽 바다" 마산의 이름을 다시 찾아 앞세울 날이 오리라 굳게 믿고 있습니다.

앞으로도 고향 마산을 위한 일에 전력투구해서 마산인이 자부해마지 않는 문화예술 도시, 풍요로운 도시로 가일층 발전시키는 데에 미력을 다하려 합니다.

끝으로 한마디 올리자면 책에서 잘못되거나 미흡한 부분은 가감 없이 지적해주기 바랍니다. 잘 알려지지 않았으나, 꼭 남겨야 할 좋은 얘기는 뒷날을 위해 저희들에게 꼭 들려주기 바랍니다.

훗날을 다시 기대해 봅니다.

2016년 9월
공저자를 대표하여
남재우

| 미리 읽은 독후감 |

'마산야화馬山野話', 모처럼 듣는 고향 '이바구 저바구'

김형국(서울대 명예교수)

고향 마산을 키운 지정학 바람

　대학에 든다고 내가 마산을 떠난 것이 3·15와 4·19가 나던 1960년이었다. 그 뒤로 줄곧 출향인으로 살아왔다. 부모가 계셨던 동안은 여전히 생활권이었고, 이후는 수구초심首丘初心 마음의 감성권感性圈이었다. 무학산 아니 두척산斗尺山 기슭에서 "그 잔잔한 바다"가 바라다 보이는 고등학교 교정은 태산목 꽃향기가 코를 찔렀음이 내 몸의 기억이다.

　시인을 키운 것이 바람이었는지는 몰라도, 도시 마산을 키운 것은 지정학地政學, 그것도 국제지정학의 바람이었다. 멀리 13세기에 원나라가 속국으로 삼았던 고려를 앞세워 일본을 침공했을 적에 그 전진기지로 역사에 올랐음은 먼 옛날의 일로 친다 해도, 세미稅米를 다루던 조창漕倉에 지나지 않던 합포合浦도 1898년 제국주의 바람에 어쩔 수 없이 쇄국 대한제국이 개항을 했고, 그 바람 한 가닥을 타고 부동항을 찾아 남진하던 러시아가 일본 북해도 하코다테와 동해 건너편에 짝이 될 만하다고 여겼던지 마산 월영동에다 1900년에 영사관을 열었다.

 이들 국제지정학 바람 속에서 도시로 성장하던 마산은 일제 때는 그 식민 모국과 가까운 근접 지정학으로 성장세를 얻었고, 광복한 나라가 동족상잔의 시련에 들었을 때는 대한민국을 지켜낸 낙동강 최후방어선의 한 거점이 되었다. 그때 '마산-진동전투'의 주력은 유엔군의 일원이던 미군이었다.

출향인이 실향인 신세로

 국제지정학 속에서 정체성을 늘려오던 마산이 그만 국내지정학의 소용돌이에 휘말리고 말았다. 마산이라 하면 구마산, 신마산, 북마산을 지칭하던 세 쪽 마산이, 얼마 뒤에 동마산, 서마산이 보태진 다섯 쪽 마산이 그 지리적 구성인 줄 알았던 마산 토박이들은 그만 난감한 상황에 봉착하고 말았다. 시내·외를 오가는 도중에 만나는 도로표시판의 행선지에 '마산'이 나와야 할 자리에 계속 '창원'이 나오는 것이다.

 현대 도시이론은 물리적으로 밀집해서 자라던 '압축도시'가 교통통신의 비약적 발전으로 도시권으로 확산하면 행정권도 광역으로 개편할 필요가 있다고 주장해왔다. 그렇게 지방행정이 시군市郡통합 방향으로 전개한 것까지는 시대 추세에 발맞춘 노릇이었다 치고 마무리 작업에서 새로 생겨난 지방조직의 이름은 전향적인 '후생가외後生可畏'식으로 짓기 일쑤였다. 이를테면 전남 광산군에서 광주읍이 생기고, 이 도시가 광주시로 크게 자라자 시군통합 과정에서 광산군은 광주시 그늘로 통폐합되었다.

 이렇듯 지난 날 창원군 또는 의창군 소속이었는지는 몰라도 그런 '모천

회귀母川回歸'식 대신, 근대화 과정에서 그 방명을 출중하게 축적한 마산으로 3시 통합의 이름이 정해졌어야 마땅했다는 여론도 드높았다. 결과는 3·15의거의 그 빛나는 현장의 이름이 송두리째 사라져버려 고향 마산을 아끼던 '출향인'의 자부심이 그만 '실향민' 신세로 전락하고 말았다는 한탄이었다.

그래도 이야기라도 남아야

마산의 도시이름이 수면 아래로 내려가 장소적 정체성이 가물가물해지는 상황에서 이야기로나마 옛 지덕地德을 되살려낸 것은 여간 고마운 일이 아니다. 이를테면 이름하여 '마산야화 Ⅱ'라고 나름으로 이름할 경우 지나간 마산에 대해 정식으로 이야기를 적으면 정사正史, 민초들이 직정直情을 감추지 않고 살아온 이야기를 적으면 야사野史, 그 무렵 그 근처에 대충 오갔지만 많은 경우 남들의 말이나 소문을 듣고 옮기는 '카더라방송'식의 가장 비공식적 이야기가 야화野話일 것이다.

야화는 일종의 헛소리다. 뒷소리는 자못 믿거나 말거나 식이 될 염려가 없지 않다. 다분히 그 출처가 구전口傳이기 때문이다.

그러나 구전도 무시 못한다. 미국의 작가 헤일리(Alex Haley, 1921-92)가 1977년에 소설을 냈고, 그걸 영화화해서 세계적인 인기를 끌었던 『뿌리』는 작가의 선조들이 노예로 붙잡혀온 한 흑인 부족의 내력들이 문자가 없었던 탓에 구술사가의 입담에 실려 아프리카 고향에서 여전히 구전되었음을 찾아내서 노예로 전락했던 자신들의 문화정체성을 되찾은 과정을 담아 소설을 완성했다.

이야기꾼 두 사람

이 책에 이야기를 적어준 이는 남재우(南在祐, 1940-), 김영철(金永哲, 1951-) 두 분이다. 전자는 나에겐 마산고 일 년 선배가 된다. 딱하게도 지난날에 대한 기억이 가물가물하기만 한 나인데도 고교 때의 남 선배에 대한 인상과 그 기억은 지금도 생생하다. "공부 잘하지, 운동 잘하지, 인물 좋지," 한 마디로 신언서판身言書判을 갖춘 인덕으로 가까운 후배들의 선망을 한 몸에 받았던 분이다.

대학교직에서 일한다는 핑계로 바깥세상의 동정과는 담을 쌓고 살아온 꽁생원이었던 나도 간간이 남 선배의 행적은 소문으로 들었다. 책상물림의 일자리로 살아가기 일쑤라 생각되던 서울대 법대 졸업생이 험난한 기업계에 투신했고, 거기서 칠전팔기七顚八起의 세월을 이겨왔다. 그 기개가 소문나서 1990년대 중반에 경기도 정무부지사로 발탁되었지만, 그때 생업이던 방직공장의 경영이 약화 기미를 보이자 6개월 만에 회사로 돌아가야 했던 고비들을 넘나들었다. 그 총중에도 마산을 사랑하는 단체나 행사에 빠지지 않았던, 한마디로 마당발이었다. 마산향우회나 마산중·고 동창회 모임은 물론이고 중·고 시절 은사를 모시는 일에도 항상 앞장서서 깃발을 들었다.

해도 이런 경력과 품성만으로 고향이야기를 적을 수는 없을 것이다. 당신의 체험이 마치 컴퓨터의 백업 파일처럼 생생하게 기억되었던 덕분이었다. 대학에서 정년퇴직한 뒤 조금 마음과 시간의 여유가 생기면서 이런저런 인연으로 만날 기회가 생길 즈음, 당신의 기억을 통해 이 책에서도 다룬 6·25동란 전후의 마산 사정을 들었고, 그걸 통해 내 가친도 당했던 한때의 우완憂患에 대한 궁금증을 풀기도 했다.

선배에 대한 무심이 내 일상이었다면, 이 정도를 훨씬 넘어 후배에 대해서도 절대 과문寡聞이 내 약점이다. 해서 또 한 사람의 저자 김영철과도 친교의 기회를 갖지 못했다. 그나마 비교적 최근에 당신이 교수신문 편집위원으로 관여했을 적에 거기에 내가 글 한 꼭지를 기고했던 그 전후로 한 번 접촉한 적이 있었다.

"글이 곧 사람"이란 말이 있지 않은가. 그 사이, 언론직종에 종사한 이력의 낙수落穗와 여적餘滴으로 고향의 전후좌우에도 관심이 깊었음은 문장을 통해 고교 기수로 나보다 십년 뒤인 그가 살아온 삶의 궤적이 조금은 짐작될 만했다. 내가 출향한 뒤인 1970년대 이야기 등은 이 후배의 경험담인 줄은 알 만했다.

구미를 당기는 이야기 샘

이야기는 모르던 것을 듣거나, 피상적으로 알던 일의 속사정을 만나야만 제맛이다. 만시지탄晩時之歎이란 말도 있지만, 모르던 이야기 속에서 뒤늦게나마 마산 땅의 지덕을 읽고 알아챈 것은 기쁜 깨달음이 아닐 수 없었다.

『마산야화』에서 특히 흥미로웠던 바는 내 직업의 본령인 문자에 관련된 고사였다. 지난날 서울 인사동 거리를 만보할 때 어쩌다 마주치기도 했던 천상병(1930-93) 시인은 마산중학 교단에도 섰던 통영 사람 김춘수(1922-2003) 시인이 그를 문학의 길로 이끄는 데 일조했고, 그런 제자가 앞서 죽자 "네가 가던 그날은/ 나의 가슴이/ 부질없는 눈물에/ 젖어있었다"는 구절을 담아 추모시(『네가 가는 그날은』)를 적었다는 미담이 특히 인상적이었다.

문자의 현창은 교육의 소관인 것. 이 점에서 창신학교의 내력도 깨우침이 되었다. 지금도 그렇지만 해방 이후 지금까지도 고등학교의 명성인가 우월인가는 이른바 스카이SKY대학의 합격률로 가늠하는 세간 인심의 연장선에서 저만치 한 수 접고 바라보았던 창신고등에 대한 내 인상은 창신학교의 정체를 알고 나자 단박에 그건 내 무지의 소치였음을 깨달았다. 한말韓末에 세워진 오랜 역사에다 민족의식 고취에 앞장섰던 명예의 전력前歷은 나의 해묵은 편견을 일거에 걷어내 주었다.

무엇보다 항일운동 지사들이 교단에 많이 섰음이 자랑이었다. 나중에 조선어학회 사건으로 옥중 순국한 이윤재(李允宰, 1888-1943)도 그 가운데 한 분. 그 시절은 충무공의 위상을 드높이는 몸짓도 항일의 방식이었듯, 이윤재도 『성웅 이순신』(1931)을 출간했다. 일제 때 나온 충무공에 대한 유서類書 가운데 단연 체계를 잘 갖춘 발군이었다. 거기에 서문을 적었던 정인보(鄭寅普, 1893-?)는 대한민국이 건국되던 1948년에 이순신을 높이 받드는 한글 비문도 지었다. 우연찮게도 제승당에 세워진 그 비석은 "경남도 학생들 성금의 마산 석공장 제작"이라고 적혀있었다.

벌써 속편이 기다려진다

마산에 얽힌 내력을 적었던 이전의 책은 마산일보 사장을 지냈던 김형윤(金亨潤, 1903-73)의 『마산야화』였다 한다. 그에 대해 적은 일화逸話에서 배운 바는 마산의 진산 무학산은 일본인 작명이고, 되찾아야 할 우리 이름은 두척산斗尺山이라며 무학산을 입에 담지 말라고 주변에 당부했다는 사실史實이었다. 이 지적은 씨름 장사의 대명사 같았던 김성률 장사가 듣고 따랐으면 좋았겠다. 방송 아나운서가 그에게 연전연승의 비결을 물을 때마다 "무학산 정기를 타고난 거 아입니꺼?"라던 상투적 답변에서 두 척산이라 했다면 산 이름 바로잡기에 큰 전기가 되었을 것이다.

이 책 공저자가 즐겨 읽었다던 그 야화를 참고로 이전의 것이 다른 시기 이후의 이런 저런 마산의 사건과 에피소드 등을 속편續篇삼아 적었다고 말할 수 있겠다. 이런 종류의 속편들은 이야기꾼만 있으면 장차도 계속 나오리라 예상되고 또 나와야 한다. 짐작하건대 흥미진진한 주제인데도 두 저자들이 미처 다루지 못했다고 생각되는 대상이나, 다루긴 했으나 못 다 적었다고 보이는 대목을 놓고 책까지는 아닐지라도 길거나 짧은 생활수필은 많이도 태어날 것이다.

나 역시 이 책을 앞서 읽고는 "이런 대목도 들어갔으면 좋았겠다!" 싶었던 글 꼭지도 없지 않았다. 이를테면 마산 음식 이야기에 어찌 미더덕찜이 빠졌을까, 아쉬웠다. 마산 사람의 미감은 목포, 여수 등지와 더불어 전국적으로 이름났다고 자부하고 있고 또한 그렇게 인정받고 있다. "오뉴월 쇠고기는 개도 안 먹는다"는 말도 있지만, 이건 일소[農牛]만 있던 시절의 한때 속담일 뿐, 요즘은 계절에 관계없이 소, 돼지고기를 즐길 수 있다. 그래서 주로 육고기에 길들여진 내지內地 사람들 입맛은 철철이 맛이 달라지는 바닷고기를 즐기는 갯가 사람들 입맛보다 상대적으로 단조로울 수밖에 없지 않았겠는가.

바닷가 땅이라도 특산에 따라 그 지방의 특미特味가 쌓여지기 마련인데, 마산 일대는 전국 수요의 7할을 생산하는 미더덕의 최대 특산지로 이름 높다. 찹쌀 풀물을 깔고 거기에다 갖은 채소를 미더덕과 함께 '덮다'가 다 익을 즈음 방아 잎 향초香草를 곁들이던 어머니 손맛의 찜이 마산 땅만의 자랑인 것은, 여의도에서 오래 터전을 닦아서 서울에서 명성이 자자한

'구마산집'이 맑은 추어탕과 석쇠갈비구이의 대표 차림에 더해 미더덕찜도 특식으로 팔고 있음의 연유다.

어지간히 적었지만, "땅은 사람으로 말미암아 명소名所가 되고 승지勝地가 된다."는 말처럼, 마산 땅에 얽혔던 사람들의 향기도 보탰으면 더 좋았겠다 싶었다. 도로교통이 발달하기 전인 1960년대만 해도 이를테면 마산에서 통영 등지로 가자면 여객선을 타야했던 그 시절의 뱃머리에 관한 글 꼭지는 우선 소재가 반가웠다. 거기에 이왕이면 20세기 한국시단의 걸출한 시인으로 추앙받고 사랑받는 백석(白石, 1912-96)의 사연이 소개됐으면 어땠을까. 백석은 20대 중반이던 1936년에 거기에 있다는 짝사랑을 만나려고 기차를 타고 와서 구마산 뱃머리를 거쳐 통영 가는 배를 탔단다. 하지만 정작 연인은 못 만나고 시만 3편 남겼다는 이야기는 스토리텔링치고 그만한 소재가 없지 않았을까 싶다.

아무튼 마산은 개항기에 도시의 씨앗을 내린 뒤로 줄곧 도시세력을 늘려왔다. 그 역사 속에서 한때 아쉽게도 '우마야마깽'으로 밀수도시라고 손가락질을 받기도 했지만, 3·15의거로 그 오명을 단박에 씻고 일거에 민주의 성지로 우뚝 솟았다. 이 급전직하의 변화를 뚫고 살아야했던 마산 사람에겐 할 말이 무진 많은 것이다. 문자와 거리가 먼 필부필부匹夫匹婦들도 살아온 내력을 말하라 하면 "소설 한 권도 모자란다!"고 이구동성이지 않은가.

사람이 역사도 만들고 지리도 만든다. 마산 사람이 살아낸 마산의 역사, 그리고 그들이 키워낸 마산 땅의 모습에는 "앞앞이 다 말 못할" 사연도, 곡절도 많고 많았을 터이니 이 책의 구성과 내용은 장차에 말하고 듣게 될 이야기거리에서 아주 작은 주춧돌에 지나지 않는다고 나는 믿고 있다.

| 참고자료 |

〈도서 및 간행물〉

『향토마산의 어제와 오늘』(김학렬, 마산향토사연구회, 1988)
『간추린 마산역사』(김학렬, 도서출판 경남, 2003)
『오늘의 마산』(이진순, 오늘의 마산 편찬위원회, 1970)
『마산야화』(김형윤, 도서출판 경남, 1996)
『이석문학선집』(이석, 현대문화사, 1987)
『마산시 체육사』(조호연, 마산시, 2004)
『잊을 수 없는 음악인과 음악회』(제갈삼, 세종출판사, 2006)
『마산영화 100년』(이승기, 마산문화원, 1996)
『마산고 미술 60년』(황인, 마산고총동창회, 1996)
이제하 소설집 『초식』(이제하, 문학동네, 1997)
『마산문화연감』(마산문화협의회, 1956)
『사진으로 본 마산상의 111년의 흐름』(1900-2011)(마산상공회의소, 2011)
『3·15의거 사진집』(사단법인 3·15의거기념사업회, 2002)
『노산의 문학과 인간』(햇불출판사, 1983)
『마창진 공업 110년』(마산상공회의소, 2010)
『마산시사』(마산시사편찬위원회, 1985)
『마산의 혼』(지현모, 한국국사연구회, 1961)
『토호세력의 뿌리』(김주완, 불휘, 2005)
『마산문화 마산정신』(이광석, 2012)
『몽고식품 100년의 발자취』(홍중조, 몽고식품주식회사, 2008)
『경남문학대표선집』(경남문인협회, 1996)
『지금 마산은』(마산시인들의 마산시선)(전문수. 오하룡 편, 도서출판 경남, 1987)
『어느 지식인의 죽음』(원제 주암산)(김질락, 행림서원, 1991)
『끝나지 않은 전쟁, 국민보도연맹: 부산. 경남지역』(김기진, 역사비평사, 2002)

『그 질로 가가 안 온다 아이요』(박영주, 도서출판 해딴에, 2015)
『우리 춤 선구자 김해랑』(김해랑 춤 보존회, 2010)
『마산문인들의 노래집』(마산문인협회, 2010)
『백치』(창간호)(백치동인, 도서출판 경남, 2009)
『창신 90년사』(창신 90년사 편찬위원회, 1998)
『문창문화』 Vol. 1-Vol. 8(문창문화연구회, 1992-2001)
『가고파』 Vol. 28(마산고 재경동창회, 2005)
『포기는 없다』(최위승 회고록, 도서출판 경남, 2012)

〈기사 및 기고 글〉
「마산유사」(왕수완, 경남신문, 1986)
「경남씨름열전」(경남일보)
「마산개항 백년」(1899-1999)(조용호, 경남신문)
「마산. 창원 역사읽기」(남재우 등, 경남도민일보)
「홍중조의 고금산책」(홍중조, 경남도민일보)
「관철동 시대」(강홍규, 경향신문, 1986)
「마산 아구찜 이야기」(김영복, 뉴스천지, 2014)
「바다에 살어리랏다 - 주강현의 관해기」(주강현, 서울신문, 2014)
「창신 100년, 마산의 '100년들'」(조용호, 경남신문, 2008)
「이승만 몰락, 피플파워 현장」(이만섭 전 국회의장 회고 3·15마산의거)(이만섭, 신동아, 1995. 4)
「4월 혁명의 햇불이 솟아오른 곳」(원희복, 주간경향 1119호, 2015. 3. 31)
「물맛, 묵은 맛의 '몽고간장'」(서병욱, 월간조선, 1985. 3)
「남도의 죽음과 부활」(박태순, 월간 사회와 사상, 1989. 3)
「부활하라, 마산의 혼이여」(어수갑, 희망세상, 2010. 3)
「'고향의 봄'의 작사자 동원 이원수 선생님」(최균희, 예술가, 2014 겨울호)
「'고향의 봄(4) 이원수-최순애 부부의 삶과 사랑」(이정식, 음악저널 307호, 2015. 7)
「마산 무학산 서원골 일대의 다종교 현상과 그 역사적 의미」(유장근, 가라문화 제24집, 2012. 10)
「마산 관해정 사료조사 보고서」(경남발전연구원 역사문화센터, 2006. 1)

「보도연맹원 학살과 지역사회의 지배구조」(경남. 마산지역의 사례와 인물을 중심으로)(김주완, 역사와 경계 제56집, 2005. 10)

「6·25 피난작가 유입과 남방미술 소고」(부산. 마산을 중심으로)(황원철, 미술세계, 1991)

「60년대 진보인사들 명예회복 길 열렸다」(지역에서 본 한국현대사, 2009. 10)

「임화와 마산」(박정선, 창원대학교, 2012. 10)

「한국전쟁 시기 마산 여양리 민간인 학살사건의 실상과 성격」(이상길, 역사와 경계 제56집, 2005)

「동무생각思友, 걸어온 90여 년」(김교한, 경남시조, 2014)

〈기타〉

「국회본회의 회의록」(제 37회 34차, 단기 4293. 10. 19)

「반민특위 재판기록」, 6-10(다락방, 1993)

〈도움 말씀 주신 분〉

강원규. 강영우. 고금석. 구귀선. 김승수. 김영도. 김영범. 김영선. 김영재. 김재순. 김준환. 노치웅. 박건. 손정문. 안재석. 이경재. 이균보. 이수극. 이순항. 이승기. 이정수. 이정희. 이제하. 이진우. 전덕기. 정현팔. 조남륭. 조민규. 조성연. 제갈한. 박용목. 차윤. 최상덕. 최웅호. 한경득. 한석태. 한재호. 함보훈. 홍중조

〈인터넷 사이트〉

김해랑 춤 보존회(http://cafe.daum.net/kimhaerangyoun)

창동. 오동동 이야기(http://www.masanstory.org)

김주완 기자의 마창역사 공부방(http://cafe.naver.com/toho)

마산의 역사, 골포문화지킴이(http://cafe.naver.com/golpo)

슈트름게슈쯔Sturmgeschutz의 밀리터리와 병기(http://blog.naver.com/pzkpfw3485)

마산에서 띄우는 동아시아 역사통신(http://blog.naver.com/yufei21)

거제 이야기, 거제의 뱃길(http://blog.naver.com/geojecity)

마음의 정원(http://blog.daum.net/windada11)